NCS기반의
떡제조 기능사
(필기+실기)

 도서출판유강

서문(序文)

한 권의 문학서적과 인문서적이 인생을 바꾸지만, 직업교육에 필요한 전문서적은 희망과 행복을 만듭니다.

예전부터 농사를 지어 쌀을 주식으로 사용할 무렵부터 떡을 먹기 시작하였고, 곡물의 생산량이 증가함에 따라 떡의 종류가 다양해지고 점점 발전하고 있습니다. 고려시대에는 불교 문화의 영향으로 차 문화가 발달하였고, 차에 곁들여 먹을 수 있는 떡과 한과가 함께 발달하였습니다. 조선 시대에는 농업 기술과 음식 조리 및 가공식품의 기술이 발달함에 발맞춰 떡의 종류가 다양해졌고, 유교문화가 사회 전반에 퍼지면서 행사나 잔치에 빠질 수 없는 음식으로 자리를 차지하고 있었습니다. 그러다가, 빵·과자가 급상승할 시기에는 떡 문화는 잠시 주춤했었지만, 요즘은 건강한 식생활에 대한 관심이 커지면서 전통 떡이 다시 주목받고 있습니다.

이에, 국가직무 표준 NCS 직업 능력 개발 훈련을 통하여 소비자의 요구에 맞게 하기 위하여 산업체 현장의 실무 중심의 인재 양성을 필요로 하고 있습니다. 또한, 2020년부터 시행한 떡제조기능사 자격검정 제도로 인해 한층 더 떡에 대한 관심도가 높아지고, 떡 업체 현장에 좀 더 위생적인 면에서나 시스템적인 면에 있어서 현저하게 체계적으로 자리 잡혀가고 있습니다.

떡제조기능사 자격 취득을 위해서 훈련교사나 수험생들은 시험 준비 위하여 교재의 선택에 신중해질 수밖에 없을 것입니다. 자격시험 출제 기준을 반영하여, 떡 교육 현장에서 이론 지식이 밑받침되어야 하기 때문에 수십 년간의 노하우를 바탕으로 떡제조기능사 취득 및 인재 양성을 위한 맞춤형 교재를 집필하게 되었습니다.

본 교재의 〈제1부 떡제조기능사 필기〉에서는 "떡 제조 기초 이론", "떡류 만들기", "위생안전관리", "우리나라 떡의 역사 및 문화"로 분류하여 떡제조기능사 필기시험 대비 이론을 설명하였습니다.

〈제2부 떡제조기능사 문제 풀이〉에서는 주제별 문제와 TIP을 곁들여 이해하기 쉽게 설명하였으며, 기출문제와 모의 고사를 수록했습니다.

〈제3부 떡제조기능사 실기〉에서는 실기시험 품목 12가지 작품을 중간 제조 과정과 함께 상세히 설명하였습니다.

대한민국 외식 산업의 발전에 부응하여, 우수한 떡 전문가의 인력 양성에 기여하고자 노력하였으며, 세계적인 경쟁 속에서 성공할 수 있는 한국의 떡 교육의 지침서가 될 수 있으리라 믿습니다.

본 교재가 나오기까지 물심양면으로 지원해 주신 도서 출판 유강의 유인하 회장님과 사진 촬영 및 편집에 수고해주신 씨엠씨 황익성 실장님과 옥별 신생님, 성남제과조리커피직업진문학교, 성남요리학원, 성남제과제빵학원의 교직원 여러분께 감사의 인사를 드립니다.

여러분 들의 성공을 기원 드립니다.

저자 드림

목 차

제1부
떡제조기능사
필기

제1장 떡 제조 기초이론 ············ 8

제1절 떡류 재료의 이해 ············ 8
1. 주재료(곡류)의 특성
2. 부재료의 종류 및 특성
3. 떡류 재료의 영양학적 특성

제2절 떡류 제조 공정 ············ 26
1. 떡의 종류와 제조 원리
2. 도구・장비 종류 및 용도

제2장 떡류 만들기 ············ 31

제1절 재료 준비 ············ 31
1. 재료의 계량
2. 재료의 전처리

제2절 떡류 만들기 ············ 33
1. 설기떡류 제조과정
2. 켜떡류 제조과정
3. 빚어 찌는 떡류 제조과정
4. 약밥 제조과정
5. 인절미 제조과정
6. 가래떡류 제조과정
7. 찌는 찰떡류 제조과정

제3절 떡류 포장 및 보관 ············ 34
1. 떡의 포장방법
2. 포장용기 표시사항
3. 냉장, 냉동 등 보관방법

제3장 위생・안전관리 ············ 44

제1절 개인 위생관리 ············ 44
1. 개인 위생관리 방법
2. 오염 및 변질의 원인
3. 감염병 및 식중독의 원인과 예방대책
4. 식품위생법 관련 법규 및 규정

제2절 작업 환경 위생관리 ············ 62
공정별 위해요소 관리 및 예방(HACCP)

제3절 안전 관리 ············ 67
1. 개인 안전 점검
2. 도구 및 장비류의 안전 점검

제4장 우리나라 떡의 역사 및 문화 ··· 70

제1절 떡의 역사 ············ 70
1. 떡의 어원
2. 시대별 떡의 역사

제2절 떡 문화 ············ 73
1. 시, 절식으로서의 떡
2. 통과의례와 떡
3. 향토떡

제 2 부
떡제조기능사
문제 풀이

제1장 떡 제조 기초이론 ············ 80
  1. 떡류 재료의 이해
  2. 떡류 제조 공정

제2장 떡류 만들기 ················ 106
  1. 재료준비
  2. 떡류 만들기
  3. 떡류 포장 및 보관

제3장 위생·안전관리 ············ 133
  1. 개인 위생관리
  2. 작업 환경 위생관리
  3. 안전관리

제4장 우리나라 떡의 역사 및 문화 ··· 151
  1. 떡의 역사
  2. 떡 문화

떡제조기능사 필기 모의고사 1회 ········ 165

떡제조기능사 필기 모의고사 2회 ········ 171

떡제조기능사 필기 기출문제 1회 ········ 178

떡제조기능사 필기 기출문제 2회 ········ 185

제 3 부
떡제조기능사
실기 12품목

- 수험자 유의 사항 ············ 194
- 위생 세부 기준 ············ 195

1	콩설기떡, 부꾸미 ············ 198
2	송편, 쇠머리떡 ············ 202
3	무지개떡(삼색), 경단 ········ 206
4	백편, 인절미 ············ 210
5	흑임자시루떡, 개피떡 ······ 214
6	흰팥시루떡, 대추단자 ······ 218

출제기준(필기)

직무분야	식품가공	중직무분야	제과 · 제빵	자격종목	떡제조기능사	적용기간	2022. 1. 1.~2026. 12. 31.
○ **직무내용**: 곡류, 두류, 과채류 등과 같은 재료를 이용하여 식품위생과 개인안전관리에 유의하여 빻기, 찌기, 발효, 지지기, 치기, 삶기 등의 공정을 거쳐 각종 떡류를 만드는 직무이다.							
필기검정방법		객관식		문제수	60	시험시간	1시간

필기 과목명	출제 문제수	주요항목	세부항목	세세항목
떡 제조 및 위생관리	60	1. 떡 제조 기초이론	1. 떡류 재료의 이해	1. 주재료(곡류)의 특성 2. 주재료(곡류)의 성분 3. 주재료(곡류)의 조리원리 4. 부재료의 종류 및 특성 5. 과채류의 종류 및 특성 6. 견과류·종실류의 종류 및 특성 7. 두류의 종류 및 특성 8. 떡류 재료의 영양학적 특성
			2. 떡의 분류 및 제조도구	1. 떡의 종류 2. 제조기기(롤밀, 제병기, 펀칭기 등)의 종류 및 용도 3. 전통도구의 종류 및 용도
		2. 떡류 만들기	1. 재료준비	1. 재료관리 2. 재료의 전처리
			2. 고물 만들기	1. 찌는 고물 제조과정 2. 삶는 고물 제조과정 3. 볶는 고물 제조과정
			3. 떡류 만들기	1. 찌는 떡류(설기떡, 켜떡 등) 제조과정 2. 치는 떡류(인절미, 절편, 가래떡 등) 제조과정 3. 빚는 떡류(찌는 떡, 삶는 떡) 제조과정 4. 지지는 떡류 제조과정 5. 기타 떡류(약밥, 증편 등)의 제조과정
			4. 떡류 포장 및 보관	1. 떡류 포장 및 보관 시 주의사항 2. 떡류 포장 재료의 특성
		3. 위생·안전관리	1. 개인 위생관리	1. 개인 위생관리 방법 2. 오염 및 변질의 원인 3. 감염병 및 식중독의 원인과 예방대책
			2. 작업 환경 위생 관리	1. 공정별 위해요소 관리 및 예방(HACCP)
			3. 안전관리	1. 개인 안전 점검 2. 도구 및 장비류의 안전 점검
			4. 식품위생법 관련 법규 및 규정	1. 기구와 용기·포장 2. 식품등의 공전(公典) 3. 영업·벌칙 등 떡제조 관련 법령 및 식품의약품안전처 개별 고시
		4. 우리나라 떡의 역사 및 문화	1. 떡의 역사	1. 시대별 떡의 역사
			2. 시·절식으로서의 떡	1. 시식으로서의 떡 2. 절식으로서의 떡

Part 01

떡제조기능사 필기

제1장 떡 제조 기초이론 ·············· 8
    제1절 떡류 재료의 이해·············· 8
    제2절 떡류 제조 공정··············26

제2장 떡류 만들기··············31
    제1절 재료준비 ··············31
    제2절 떡류 만들기 ··············33
    제3절 떡류 포장 및 보관 ··············34

제3장 위생·안전관리 ·············· 44
    제1절 개인 위생관리 ··············44
    제2절 작업 환경 위생관리··············62
    제3절 안전 관리 ··············67

제4장 우리나라 떡의 역사 및 문화 ·········70
    제1절 떡의 역사 ··············70
    제2절 떡 문화 ··············73

Chapter ❶ 떡 제조 기초 이론

제1절 떡류 재료의 이해

01. 주재료(곡류)의 특성

1 쌀

1) 벼의 구성

(1) **벼** : 왕겨, 외피(겨), 배아, 배유로 구성

① **왕겨층** : 벼에서 왕겨층을 제거한 것을 현미라 한다.
(현미 80%, 왕겨 20%)

② **외피** : 껍질 부분으로 소화율이 낮다.
과피, 종피, 호분층 : 쌀을 찧을 때 속 쌀겨 부분
쌀겨층(외피)이라 한다.

③ **배아** : 지방, 비타민 함량이 높다. (산패 현상 우려)

④ **배유** : 전분이 많고 섬유소가 적어 소화가 잘 된다.

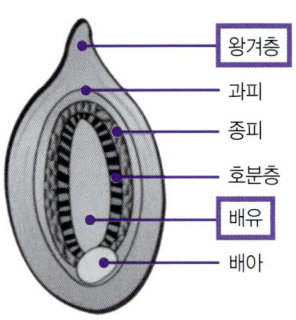

(2) 쌀의 도정

쌀의 겉껍질을 벗긴 것을 도정이라 하며, 도정 할수록 전분 비율은 높아진다.

① **현미** : 벼에서 왕겨층을 제거한 것으로 외피, 배유, 배아를 포함한 것
쌀겨층은 남아 있다.(식이섬유가 함유되어 있어 소화율은 낮다)

② **백미** : 현미에서 쌀겨층(외피), 배아를 제거하고 배유만 남긴 것 (소화율은 높다)
- 7분 도미 : 쌀겨층과 배아의 70%를 제거한 쌀
- 5분 도미 : 쌀겨층을 50% 벗겨내서 쌀눈을 남겨 둔 쌀

2) 형태에 따른 쌀의 분류

① **인디카 형**
- 쌀알의 길이가 길다. (장립종)
- 찰기가 적고 잘 부서지고 불투명하며, 부슬부슬 흩어진다.
- 세계 생산량의 90% 차지하며, 인도, 파키스탄, 베트남, 태국 등에서 재배한다.

② **자포니카 형**
- 쌀알의 길이가 짧고 둥글다. (단립종)

- 기름지고 찰기가 있다.
- 세계 생산량의 10% 차지하며, 한국, 일본, 중국 등에서 주로 재배한다.

③ **자바니카 형**
- 낟알의 길이와 찰기가 인디카형과 자포니카형의 중간 형태이다.
- 인도네시아의 자바섬과 그 근처의 일부 섬에서 재배한다.

3) 쌀의 성분과 영양
쌀은 도정을 많이 하면 할수록, 단백질, 지방, 회분, 섬유 및 무기질, 비타민 함량이 감소, 당질 함량은 증가한다.

① **쌀의 주 성분** : 당질 (당질의 75% 이상이 전분으로 구성)
② **쌀의 단백가** : 77 (밀가루에 비해 영양상으로 양질의 단백질)
③ **백미의 지방 함유량** : 1% (배유부 보다 배아에 많다)
④ **현미의 쌀겨 부분에 VB_1, VB_2, 니코틴산 함유**

4) 쌀의 구분

(1) 멥쌀
① 요오드 정색 반응에 청색으로 나타난다.
② 물에 불리면 약 1.2배 무게가 증가한다.
③ 아밀로오스 20~25% + 아밀로펙틴 75~85%
④ 찹쌀 보다 노화가 빠르다.

(2) 찹쌀
① 요오드 정색 반응에 적갈색으로 나타난다.
② 물에 불리면 약 1.4배 무게가 증가한다.
③ 아밀로펙틴 100%
④ 멥쌀 보다 노화가 느리다.

5) 곡류 세척

(1) 세척
① 곡류 세척은 맑은 물이 나올 때 까지 씻는다.
② 쌀을 씻을 때 영양소가 손실된다.
 - 백미의 0.5~1% 손실(전분, 수용성 비타민, 지방, 섬유소 등)
 - VB_1은 백미의 20~60% 유실된다.
③ 헹구는 작업을 3~5회 반복하여 유해물질이 잔류되지 않도록 한다.
④ 수용성 물질의 손실 최소화를 위하여 단시간에 흐르는 물에 씻는다.

(2) 쌀 불리기 (침지)

가열하기 전에 쌀알의 내부에까지 충분히 수분을 흡수시킨다.

① 곡류를 세척한 후, 형태에 따라 상온에서 20~30분 불린다.

> **Tip**
> - 수분 흡수 속도 : 품종, 저장 기간, 침지 온도, 시간, 쌀알의 크기와 관계가 있다.
>   (찹쌀 : 50분 정도)

② 전분의 호화가 잘 된다.
③ 팽윤/수화 등의 물성변화를 촉진하여 조리시간을 단축된다.
④ 단단한 식품은 연화되고, 식물성 식품의 변색을 방지한다.
⑤ 식품 중 불미 성분을 제거한다.

6) 전분의 호화, 노화

〈 전분의 호화 〉

- **호화:** 전분을 물속에서 가열하면 전분 입자가 물을 흡수하여 반투명해지고 내부구조가 느슨해지며 미셀구조가 파괴되어 걸쭉한 상태가 되며, 호화(α화)라 한다.
  가열온도, 쌀의 도정도, 수침시간이 길어짐에 따라 호화시간이 빨라지며 호화된 α-전분은 맛도 좋고 소화도 잘 된다.

$$\text{날 전분}(\beta\text{-전분}) + \text{물} \xrightarrow{\text{가열}} \text{익은 전분}(\alpha\text{-전분}) \text{ (호화)}$$

〈 전분의 노화 〉

- **노화:** 호화된 전분을 냉온이나 실온에 두게 되면 점점 불투명해지면서 본래의 전분 구조와 유사하게 되며, (β화, 베타화)라고 한다.

$$\text{익은 전분}(\alpha\text{-전분}) \xrightarrow{\text{냉장온도}} \text{생 전분}(\beta\text{-전분}) \text{ (노화)}$$

〈 전분의 호정화(덱스트린화) 〉

- **호정화:** 전분에 물을 가하지 않고 비교적 높은 온도인 160℃ 이상으로 가열한 것을 말한다.
  ex) 팝콘, 토스트, 미숫가루, 뻥튀기

$$\text{날 전분}(\beta\text{-전분}) \xrightarrow{\text{가열}} \text{익은 전분}(\alpha\text{-전분}) \text{ (호정화)}$$

2 보리

1) 보리의 특성
① 겉보리 : 껍질이 알맹이에 붙어 있는 보리
② 쌀보리 : 보리가 성숙되어 껍질이 잘 분리되는 보리
③ 보리의 성분
  탄수화물 70%, 단백질(호르데인), 비타민 B, 식이 섬유, 베타(β) 글루칸(콜레스테롤, 변비 예방)

2) 보리의 구분
(1) 압맥 (납작 보리) : 정맥한 보리에 증기로 가하여 납작하게 누른 것 (소화율 높다)
(2) 할맥 : 보리골의 섬유소를 제거 하여 백미처럼 정제한 보리쌀
  (섬유소 함량 낮아 소화율 높다)
(3) 맥아 (보리싹)
  ① 단맥아 : 싹의 길이가 보리 보다 작다. (맥주 제조에 사용)
  ② 장맥아 : 싹의 길이가 보리 보다 길다. (식혜 제조에 사용)

3 수수
① 떫은맛의 탄닌 함유 : 여러 번 씻어 사용한다.
② 날것으로 과량 섭취 시 중독현상이 생길 수 있다.
③ 다른 곡류에 비해서 호화가 느리며 소화흡수율이 낮다.

4 조 (서속)
① 벼보다 먼저 우리나라에 도입되었다.
② 소화율은 보리보다 좋다.
③ 메조와 차조가 있으며, 오메기 떡, 차 좁쌀떡에 이용된다.

5 메밀
① 메밀은 다른 곡물에 비해 탄수화물이 낮고 단백질 함량이 높다.
② 메밀은 주로 분쇄하여 가루로 사용하는데, 메밀가루는 탄력성이 없어 밀가루 또는 쌀가루 등을 섞어 사용한다.

6 밀
밀은 밀겨, 배아, 배유로 구성되어 있다. 배유에는 전분을 다량 함유하고 있으며 전체의 83%을

Chapter ❶ 떡 제조 기초이론

차지하고 있으며, 밀겨는 약 14.5%를 차지하며 단백질, 섬유질, 무기질, 비타민 등을 함유하고 있다. 밀의 단백질인 글루테닌과 글리아딘, 물과 결합하여 글루텐을 형성하여 반죽의 질감과 식감을 만든다. 밀겨의 특징은 물을 3배까지 흡수할 수 있으며 배아는 2.5%를 차지하며 기름을 추출하는 데 사용한다.

7 호밀

① 호밀은 환경 조건의 상관없이 잘 자라지만 맥각과 같은 곰팡이가 쉽게 피어난다. 따라서 도정하기 전 충분히 세척을 한 뒤 사용하거나 분쇄한 가루로 사용하는 것이 좋다.
② 단단한 조직감이 있다.
③ 다른 곡류와는 다르게 도정 시 겨와 배유부분이 서로 분리가 잘 안되므로, 같이 붙어서 영양가가 다른 곡류에 비해 더 높다.

8 귀리

귀리는 다양한 기후에서도 잘 자라는 곡류다. 수확 후 잘 건조시킨 뒤 볶아서 유통하는데, 볶는 과정에서 깨진 귀리는 오트밀이나 조식용 시리얼에 사용하기도 한다.

9 옥수수

① 옥수수는 주로 알갱이를 분쇄하여 죽이나 또띠아 같은 반죽에 사용하기도 하며 잘 말려 분쇄하여 떡가루와 함께 혼합하여 사용하기도 한다.
② 단백질함량이 낮아 밀가루와 섞어 쓰는 경우가 대부분이다.
③ 배아를 제거하는 이유는 지방이 다량 함유되어 있어 지방의 산패가 될 수 있으므로 제거하여 사용한다.

02. 부재료의 종류 및 특성

1 두류

많은 양의 단백질을 함유 하고 있으며 메티오닌, 트립토판, 시스틴 같은 필수아미노산이 없지만 염산, 칼륨, 철, 마그네슘, 티아민, 아연, 구리, 식이섬유, 사포닌 등이 함유되어 있으며, 알칼리성 식품이다. 콩류를 한번 데친 후 데친 물을 버리고 새로운 물을 넣고 삶아야 사포닌 성분의 독소가 억제된다.

1) 대두(백태)
이소플라본, 레시틴, 사포닌을 함유한다.

- **손질법:** 노란콩은 깨끗이 씻어 6시간 이상 불려야 껍질을 제거하기 편해지며 콩 조직이 부드러워진다. 용도에 맞게 맷돌에 갈아서 사용하거나 건조시켜 가루를 만드는 등 조림, 두부, 된장 등 만들어 사용한다.

2) 검은콩(흑태, 서리태, 흑청, 서목태)

안토시아닌 색소, 비타민 B 함량이 높고, 시스테인을 함유한다.
- **손질법:** 검은콩은 깨끗이 씻어 볼에 물을 부어 콩이 잠길 만큼 부은 뒤 용도에 따라 5~10시간 정도 불려 사용해야 콩 조직이 부드러워진다.

3) 강낭콩(채두, 윤두)

탄수화물, 단백질, 지질, 무기질, 비타민, 식이섬유, 사포닌과 레시틴을 함유한다.
- **손질법:** 수침시간을 6시간 정도로 불려 사용 렉틴과 트립신 억제제라는 독성물질이 들어 있으며, 이 독성물질은 단백질로 구성되어 있어 열에 의해 구조가 파괴되면서 독성이 없어지므로, 떡에 사용할 때 찌거나 삶아서 열을 가해 섭취해야 한다.

4) 녹두

녹두는 주로 껍데기를 벗겨 거피녹두를 사용한다. 녹두에는 엽산, 칼륨, 마그네슘, 티아민, 판토텐산, 철, 인, 아연, 구리, 식이섬유 등이 함유되어 있으며 류신, 라이신, 이소루신, 트레오닌, 히스티딘 등 필수아미노산과 불포화지방산이 풍부하나 녹두는 몸을 차갑게 만들어 주는 성질이 있어 체질적으로 몸이 찬 사람이 섭취할 경우 복통을 일으킬 수 있다.
- **손질법 :** 녹두는 이물질이 많이 들어 있어 흐르는 물에 깨끗이 씻어준 다음, 8시간 이상 물에 불려 녹두의 조직을 부드럽게 만들어 준다. 손으로 비벼서 껍질을 제거한 뒤 맷돌에 갈아서 녹두전에 사용하거나, 수분기 없이 잘 말려 분쇄하여 녹두가루를 만들어 사용한다.

5) 팥(소두, 적소두)

칼륨, 마그네슘, 인, 아연, 구리, 식이섬유, 라이신과 트립토판을 함유하고 있다.
- **손질법 :** 팥은 깨끗하게 씻은 뒤 12시간 이상 불려 팥의 조직을 부드럽게 한 뒤 한번 삶고 처음 끓어 오른 물은 버리고 다시 새로 물을 부어 삶아 팥의 불순물과 독소(사포닌)를 제거하여 사용하는 것이 좋다. 팥의 껍질을 벗긴 것을 거피팥이라고 부른다.

2 가루류

① **콩가루 :** 잘 말린 콩을 분쇄기에 갈아 만든 가루로, 인절미, 경단, 다식, 미숫가루에 사용한다.

② **메밀가루** : 잘 말린 메밀을 맷돌에 갈아 키로 껍질을 날린 것을 갈아 만든 것으로, 메밀떡, 빙떡, 총떡, 메밀국수에 사용한다.

③ **보리가루** : 잘 말린 보리를 분쇄하여 만든 가루로, 보리개떡, 차에 사용한다.

④ **차조가루** : 차조를 분쇄하여 만든 가루로 만든 것으로, 검고 푸르스름한 색을 가지고 있으며, 차조떡, 차조밥에 사용한다.

⑤ **계피가루** : 계피나무를 말려서 분쇄한 가루로, 매운 향이 나는 것으로, 경단, 차, 꿀떡에 사용한다.

⑥ **대추가루** : 채 썬 대추를 말려 얇게 분쇄한 가루로 만든 것으로, 경단, 차, 소머리떡에 사용한다.

⑦ **옥수수가루** : 옥수수를 말려 분쇄한 가루로 만든 것, 옥수수떡에 사용한다.

⑧ **감자가루** : 감자의 껍질을 말려 건조시킨 것으로, 감자떡에 사용한다.

⑨ **땅콩가루** : 땅콩의 껍질을 제거해 분쇄하여 만든 것으로, 경단, 시루떡에 사용한다.

⑩ **카스테라 가루** : 카스테라의 갈색면을 제거한 것을 분쇄기에 넣고 갈아 가루로 만든 것으로, 경단, 시루떡에 사용한다.

⑪ **송기가루** : 소나무의 속껍질을 잘 말려 분쇄기에 넣고 갈아 가루로 만든 것으로, 송기병, 송기 절편에 사용한다.

3 견과류 (혼합용)

① 잣(백자, 송자, 해송자, 실백), 밤, 호두, 땅콩, 은행, 아몬드, 피스타치오 등이 있다.
② 실온에 방지하여 보관할 경우, 지방이 다량 함유돼 있어 지방의 산패가 일어난다. 지방의 산패가 이루어지면 곰팡이가 생기는데, 독소를 유발하는 아플라톡신이 생성된다.
③ 견과류는 밀봉 포장해서 냉동 보관하는 것이 가장 안전하게 오랫동안 보관할 수 있는 방법이다.
④ 은행은 볶아서 사용하는데, 은행을 볶을 때 소금을 넣고 볶으면 색이 선명해진다.

4 씨앗류

① **참깨** : 비타민 E, 리놀레산, 세사몰, 토코페롤, 리놀렌산과 올레산 등의 불포화지방산을 함유하며, 보관 시에는 밀봉하여 냉동보관 하는 것이 좋다.

② **들깨** : 리놀렌산, 리놀레산, 올레산 함유. 보관할 때는 밀봉하여 냉동보관하고, 기름은 냉장보관한다.

③ **흑임자** : 안토시아닌, 토코페롤, 케라틴을 함유하며, 보관은 실온에서 직사광선을 피하여 보관하고, 장기 보관 시에는 밀봉해서 냉동 보관한다.

④ **호박씨** : 단백질, 불포화지방산, 무기질, 비타민, 메티오닌을 함유한다.

⑤ **해바라기씨** : 필수아미노산, 엽산, 비타민 B 복합체, 비타민 B_6, 셀레늄을 함유한다.

5 채소류

1) 엽채류
① 잎사귀 채소로 쑥, 시금치, 깻잎 등을 말하며, 비타민, 철분, 무기질, 비타민 A,B,C 등의 많이 함유되어 있다. 잎사귀 부분의 색이 짙을수록 비타민 A의 함량이 높다.
② 쑥은 특유의 향기와 쌉쌀한 맛을 가지고 있으며 녹색을 띠고 있어, 말려서 가루로 분쇄하며 천연 착색료로도 사용한다.
③ 떡과 함께 섭취하면 떡의 부족한 비타민과 쑥에 들어 있는 수분이 노화를 지연시켜 준다.

2) 과채류
열매부분을 먹는 채소로 토마토, 참외, 호박 등이 있다. 비타민 A, C가 풍부하게 들어 있다.
① **애호박** : 얇게 편 썰어 수분기 없이 잘 말린 뒤, 설탕에 버무려 호박고지로 사용한다.
② **단호박 (밤호박)** : 수분기 없이 말린 뒤 분쇄하여 가루로 사용하거나, 잘 익혀 앙금으로 내려 속고물로 많이 사용한다.

3) 근채류
뿌리를 먹는 채소로 주로 감자, 고구마, 당근 등이 있으며 비타민 C의 함유가 많다.
채소류 중에서는 가장 많은 당질이 들어 있다.

6 과일류

1) 인과류 : 과육부를 형성한 것(사과, 배, 모과, 감, 감귤류).
① **감** : 포도당과 과당, 비타민 A, C, 탄닌 함유한다.
② **유자** : 비타민 C를 다량 함유하며, 신문지에 싸서 냉장보관하고 금속용기에서는 산화가 촉진되기 때문에 피하는 것이 좋다.
③ **귤** : 비타민 C를 다량 함유하며, 상온이나 냉장보관 하지만 귤이 서로 겹치면 상하기 쉽기 때문에 통풍이 잘되는 곳에 보관한다.

2) 핵과류 : 단단한 과육이 씨를 둘러쓰고 있는 과일(복숭아, 대추, 자두).
대추는 비타민 C, 카로틴, 칼슘, 철 함유하며 밀봉에서 냉동보관 한다.

3) 장과류 : 송이를 이루어 작은 씨앗이 들어있는 과일을 말한다(포도, 무화과).

7 착색료

1) 천연색소의 재료
① **검정색** : 흑임자, 흑태
② **주황색** : 단호박, 파프리카가루
③ **노란색** : 치자가루, 샤프론, 호박
④ **초록색** : 쑥, 시금치, 보리새싹, 녹차가루
⑤ **빨간색** : 비트가루, 딸기가루, 백년초, 지치
⑥ **갈색** : 송기

2) 식품에 사용가능한 식용색소
식용색소 녹색 제 3호, 식용색소 청색 제 1호, 2호,
식용색소 적색 제 102호, 2호, 3호, 40호, 식용색소 황색 제 4호, 5호

8 물(수분)

1) 기능
영양소의 운반, 노폐물의 제거 및 배설, 체온 유지, 체액의 pH조절 및 삼투압 조절한다.
성인 1일 수분 권장 섭취량 : 2~4 ℓ

2) 수분의 종류

유리수(자유수)	결 합 수
용매로 작용한다	식품 중 단백질, 탄수화물 성분과 수소결합 등으로 단단히 묶여 있는 고분자 화합물로 용매로 작용하지 않는다
0℃이하에서 쉽게 동결한다	0℃이하에서도 동결되지 않는다
100℃에서 쉽게 끓는다	100℃로 가열해도 끓지 않는다
건조에 의해 쉽게 제거된다	건조에 의해 쉽게 제거되지 않는다
미생물 생육, 번식에 이용한다	미생물 생육, 번식에 이용되지 못한다
밀도가 작다	유리수에 비해 밀도가 크다

3) 수분활성도(Aw)
어떤 임의의 온도에서 식품이 나타내는 수증기압을 그 온도에서의 순수한 물의 최대 수증기압으로 나눈 것이다.

$$※ 수분활성도(Aw) = \frac{식품이\ 나타내는\ 수증기압(P)}{순수한\ 물의\ 최대\ 수증기압(P_0)}$$

① 물의 수분활성도는 1이다(상대습도 : 100). Aw×100 = 상대습도
② 일반 식품의 수분활성도는 1보다 작다(Aw < 1).

③ 미생물은 수분활성도가 낮으면 생육이 억제되고, 높으면 미생물 증식이나 효소의 활성화가 높아지므로 가능하면 수분활성도를 낮춘다.

④ 곡류(Aw0.60~0.64), 육류(Aw0.92~0.97), 어패류·채소 및 과일류(Aw0.98~0.99)

> **Tip**
> - 식품위생과 관련된 미생물이 생육하기 위한 최적 수분활성도(Aw)의 크기
>   세균(0.91) > 효모(0.88) > 곰팡이(0.80) > 내건성 곰팡이(0.65) > 내삼투압성 효모(0.60)

03. 떡류 재료의 영양학적 특성

1 탄수화물

1) 탄수화물(당질)

① 탄소(C), 수소(H), 산소(O)로 구성

② 탄수화물 대사 작용에는 반드시 비타민B_1(티아민)이 필요

③ 최종 분해산물 : 포도당

④ 소화효소 : 프티알린, 사카라아제, 락타아제, 말타아제, 아밀롭신

2) 탄수화물의 분류

(1) 단당류 : 소화 작용에 의해 더 이상 분해되지 않는 물질이다.

① 포도당(glucose) : 과일(포도) 등에 함유되어 있으며 혈액 중에 약 0.1% 존재한다.(혈당)

② 과당(fructose) : 과일, 벌꿀 등에 함유되어 있으며 단맛이 가장 강하다.

③ 갈락토오스(galactose) : 유즙에 존재하며 젖당의 구성 성분이다.

(2) 이당류 : 단당류 2개가 결합하여 만들어진 물질이다.

① 자당(설탕, 서당, sucrose) → 포도당+과당

② 유당(젖당, lactose) → 포도당+갈락토오스

③ 맥아당(엿당, maltose) → 포도당+포도당

> **Tip**
> - 감미도 : 과당(175) > 전화당 > 자당(100) > 포도당(75) > 갈락토오스, 맥아당 > 유당(16)
> - 전화당 : 과당과 포도당의 동량 혼합물(과당 : 포도당 = 1 : 1)

(3) 다당류

① 전분(녹말, starch) : 아밀로오스(20%)와 아밀로펙틴(80%)으로 구성

   찹쌀전분 : 아밀로펙틴 100%

② 글리코겐(glycogen) : 동물의 간이나 근육에 저장되어 있는 포도당 집합체(동물성 전분)

③ 섬유소(cellulose) : 식이섬유소를 말하며 장의 운동을 촉진시켜 변비를 예방(만복감)

④ 펙틴(pectin) : 과실류, 감귤류의 껍질에 많이 함유되어 있으며 펙틴에 당을 가하면 엉겨지는 성질(겔)이 있어서 구조형성에 도움을 준다.

> **Tip** ● 잼의 3요소 - 설탕 : 약 60%, 펙틴 : 1.0~1.5%, 산 : 0.3%(pH 3)

⑤ 덱스트린(호정, dextrin) : 전분이 포도당으로 될 때의 중간 생성물(뻥튀기, 팝콘, 누룽지)
⑥ 한천 : 우뭇가사리(홍조류)

3) 탄수화물의 기능
① 에너지의 급원(1g당 4kcal)이며, 단백질 절약작용을 한다.
② 글리코겐으로 간에 저장, 필요시 포도당으로 분해되어 사용하며 간장 보호 및 간의 해독작용을 한다.
③ 포도당은 0.1%의 혈당량을 유지한다.

4) 권장량
① 1일 총열량 섭취량의 60~65% 권장, 소화율 98%
② 과잉 시 비만증, 소화불량 및 지방과다증, 결핍 시 체중감소 · 발육부진

2 지질

① 탄소(C), 수소(H), 산소(O)로 구성
② 최종분해산물은 지방산과 글리세롤
③ 소화효소 : 리파아제, 스테압신

1) 지방의 분류
(1) 단순지질(중성지방) : 글리세롤 한 분자와 지방산 3분자가 결합하여 만들어진 지방이다.
  ① 유(oil) - 액체인 지방 : 면실유, 식용유(식물성)
  ② 지(fat) - 고체인 지방 : 돼지기름, 소기름(동물성)

(2) 복합지질 : 지질과 지질 이외의 물질이 결합된 것이다.
  ① 인지질 = 인 + 단순지질
  ② 당지질 = 당 + 단순지질

(3) 유도지질 : 단순, 복합지질의 가수분해 생성물로 스테롤류
  콜레스테롤(프로비타민B_3), 에르고스테롤 등(프로비타민D_2)

> **Tip** ● 레시틴(lecithin)
>   - 인지질(인산을 함유한 복합지질) : 난황에 다량 존재한다.
>   - 친수기와 친유기를 모두 가지고 있기 때문에 유화제로 사용한다. ex) 마요네즈

2) 지방산의 분류

(1) 포화지방산 : 탄소와 탄소 사이에 단일결합(이중결합 없음). 상온에서 고체이다.

(2) 불포화지방산
① 탄소간의 이중결합을 가진 것이다.
② 대부분 액상이므로 혈액이 묽어지고 혈액순환에 도움이 된다.
③ 올레산, 리놀레산, 리놀렌산, 아라키돈산, 이중결합이 많을수록 산패가 빠르다.

(3) 필수지방산(비타민F)
① 체내에서 생성할 수 없어 반드시 음식물로 섭취해야 하는 지방산이다.
② 리놀레산(이중결합 2개), 리놀렌산(이중결합 3개), 아라키돈산(이중결합 4개)

(4) 경화유
불포화지방산에 니켈과 백금을 촉매제로 수소를 첨가시켜 포화지방산으로 만든 고체형 기름이다. (마가린, 쇼트닝)

(5) 요오드가
- 유지의 불포화도를 나타내는 값으로 유지 100g중에 첨가되는 요오드의 g 수
- 요오드가 높을수록 불포화지방산을 많이 포함한다.
① 건성유 : 요오드가 130 이상. 불포화도가 높기 때문에 공기 중에서 산화, 건조된다.
  (들기름, 아마인유, 호두유)
② 반건성유 : 요오드가 100~130. 공기 중에서 건성유보다 얇은 피막 형성
  (콩기름, 해바라기씨유, 면실유, 참기름)
③ 불건성유 : 요오드가 100 이하. 안정된 기름으로 공기 중에서 쉽게 굳지 않는다.
  (낙화생유, 동백기름, 올리브유)

> **Tip** ● 검화가(비누화가)
> 지방이 수산화나트륨(NaOH)에 의하여 가수분해 되어 지방산의 Na염(비누)을 생성하는 현상.
> 즉, 지방이 알카리에 의해서 가수분해 됨.

3) 지질의 기능
① 농축된 에너지원으로 1g당 9kcal의 열량을 발생한다.
② 인지질은 세포의 구성성분으로 뇌와 신경조직을 구성한다.
③ 지용성비타민의 운반과 흡수를 돕는다.

4) 권장량
① 1일 총열량 섭취량의 20%, 소화율 95%
② 과잉 시에는 케토시스(ketosis – 혼수, 마비증, 비만증, 간경화증, 동맥경화증, 심장병)

Chapter 1 떡 제조 기초이론

3 단백질

① 탄소(C), 수소(H), 산소(O), 질소(N)
② 최종분해산물은 아미노산(아미노기+카르복실기)이다.
③ 질소계수 = 6.25 (100/16)
④ 뷰렛에 의한 정색반응(적자색~청자색)일으킨다.
⑤ 소화효소 : 펩신, 트립신, 에렙신

1) 화학적 분류

① **단순 단백질** : 아미노산으로 이루어져 있으며 난백, 우유, 혈청의 알부민, 밀의 글루테닌
② **복합 단백질** : 단백질과 단백질 이외의 물질이 결합된 것이다.
③ **유도 단백질** : 변성단백질(젤라틴, 응고단백질), 분해단백질(펩톤)

> **Tip** 인단백(인+단백질) : 카제인 ──레닌 첨가(응고)──▶ 치즈 제조

2) 영양학적 분류

① **완전 단백질** : 동물의 성장과 생명유지에 필요한 모든 필수아미노산을 함유한 것이다.
　　　　우유(카제인), 달걀, 고기, 생선(알부민, 글로불린)
② **부분적 완전 단백질** : 생명 유지는 되나 성장 발육되지 못하는 단백질이다.
　　　　밀(글리아딘), 보리(호르데인)
③ **불완전 단백질** : 생명 유지와 성장발육이 모두 되지 못하는 단백질
　　　　옥수수(제인), 젤라틴

> **Tip** ● 필수아미노산
> - 체내에서 생성할 수 없으므로 반드시 음식물로 섭취해야 하는 아미노산
> - 트립토판, 발린, 트레오닌, 이소루신, 루신, 리신, 페닐알라닌, 메티오닌으로 8가지
> - 성장기 어린이에게는 아르기닌, 히스티딘이 추가되어 10가지 필수아미노산이 필요
> - 함유황 아미노산 : 시스테인, 시스틴, 메티오닌

3) 단백질의 기능

① **체조직 구성** : 근육 등의 체조직을 구성하고, 혈액 단백질, 효소 및 호르몬 등을 구성한다.
② **에너지 공급** : 1g당 4Kcal의 열량을 발생한다.
③ **생리조절** : 조직 내의 삼투압을 조절, 체내의 수분함량을 조절, 체내 pH를 조절한다.
④ **면역체 역할** : 글로불린이 병에 대한 면역체의 역할을 한다.

4) 권장량
① 1일 총열량의 15%(소화율 92%)
② 필수아미노산이 많고 소화흡수율이 높은 동물성 식품과 콩 제품으로 섭취한다.

5) 단백질 결핍증
쿼시오커(Kwashiorkor)증 : 어린이가 단백질이 장기간 부족하면 발생하는 병으로 성장지연, 부종, 피부염이 발생한다.

4 무기질
C, H, O, N을 제외한 모든 원소. 인체의 약 4%를 차지

1) 칼슘(Ca)
체내에 가장 많은 무기질로 골격과 치아를 구성하고 혈액 응고, 심장, 근육의 이완, 수축, 신경흥분성 억제 작용.
① **결핍증** : 골격과 치아의 발육 부진, 골연화증, 골다공증
② **함유식품** : 우유, 멸치, 뱅어포, 가공 치즈, 해조류

2) 인(P)
칼슘과 함께 골격과 치아를 형성
① **결핍증** : 골격과 치아의 발육 부진, 골연화증, 성장 부진 등의 증세.
② **함유식품** : 멸치, 우유, 난황, 육류, 새우

3) 나트륨과 염소(Na, Cl)
삼투압 조절과 산·염기의 평형 유지 등의 역할.
① **결핍증** : 식욕 부진, 위액의 산도 저하
② **함유식품** : 소금에서 주로 섭취하며 성인 1일 나트륨의 필요량은 8~10g

4) 철분(Fe)
헤모글로빈의 구성 성분, 비타민 C는 철의 흡수를 돕는다.
① **결핍증** : 빈혈 등의 증세
② **함유식품** : 간, 난황, 육류, 녹황색 야채류

5) 구리(Cu)
철이 헤모글로빈을 생성할 때 촉매 작용을 하며 조혈작용을 함
① **결핍증** : 빈혈
② **함유식품** : 간, 해조류, 콩, 야채류

6) 코발트(Co)

적혈구 생성에 관여하며 비타민 B₁₂의 구성 성분.

① **결핍증** : 악성 빈혈 등

② **함유식품** : 쌀, 콩 등

- 산성식품 : S, P, Cl 등은 체내에서 분해되어 산성으로 된다(곡류, 어류, 육류).
- 알카리성 식품 : Ca, K, Na, Mg, Fe, Cu, Mn 등은 체내에서 분해되어 알카리성이 된다 (과일, 채소, 해조류).
- 우유 : 동물성 식품이지만 Ca이 많이 함유되어 알카리성 식품에 해당된다.

5 비타민

생리적인 기능을 조절하는 영양소로 인체 내에서 합성되지 못하므로 식품을 통해 섭취한다.

1) 지용성 비타민(비타민 A, D, E, F, K)

- 기름에 잘 용해되며 기름과 함께 섭취하면 흡수율이 증가하고, 과잉 섭취 시 체내에 저장된다.
- 결핍증은 서서히 나타나며 매일 공급할 필요는 없다.

(1) 비타민 A (레티놀) : 항안성 비타민(동물의 성장 및 피부와 점막에 관여)

① **결핍증** : 야맹증, 점막 장애, 각막 건조증, 결막염

② **함유식품** : 뱀장어, 간, 난황, 당근, 시금치, 버터, 우유 및 유제품

③ **카로틴** : 비타민 A의 전구물질(프로비타민 A)

(2) 비타민 D (칼시페롤) : 항구루병성 비타민(칼슘의 흡수를 도와 뼈의 정상적인 발육에 도움)

① **결핍증** : 구루병, 골연화증.

② **함유식품** : 말린 식품, 간유, 달걀노른자, 버터 등.

③ **콜레스테롤, 에르고스테롤** : 비타민 D의 전구물질.

(3) 비타민 E (토코페롤) : 항산화성 비타민(생식 기능에 관여)

① **결핍증** : 불임증, 근육 위축증, 노화 등의 증세.

② **함유식품** : 곡류의 배아, 난황, 대두유, 달걀.

> **Tip** ● 천연 항산화제
> 비타민 E (토코페롤), 비타민 C (L- 아스코르빈산 나트륨),
> 세사몰 (깨, 참기름), 고시폴 (목화씨, 면실유), 플라본 유도체

(4) **비타민 F** : 필수지방산으로, 리놀레산, 리놀렌산, 아라키돈산이 있다.

(5) **비타민 K** : 지혈 작용을 하며, 장내 세균에 의해 합성된다.
   ① **결핍증** : 혈액 응고가 지연
   ② **함유식품** : 푸른 잎, 달걀, 간

2) 수용성 비타민(비타민 B_1, B_2, B_6, B_{12}, 나이아신 C)
- 물에 잘 용해되며 과잉 섭취 시 필요한 양은 남고 모두 몸 밖으로 배출한다.
- 결핍증은 바로 나타나며 매일 식사에서 공급한다.

(1) **비타민 B_1 (티아민)** : 항각기병성 비타민
   결핍증 : 각기병, 식욕 부진 등의 증세.

(2) **비타민 B_2 (리보플라빈)** : 항구각염성 비타민
   결핍증 : 구순구각염, 식욕 부진 등의 증세.

(3) **비타민 B_6 (피리독신)** : 항피부염성 비타민
   결핍증 : 피부염 등과 같은 증세.

(4) **비타민 B_{12}** : 항악성빈혈성 비타민
   결핍증 : 악성 빈혈, 신경 이상.

(5) **나이아신 (니코틴산)** : 항펠라그라성 비타민
   결핍증 : 펠라그라 등의 증세.

(6) **비타민 C (아스코르브산)** : 항괴혈병성 비타민
   ① **결핍증** : 괴혈병, 병의 저항력 약화, 피부염 등의 증세.
   ② **함유식품** : 양배추, 고추, 무잎, 감귤 등에 함유.
   ③ **비타민 C 파괴 효소** : 아스코르비나제(당근, 호박, 오이)
   ④ 가열조리에 의해 가장 파괴되기 쉽다.

6 영양소

1) 영양소 : 식품의 성분으로 생명현상과 건강을 유지하는 데 필요한 요소로서 외부로부터 섭취하여야 되는 물질을 영양소라 한다.

2) 영양소의 기능에 따른 분류
- **(1) 열량 영양소 :** 노동하는 힘과 체온. 즉, 몸의 활동에 필요한 에너지를 공급한다. (탄수화물, 단백질, 지방)
- **(2) 구성 영양소 :** 근육, 혈액, 뼈, 모발, 장기 등 몸의 조직을 만든다.(단백질, 무기질, 지방, 물)
- **(3) 조절 영양소 :** 몸의 생리를 조절하고 질병을 예방한다.(비타민, 무기질, 물)

3) 열량 : 1,000g(1L)의 물을 1℃ 올리는 데 필요한 열량이다.

4) 기초대사량
- **(1)** 생물체가 생명을 유지하는 데 필요한 최소한의 에너지양으로 체온 유지, 호흡, 심장 박동 등 기본적 생명 활동을 위한 에너지양으로 총 에너지양의 60~70%를 차지하며 수면 시에는 평상시보다 10% 감소한다. 성인 남자 1400~1800kcal, 성인 여자 1200~1400kcal
- **(2)** 보통 휴식 상태 또는 움직이지 않고 가만히 있을 때 기초대사량만큼의 에너지가 소모된다.
- **(3) 기초 대사량이 높은 경우**
  - ① 여성보다 남성이 높다.
  - ② 기온이나 체온이 높을 때 높다.
  - ③ 근육량이 많을수록 높다.
  - ④ 체표면적이 넓을수록 높다.
  - ⑤ 신장이 클수록 높다.
  - ⑥ 나이가 적을수록 높다.

5) 총 에너지량 = 기초대사량 + 활동대사량(활동 시 소모되는 에너지량) + 특이 동적 대사량

> **Tip**
> - **특이 동적 대사량**
>   섭취한 음식이 소화, 흡수, 대사되는 데 소모되는 에너지량
> $$\frac{\text{기초대사량 + 활동대사량}}{10}$$

7 효소

1) 효소의 특징

① **효소는 고분자로 분자량이 만~수백만이다.**
  포도당 같은 기질 보다 포도당을 합성하는 효소가 비교할 수 없이 큰 분자이다.

② **효소는 효율이 대단히 좋다.**
  기질과 결합하여 반응의 활성화 에너지를 낮추어 반응속도가 100만배 이상 높아진다.

③ **효소는 매우 특이성이 있다.**
  한 가지 반응에 특정한 한 개의 효소만이 작용가능한 경우가 많다. 같은 분자식이어도 입체적 이성체나 광학적 이성체가 있으면 그것을 구분하여 어느 한쪽으로만 작용한다.

④ **효소는 단백질이라 환경에 민감하다.**
  온도 pH, 염 농도 등에 따라 활성이 크게 바뀌게 되며 생육조건이 적합하지 않으면 기능을 잃어버릴 수 있다.

2) 당질 소화효소

① **입에서의 소화** : 프티알린
② **장에서의 소화** : 슈크라아제, 락타아제, 말타아제.

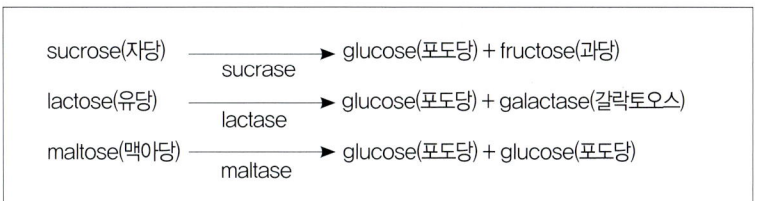

3) 단백질 소화효소

① **위에서 소화효소** : 펩신, 레닌(우유 응고)
② **장에서 소화효소** : 트립신, 에렙신

4) 지방 소화효소

① **위에서 소화효소** : 리파아제
② **장에서 소화효소** : 트립신, 스테압신, 리파아제

> **Tip** ● 흡수
> 소화된 영양소들은 소장에서 흡수되고 물을 마지막으로 대장에서 흡수한다.
> 담즙 : 지방을 소화되기 쉬운 형태로 유화시켜 준다.(소화효소 아니다)

Chapter ❶ 떡 제조 기초이론

제2절 떡류 제조 공정

01. 떡의 종류와 제조 원리

1 떡의 종류

1) 찌는 떡(증병, 甑餠)
우리나라 떡 중 가장 기본이 되는 떡으로 증병(甑餠)이라 한다.

(1) 설기떡
멥쌀가루에 여러가지 부재료를 섞고 물을 내린 후 시루에 안쳐 수증기로 익힌 떡이다.

(2) 켜떡
쌀가루와 고물을 시루에 켜켜이 안쳐서 찌는 떡으로, 멥쌀가루로 만들때는 물을 넣어 안치고, 찹쌀가루로 만들 때는 찜통에서 올라오는 수증기의 수분만으로도 가능하므로 물을 섞지 않아도 된다. 고물은 팥, 녹두, 깨, 콩 등을 쓰고, 밤, 대추, 석이버섯, 잣 등을 고명으로 얹어 찐다.

(3) 증편
멥쌀가루에 막걸리를 조금 탄 뜨거운 물로 묽게 반죽하여, 더운 온도에서 발효시켜 대추, 밤, 잣, 석이, 건포도, 흑임자 등의 고명을 얹고 틀에 넣어 찐 것으로, 막걸리를 넣었기 때문에 쉽게 상하지 않으므로 여름에 많이 먹는다.

(4) 송편
멥쌀가루를 반죽하여 콩, 깨, 밤, 설탕, 콩가루 등의 소를 넣고 빚은 다음, 시루에 솔잎을 깔고 찐다. 모양은 다양하며, 추석 때 주로 만들어 먹는다.

2) 치는 떡(도병, 搗餠)
도병(刀柄)이라 하여 시루나 찜통에 쪄낸 찹쌀이나 떡을 절구에 쳐서 끈기가 나게 한 떡으로, 아밀로펙틴이 많아 멥쌀보다는 찰지고 노화가 빨리 되지 않는다.(인절미, 흰떡, 절편, 개피떡, 여주산병, 꽃산병)

(1) 인절미
찹쌀가루나 찹쌀을 시루에 안쳐서 쪄낸 후, 식기 전에 뭉쳐질 때까지 친 후, 고물을 묻혀 만든다.

(2) 단자
찹쌀가루를 쪄서 보에 싸서 방망이로 치댄 다음, 모양을 만들고 꿀과 잣가루 등으로 고물을 묻힌 떡으로 고물의 종류나 찹쌀에 섞는 재료에 따라 다양하게 이름을 붙인다.

(3) 치댄 절편
떡살로 눌러 둥글거나 모나게 만든 떡이다.

3) 지지는 떡(油煎餠)

(1) 화전
찹쌀가루를 익반죽을 하여 동글납작하게 빚어서 번철에 기름을 두르고 지진 떡으로, 계절에 따라 다양한 꽃(진달래꽃, 장미꽃, 감국(황국화)등의 꽃이나 국화잎)을 얹어서 계절의 정취를 즐길 수 있다.

(2) 부꾸미
찹쌀가루나 차수수 가루를 익반죽하여 납작하게 빚어서 번철에 기름을 두르고 지져서, 소(팥앙금)를 넣고 반을 접어 붙여 대추꽃과 비늘잣으로 모양을 낸다.

(3) 주악
찹쌀가루를 익반죽하여 대추나 깨를 소로 넣어 작은 송편처럼 빚어서, 기름에 튀기거나 지진 떡으로 웃기떡으로 쓴다.

4) 빚는떡(瓊團)

(1) 경단
찹쌀가루나 수수가루를 끓는 물로 익반죽하여 동그랗게 빚어서 끓는 물에 삶아 내어 고물을 묻히는 떡이다.

(2) 수수경단
어린아이의 백일, 돌, 생일 때에 액운을 쫓는다는 풍습에 의해 만들었는데, 수수가루를 익반죽하여 동그랗게 빚어 끓는 물에 삶아, 붉은 팥고물을 묻혀 낸다.

2 떡의 제조원리

1) 쌀 씻기
① 쌀을 맑은 물에 여러 번 씻어서 불순물을 제거한다.
② 쌀을 여러 번 깨끗이 씻지 않으면 떡에 먼지가 그대로 남아 있어 비위생적이며, 색깔도 선명하지 않고 탁하다.

2) 쌀 불리기
① 쌀은 2시간 동안 불리면 수분을 충분히 머금지만, 8시간 정도 불리면 조직이 느슨해져 떡 맛이 더 좋아진다.
② 수온이 낮은 겨울에는 수온이 높은 여름보다 쌀을 오랜 시간 동안 불려야 한다.

Chapter ❶ 떡 제조 기초이론

3) 분쇄하기
① 물기를 제거한 불린 쌀은 소금을 1~1.5%를 넣는 것이 적당하다.
② 쌀가루는 만들기 전에 소금을 넣었는지 맛을 보아야 하며, 멥쌀은 입자가 고와야 떡이 맛있다.
③ 찹쌀은 너무 곱게 빻으면 잘 쪄지지 않는다.

4) 물주기
쌀가루에 물을 섞는 것인데, 쌀의 종류와 상태, 떡의 종류에 따라 물의 양이 다르다.
① **방아기계로 빻은 멥쌀가루** : 약 20%의 물을 넣어 준다.
② **절편류 멥쌀가루** : 약 25~30%의 물을 넣어 준다.
③ **찹쌀떡** : 물을 넣지 않는다.

5) 반죽하기
① **송편**
   멥쌀가루에 끓는 물을 넣고 익반죽하면 모양내기가 쉽고, 여러 번 치댈수록 떡이 맛있고 식감이 좋다.
② **찹쌀가루 반죽**
   쪄지면서 수분을 많이 흡수하므로 같은 양의 멥쌀에 비해 물을 적게 넣어야 한다.

6) 부재료 첨가하기
가루내기나 반죽하기, 안치기, 치기, 마무리 등 여러 단계에서 부재료를 첨가할 수 있다.
① **쑥이나 수리취**
   섬유소가 많은 재료를 쌀에 섞어 떡을 만들 때는 쑥을 많이 넣을수록 수분 함유량이 높아져 노화 속도가 천천히 이루어진다.(떡을 쫄깃쫄깃하게 해준다.)
② **콩**
   떡을 부드럽게 해주고, 수수가루는 떡 조직을 단단하게 한다.

7) 찌기
① 쌀가루나 빚은 떡을 찌거나 지지면 전분이 호화하여 먹기 좋은 상태로 바뀐다.
② 떡을 안치기 전에 미리 물을 끓이기 시작하면 시간을 절약할 수 있고, 떡이 고르게 잘 익는다.
③ 떡을 찌면 소화성이 좋아지며, 단맛이 증가하고 재료 본연의 맛이 난다.

8) 치기
① 인절미나 절편 등의 치는 떡.
② 많이 칠수록 점성이 증가하여 떡이 맛있고 쫄깃하며, 노화도 천천히 이루어진다.

02. 도구 · 장비 종류 및 용도

1) 준비 도구

① 이남박
쌀 등의 곡물을 씻을 때 사용하는 도구로, 그릇 안에 턱이 있어서 곡물을 으깨어 씻기에 편리하고, 돌도 잘 일어진다.

② 체반
기름에 지진 화전이나 빈대떡을 식히고, 기름이 빠지게 할 때 사용하는 용기이다.

③ 체
절구나 맷돌에서 낸 가루를 일정한 굵기로 치거나 거르는 도구이다.

④ 쳇다리
체를 올려놓는 기구로, 곡물 등을 내릴 때 그릇 위에 올려 놓을 수 있으며, 삼각형 또는 사다리꼴 모양으로 만들어 둔 받침대이다.

2) 익히는 도구

① 시루
떡을 찔 때 사용하는 그릇으로, 바닥에 구멍이 여러 개가 뚫려 있어 증기가 구멍 속으로 들어와 시루 안의 곡식이나 떡을 익힌다. 시루를 솥 위에 올릴 때 김이 새지 않도록 시루와 솥 사이에 시룻번을 붙인다.
옹시루는 시루 중에서 특히 작은 시루를 말한다.

② 찜통
근래에 시루 대용으로 사용되기 시작했으며, 찜통에 한지나 젖은 베보자기를 깔고 떡가루와 고물을 넣고 양철통 위에 올려 찐다.

③ 번철
화전이나 주악 등 기름에 지지는 떡을 만들 때 사용되는 철판이다.

④ 떡보(떡을 싸는 보자기)
흰떡이나 인절미 등을 안반에 놓고 칠 때 흩어지는 것을 막기 위해 찐 떡을 싸는 보자기이다.

3) 모양내는 도구(성형)

① 안반, 떡메
흰떡이나 인절미를 칠 때 사용되는 도구이다. 안반은 두껍고 통나무 판에 낮은 다리가 붙어 있으며, 떡메는 안반 위에 떡을 내려치는 도구이다.

② 떡살
떡본, 떡손이라고 하며, 떡에 눌러 그 문양이 떡에 찍히게 된다.
떡살은 참나무, 감나무, 박달나무 등으로 만든다.
떡살의 문양은 길상무늬, 국수무늬, 태극무늬, 빗살무늬 등 그 종류가 다양하고, 다식에 문양을 내는 다식판도 일종의 떡살과 비슷한 도구이다.

③ 밀판
가루반죽을 밀어서 넓게 펴는 데 필요한 도구로, 나무로 만들어진 판 형태이다.

④ 밀방망이
개피떡 등을 만들 때 반죽을 밀어서 넓게 펴는데 사용하는 도구이다.

4) 전통적 도구

① 키
찧어낸 곡식을 까불어 불순물을 걸러내거나 겨나 티끌을 걸러내는 도구이다.

② 방아
곡식을 가루를 낼 때 빻는 기구로, 물레방아, 연자방아, 디딜 방아 등이 있다.

③ 절구
곡식을 찧거나 빻으며 떡가루를 만들거나 떡을 칠 때 사용하는 도구로, 통나무나 돌을 움푹하게 파서 곡식을 담을 수 있게 만든다.

④ 돌확(확돌)
돌을 우묵하게 판 절구 모양으로 곡물이나 양념 등을 찧거나 분쇄하는 데 사용하는 도구이다.

⑤ 맷돌(맷방석)
돌확보다 발달한 형태로, 곡물을 가는 데 사용하는 도구이며, 맷방석은 맷돌 밑에 깔아 가루를 받을 때 사용한다.

Chapter ❷ 떡류 만들기

제1절 재료 준비

01. 재료의 계량

1 재료의 계량

정확한 계량은 재료를 경제적으로 사용하고 과학적인 조리를 할 수있는 기본이 된다. 조리를 합리적, 계획적으로 하기 위하여 각종 계량컵이 이용되고 있다.

① **체적계기의 종류**

　cylinder, 계량컵, 계량국자, 계량 스푼

② **계량기기의 종류**

- **저울** : 형태별, 용도별로 다양하며 최근에 전자 저울이 많이 사용된다.

③ **온도계**

　수은 온도계, 알콜 온도계, 튀김용 온도계, 자기 온도계, 전자 감응식 온도계 등 유형별 형태별, 용도별로 다양하다.

④ **무게와 용량을 나타내는 단위**

- 1tsp = 5cc
- 1Ts = 15cc
- 1Ts = 3tsp

2 계량컵, 계량스푼 사용법

① 가루 상태의 식품(밀가루, 설탕 등)은 누르지 말고 수북한 상태에서 평평하게 밀어서 표면이 평면이 되도록 깎아서 계량한다.

② 액체 상태의 식품(물, 기름 등)은 투명한 용기를 사용하여 가득히 채워서 계량컵의 눈금과 액체의 밑선이 동일하게 맞도록 읽도록 한다.

③ 고체 식품은 계량컵이나 스푼에 빈 공간이 없도록 채워서 표면이 평면이 되도록 깎아서 계량한다.

④ 알갱이 상태의 식품(쌀, 깨 등)은 계량컵이나 스푼에 가득 담아 살짝 흔들어서 표면이 평면이 되도록 깎아서 계량한다.

⑤ 농도가 있는 양념(조청, 꿀 등)은 계량컵이나 스푼에 꼭꼭 눌러 담아 평평한 것으로 고르게 밀어 표면이 평면이 되도록 깎아서 계량한다.

02. 재료의 전처리

1 곡류

백미를 여러 번 강하게 문질러 씻으면 비타민 B_1이 파괴되므로 2~3회 가볍게 씻어서 물에 담그어 둔다.

2 두류

콩	물에 2~3회 씻어 2시간 이상 불린 후 10분 정도 삶아 익힌다
팥	물에 2~3회 씻어 불리지 않고 삶아 처음 삶은 물은 버리고, 다시 물을 넣어 삶아 익힌다
거피 팥, 거피 녹두	물에 씻어 6시간 이상 불린 후 손으로 비벼 껍질을 제거하고 찜기에 쪄서 사용한다

3 엽채류

푸른 채소나 연한 채소는 중성세제 0.2% 용액에 씻은 다음, 흐르는 물로 5회 정도 씻어 불순물을 제거한다.

쑥	줄기 부분은 제거하고 끓는 물에 소금 넣어 데치고 찬물에 헹구어 물기를 제거 후 사용한다.
호박고지	단호박 말린 것을 물에 가볍게 씻어 미지근한 물에 10분 정도 불린 후 물기를 짜고 원하는 크기로 썰어 둔다.

4 근채류

무, 당근, 감자, 고구마 등의 뿌리 채소는 솔로 깨끗이 비벼 씻는다.

5 견과류

밤	겉껍질 벗겨 속껍질을 벗긴 후, 물에 담그어 두어 변색되지 않게 준비한다.
잣	고깔을 제거하여 비늘 잣을 만들거나, 종이(키친 타올, 한지) 위에 올려 놓고 다져 둔다.
호두	겉껍질을 벗긴 후 물에 담그어 불린 후 이쑤시개로 속껍질을 벗겨 둔다.
은행	겉껍질을 벗긴 후, 팬에 소량의 기름을 두르고 약한불에 굴려가면서 볶은 후, 키친타올에 비벼서 속껍질을 벗겨낸다.

6 건조 재료

① 물에 씻어서 넉넉한 물에 담그어 불린다.
② 빠른 시간 내 불려야 할 경우에는 미지근한 물에 담그어 둔다.

③ 버섯류는 버섯 자체의 특유한 맛을 유지하기 위해 소금을 약간 넣어 불린다.

대추	솔로 주름 잡힌 곳을 털어내고, 마른 행주나 면보를 적셔 꼭 짜서 닦아내고, 돌려 깎아서 씨를 제거 해둔다. 용도에 따라 채 썰거나 다져둔다.
치자	가볍게 씻어, 치자 1개에 물 1/2 컵 정도를 넣어 30분 정도 불려서 우러난 물을 사용한다.
석이	미지근한 물에 불려 이끼와 뿌리에 묻어 있는 돌을 제거하고 물기 제거 후 돌돌 말아서 채 썰거나 다져 둔다.
오미자	찬물에 우려서 사용한다.

> **Tip**
> - 건조 식품의 부피 증가
>   쌀로 떡을 만든 후 : 1.4배 부피 증가
>   마른 콩을 삶은 후 : 3배 부피 증가

제2절 떡류 만들기

01. 설기떡류 제조과정

멥쌀가루만을 찌거나 멥쌀가루에 부재료를 혼합하여 찌는 떡
콩, 쑥, 밤, 대추, 과일 등 부재료가 들어가기도 한다. (콩설기, 백설기, 무지개떡)

02. 켜떡류 제조과정

쌀가루를 나누어 중간에 켜와 켜 사이에 고물을 얹어 가면서 켜를 만들어 찌는 떡
(시루떡, 녹두 찰떡, 느티떡)

03. 빚어 찌는 떡류 제조과정

쌀가루를 익반죽 하여 콩이나 깨를 넣어 빚어서 찌는 과정을 거쳐 제조한 떡
(송편, 모시잎 송편, 쑥 송편)

04. 약밥 제조과정

찹쌀에 대추, 밤, 잣 등을 넣어 찐 다음 기름과 꿀, 간장으로 버무려 한 번 더 쪄 낸다. (약식, 약밥)

Chapter 2 떡류 만들기

05. 인절미 제조과정

찹쌀가루에 다양한 맛과 색을 내는 것으로 호박이나 쑥을 넣어 만들기도 하며 다양한 콩고물이나 팥고물을 묻혀 낸다. (인절미, 밥알 인절미)

06. 가래떡류 제조과정

쌀가루을 물에 반죽하여 찜기에 찐 후, 방아로 치고 가래떡 모양을 만들어 낸다.
(가래떡, 조랭이떡, 쑥 절편)

07. 찌는 찰떡류 제조과정

찹쌀가루를 여러 가지 부재료와 함께 쪄서 식힌 후 모양을 만들어 낸다.
(쇠머리떡, 동부 찰편, 구름떡, 찹쌀떡, 콩 찰편, 깨 찰편)

제3절 떡류 포장 및 보관

01. 떡의 포장방법

1 포장의 정의

포장이란 제품의 유통 과정에서 취급상의 위험과 외부환경으로부터 제품의 가치 및 상태를 보호하고 다루기 쉽도록 적합한 재료 또는 용기에 넣는 과정으로, 영어로는 packaging 또는 wrapping이라고 한다. packaging은 물품을 수송 보관함에 있어 가치 및 상태를 보호하기 위해 적절한 재료나 용기 등을 물품에 싸거나 장식하는 기술 및 상태를 말하며, wrapping은 포장지나 리본 등 포장 재료를 이용하여 물건의 겉면을 싸는 것을 말한다. 제품의 유통 과정에 있어 제품의 가치와 상태를 보호하기 위하여 적합한 재료 또는 용기 등으로 장식하는 방법을 말한다.

2 포장의 기능

① 내용물의 보호

떡류 제품은 손상되기 쉬우므로 효과적인 떡 포장을 통해 물리적, 화학적, 생물적, 인위적인 요인으로부터 내용물을 보호하고 제품 손상을 방지해야 한다.

② **취급의 편의**

제품의 생산에서부터 사용 후 폐기에 이르기까지, 각 단계에서 취급하고 먹기 편하도록 사용의 편의성을 제공한다.

③ **판매의 촉진**

제품을 차별화하고 소비자들의 구매 충동을 촉진시킴으로 매출 증대 효과를 준다. 즉, 똑같은 제품이라도 어떻게 상품을 계절에 맞게 또는 이벤트 등 소비자들이 요구하는 상황에 맞게 장식하느냐에 따라 상품의 가치는 높아지고, 매장의 인테리어 효과도 기대해 볼 수 있다.

④ **상품의 가치 증대와 정보 제공**

포장을 통해 제품을 효과적으로 강조되도록 하여 상품성을 높이고, 속이 보이는 포장을 통해 소비자가 제품을 식별하도록 하며, 속이 보이지 않은 경우 내용물에 관한 상품정보 및 전달 표시를 통해 정보력을 높인다.

⑤ **사회적 기능과 환경 친화적 기능**

포장을 적절하게 해서 지나친 낭비를 막고 위생 안전 및 환경과 조화롭고 친화적인 포장을 추구한다. 또한 제품의 유통 기한을 별도로 표시해 신뢰성을 높인다.

3 포장의 목적

① 수분의 증발을 방지 한다.
② 미생물의 오염을 방지 하며 저장성이 증대 한다.
③ 식품이 보관·가공·운송·판매를 거쳐 소비자에 이르기까지 충격, 압력, 온도, 습도 등의 외적 환경과 해충으로부터 보호 한다.
④ 보관·운송·판매 등 일련의 작업을 능률적으로 행하기 위함이다.
⑤ 소비자가 사용하기 쉽도록 하며, 상품의 가치를 높이기 위함이다.

4 포장 재료의 조건

① **위생성** : 위생적이며, 방수성이 있으며 통기성은 없어야 한다.
② **경제성** : 가격이 저렴해야 한다.
③ **간편성, 상품성** : 사용이 간편하고 상품 가치를 높여야 한다.
④ **저장성** : 제품 파손을 막아야 한다.
⑤ **작업성** : 기계 적성이 양호해야 한다.

Chapter 2 떡류 만들기

5 포장의 분류

1차 포장	내 포장	플라스틱, 종이, 유리병, 사기그릇, 알루미늄, 진공 포장
2차 포장	외 포장	상자 포장, 보자기 포장, 부직포 포장, 리본 묶기

1) 1차 포장

(1) 포장재

플라스틱	폴리프로필렌, OPP (Oriental Poiypropylene)		필름용 포장 재료로 사용한다
	폴리에틸렌 (PE)		① 식품의 포장 재료로 많이 사용한다 ② 인체에 무해하며, 내수성이 좋다 ③ 수분 차단성이 좋으며, 소량 생산에도 포장 규격화가 가능하다
	폴리 스틸렌 (PS)		가격이 저렴하며 투명, 무색, 수분 증발 방지, 가공성이 용이
종이 및 지기	종이	가공지	일반적인 포장 용지
		특수 사공 포장지	파라핀 왁스지, 폴리에틸렌 가공지, 부직포 등
	지기		종이, 판지 : 강도, 통기성, 내용물 보호, 완충 작용, 위생성, 개봉성이 우수하다
금속, 유리병, 사기용기, 알루미늄			통조림, 병조림 용기, 컵 모양, 나무 상자, 나무 통, 알루미늄 용기, 알루미늄 호일

(2) 포장방법

① **함기 포장 (상온 포장)**

공기가 함유되어있는 상태에서 포장하는 방법이다. 일반적으로 기계를 사용하지 않는 포장의 대부분을 말한다.

② **진공 포장**

포장 용기에 식품을 넣고 내부를 진공으로 탈기하여 포장하는 방법이다. 내부 공기가 제거되고 공기의 접촉이 불가능하여 부패가 진행되지 않아 장기 보존이 가능하다.

③ **밀봉 포장**

공기가 통하지 않도록 단단히 포장하는 방법이다.

(3) 포장 시 첨가제

① **습기 제거제**

포장 및 용기에 넣어 습기를 흡착하여 건조 상태를 유지하게 하고, 습기로 인한 변질 및 변형을 방지하여 신선도를 유지시켜 준다.

② **산소 제거제**

포장 용기 내 산소로 인한 변질을 막기 위해 산소를 제거함으로써 식품의 맛과 향, 색상 및 영양가를 유지시켜 준다.

2) 2차 포장(외 포장)

2차 포장은 1차 포장된 것들을 한 개의 단위로 포장하는 것을 포함하여 장식을 목적으로 포장하는 것을 포함한다. 선물용이나 진열을 목적으로 사용되기도 한다. 2차 포장을 위한 포장재로 종이 또는 지기를 주로 사용한다.

(1) 포장 기법

① **상자식 포장**
캬라멜 상자를 포장하는 방법으로, 포장에 제일 기본이 되는 포장법이다.

② **보자기식 포장**
제품을 뒤집지 않아도 포장할 수 있는 포장법이고, 포장지가 가장 적게 드는 포장법이다.

③ **부직포 이용 포장**
부직포를 사용하는 포장으로 원형 상자 등에 많이 사용한다.

(2) 리본 매기 및 리본 묶기

① **리본 매기**
㉠ **일자 매기:** 제일 기본이 되는 매기이다.
㉡ **십자 매기:** 케이크 등 무거운 데 사용하고 튼튼하다.
㉢ **사선 매기:** 제품의 로고 등을 가리지 않고 사용할 수 있는 매기이다.

② **리본 묶기**
㉠ **외리본:** 가장 간단한 리본 묶기이다.
㉡ **나비 리본:** 일반적으로 많이 사용하는 리본이다.
㉢ **더블 나비 리본:** 리본이 풍성해 화려하게 포장할 때 사용한다.

02. 포장용기 표시사항

1 농수산물 원산지 표시에 관한 법령

1) 국산 농수산물 국내 가공품, 수입 농수산물 또는 농수산 가공품

① 국산, 국내산 : 시, 도, 시, 군, 구 명 기재
② 외국산 : 국가명
③ 가공품 : 원료의 원산지 국가명 기재
④ 농산물과 가공품 : 포장재, 푯말, 표시판 등에 표시

2) 거짓 표시

① 형사처벌 : 7년 이하 징역 또는 1억원 이하의 벌금

② 과징금 부과 : 위반금액의 5배 이하(최고 3억원) 과징금

③ 위반 업체 공표 : 농관원, 농식품부, 시, 도, 군, 구, 한국 소비자원, 포털 등 홈페이지 공개 (영업소 명칭, 주소, 위반 내용)

④ 위반자 의무 교육 : 농축산물 원산지 표시제도 교육 이수

3) 미표시

① 5만원 이상 1천만원 이하의 과태료

② 위반 업체 공표 : 2회 이상 시 공표

2 식품 등의 표시 · 광고에 관한 법령

제1조(목적)

식품등에 대하여 올바른 표시 · 광고를 하도록 하여 소비자의 알 권리를 보장하고 건전한 거래질서를 확립함으로써 소비자 보호에 이바지 함을 목적으로 한다.

제2조(정의)

1) 식품 : 식품 위생법에 따른 식품(해외에서 국내로 수입되는 식품 포함)

2) 식품 첨가물 : 식품 위생법에 따른 식품 첨가물(해외에서 국내로 수입되는 식품첨가물 포함)

3) 기구 : 식품 위생법에 따른 기구(해외에서 국내로 수입되는 기구 포함)

4) 용기 · 포장 : 식품 위생법에 따른 용기 · 포장(해외에서 국내로 수입되는 용기 · 포장 포함)

5) 건강 기능식품 : 식품 위생법에 따른 건강기능식품(해외에서 국내로 수입되는 건강 기능식품 포함)

6) 축산물 : 식품 위생법에 따른 축산물 (해외에서 국내로 수입되는 축산물 포함)

7) 표시 : 식품, 식품 첨가물, 기구, 용기, 포장, 건강 기능식품, 축산물 및 이를 넣거나 싸는 것에 적는 문자, 숫자 또는 도형

8) 영양표시 : 식품, 식품 첨가물, 건강 기능식품, 축산물에 들어 있는 영양성분의 양 등 영양에 관한 정보를 표시하는 것

9) 나트륨 함량 비교 표시 : 식품의 나트륨 함량을 동일 하거나 유사한 유형의 나트륨 함량과 비교하여 소비자가 알아보기 쉽게 색상과 모양을 이용하여 표시하는 것

10) 광고 : 라디오, 텔레비전, 신문, 잡지, 인터넷, 인쇄물, 간판 또는 그 밖의 매채를 통하여 음성, 음향, 영상 등의 방법으로 식품 등에 관한 정보를 나타내거나 알리는 행위

11) 영업자
  ① 건강 기능식품에 관한 법률에 따라 허가 받은 자 또는 신고한 자
  ② 식품 위생법에 따라 허가를 받은 자와 신고 또는 등록한 자
  ③ 축산물 위생관리법에 따라 허가·신고를 한 자
  ④ 수입식품 안전 관리 특별법에 따라 영업 등록을 한 자
12) 소비기한 : 식품 등에 표시된 보관방법을 준수할 경우 섭취하여도 안전에 이상이 없는 기한을 말한다. (2023. 1. 1. 시행)

(제4조) 표시의 기준(총리령) 2023. 1. 1. 시행
(1) 식품, 식품 첨가물, 축산물
  ① 제품명, 내용량, 원 재료명
  ② 영업소 명칭 및 소재지
  ③ 소비자 안전을 위한 주의 사항
  ④ 제조 연 월일, 소비기한, 품질 유지 기한
(2) 기구, 용기, 포장, 재질, 영업소 명칭 및 소재지, 소비자 안전을 위한 주의 사항
(3) 건강 기능 식품
  ① 제품명, 내용량, 원료명
  ② 영업소 명칭 및 소재지
  ③ 소비기한 및 보관 방법
  ④ 건강 기능 식품 이라는 문자 또는 도안
  ⑤ 질병의 예방 및 치료를 위한 의약품이 아니라는 내용의 표현
  ⑥ 건강 기능식품에 관한 법률 에 따른 기능성에 관한 나타내는 성분 등의 함유량
2) 표시 의무자, 표시사항 및 글씨 크기, 표시 장소등 표시 방법에 관해서는 총리령으로 정한다.
3) 표시가 없거나 표시 방법을 위반한 식품 등은 판매하거나 판매할 목적으로 제조, 가공, 소분, 수입, 포장, 보관, 진열 또는 운반 하거나 영업에 사용해서는 안 된다.

제5조(영양표시)
1) 식품등을 제조, 가공, 소분하거나 수입하는 자는 총리령으로 정하는 식품 등에 영양 표시를 하여야 한다.
2) 영양 성분, 표시 방법은 총리령으로 정한다.
3) 영양 표시가 없거나 위반한 제품은 판매하거나 판매할 목적으로 제조, 가공, 소분, 수입, 포장, 보관, 진열, 운반하거나 영업에 사용해서는 안된다.

제6조(나트륨 함량 비교 표시)

나트륨 함량 비교 표시가 없거나 위반한 제품은 판매하거나 판매할 목적으로 제조, 가공, 소분, 수입, 포장, 보관, 진열, 운반하거나 영업에 사용해서는 안된다.

제7조(광고의 기준)

식품등을 광고할 때는 제품명 및 업소명을 포함시켜야 한다.

제8조(부당한 표시 또는 광고 행위의 금지)

누구든지 식품 등의 명칭, 제조 방법, 성분 등 대통령 령으로 정하는 사항에 관하여 다음 각호의 어느 하나에 해당되는 표시 또는 광고를 하여서는 아니 된다.

1) 질병의 예방, 치료에 효능이 있는 것으로 인식할 우려가 있는 표시 또는 광고
2) 식품 등을 의약품으로 인식할 우려가 있는 표시 또는 광고
3) 건강 기능식품이 아닌 것을 건강 기능식품으로 인식할 우려가 있는 표시 또는 광고
4) 거짓, 과장된 표시 또는 광고
5) 소비자를 기만하는 표시 또는 광고
6) 다른 업체나 다른 업체의 제품을 비방하는 표시 또는 광고
7) 객관적인 근거 없이 자기 또는 자기의 식품등을 다른 영업자나 다른 영업자의 식품등과 부당하게 비교하는 표시 또는 광고
8) 사행심을 조장하거나 음란한 표현을 사용하여 공중 도덕이나 사회윤리를 현저하게 침해하는 표시 또는 광고
9) 심의를 받지 아니하거나 위반하여 심의 결과에 따르지 아니한 표시 또는 광고

제9조(표시 또는 광고 내용의 실증)

1) 식품에 표시를 하거나 식품 등을 광고한 자는 자기가 한 표시 또는 광고에 대하여 실증 할수 있어야 한다.
2) 식품의약품 안전처장은 식품 등의 표시 또는 광고가 위반할 우려가 있어 해당 식품 등에 대한 실증이 필요하다고 인정하는 경우에는 그 내용을 구체적으로 밝혀 해당식품 등에 표시하거나 해당 식품등을 광고한 자에게 실증 자료를 제출할 것을 요청할 수 있다.

제10조(표시 또는 광고의 자율 심의)

1) 식품 등에 관해 표시 또는 광고 하려는 자는 해당 표시, 광고에 대하여 등록한 기관 또는 단체로부터 미리 심의를 받아야 한다.
   다만, 자율 심의 기구가 구성되지 아니한 경우에는 대통령령으로 정하는 바에 따라 식품의약

품안전처장으로부터 심의를 받아야 한다.

2) 심의 대상, 등록 방법, 절차, 그 밖에 필요한 사항은 총리령으로 정한다.

03. 냉장, 냉동 등 보관방법

1 식품위생의 정의 및 목적

1) 식품위생의 정의

(1) 우리나라의 식품위생의 정의

식품위생 – 식품, 식품첨가물, 기구, 용기, 포장을 대상으로 하는 음식에 관한 위생
(식품 – 모든 음식물. 단, 의약으로 섭취하는 것은 제외)

(2) 세계보건기구(WHO)의 정의

식품위생 – 식품의 재배, 생산 또는 제조에서부터 최종적으로 사람의 섭취할 때까지 모든 단계에서 식품의 안전성, 보존성, 악화방지를 위해 취해지는 모든 수단.

2) 식품위생의 목적

① 식품으로 인한 위생상의 위해를 방지한다.
② 식품영양의 질적 향상을 도모한다.
③ 국민보건의 향상과 증진에 이바지 한다.

3) 식품위생의 대상

식품위생은 식품, 식품첨가물, 기구, 용기 및 포장 등 음식에 관한 전반적인 것을 대상으로 한다.

2 식품의 보존법

1) 물리적인 처리에 의한 보존법

(1) 건조법 : 식품내의 수분을 15% 이하로 건조시키면 미생물의 번식을 방지한다.

① **소건법** : 햇빛에 건조하는 방법(미역, 다시마, 오징어)
② **자건법** : 한번 쪄서 건조하는 방법(멸치)
③ **직화 건조법(배건법)** : 식품에 직접 불이 닿게 하여 건조시키는 방법(보리차, 커피, 차잎)
④ **동결 건조법** : 냉동 후 저온 건조시키는 방법(한천, 당면, 북어)
⑤ **분무 건조법** : 액체를 안개처럼 분사한 후 열풍으로 건조시키는 방법(분유, 과즙 분말)
⑥ **진공동결 건조법** : 채소 등을 건조시키는 방법(건조김치)

(2) 냉장 · 냉동법 : 미생물은 일반적으로 10℃ 이하에서는 번식이 억제.

① **움저장법** : 10℃의 움에서 감자, 고구마, 무, 양파, 배추, 오렌지 등을 저장.

② **냉장 · 냉동법**

㉠ 냉장법은 0~10℃에서 채소, 과일류 등을 보존하는 방법으로 식품의 단기간 저장.

㉡ 냉동법은 -5℃ 이하로 어류, 육류 등을 동결시켜 보존. 장기보존 가능.

> **급속냉동** : -40℃에서 급속 동결하여 -20℃에 저장하는 방법

(3) 가스저장법(C.A 저장, 후숙, 추숙) : 과일, 채소, 이산화탄소 가스(CO_2), 질소 가스(N_2), 산소가스(O_2)

(4) 가열 살균법

① **저온살균법(LTLT : Low Temperature Long Time)**

우유, 주스, 간장, 식초, 과일주 등을 62~65℃에서 30분간 살균

② **고온 단시간 살균법(HTST : High Temperature Short Time)**

우유, 과즙 등을 70~75℃에서 15초간 살균

③ **초고온 순간 살균법(UHT : Ultra High Temperature)**

우유, 과즙 등을 130~140℃에서 1~2초간 살균

> **우유의 살균** : 저온 살균법, 고온 단시간 살균법, 초고온 순간 살균법

④ **고온 장시간 살균법(HTLT : High Temperature Long Time)**

통조림 등을 95~125℃에서 30~60분간 살균

⑤ **가압 살균법**

포자 살균에 이용, 통조림이나 병조림 제조에 널리 이용

⑥ **간헐멸균법** : 간헐멸균기(dry oven), 유리기구, 도자기류 150~160℃ 30분 가열

⑦ **고압증기 멸균법(오토클레이브)** : 통조림 살균, 121℃, 압력 15파운드, 15~20분간 살균

⑧ **자비소독(열탕소독)** : 끓는 물에 30분간 가열(행주, 식기). 아포를 죽일 수는 없다.

2) 화학적인 처리에 의한 보존법

① **염장법** : 10%의 소금물에 절이는 방법
② **당장법** : 50% 이상의 설탕에 절이는 방법(잼, 젤리, 가당연유)
③ **산저장** : 식초(초산 3~4% 함유)나 젖산 등을 이용(피클)

3) 종합적인 처리에 의한 보존법

(1) **염건법** : 소금을 뿌려 건조시키는 방법
(2) **훈연법** : 활엽수(참나무, 벚나무, 떡갈나무)를 태워 연기 중의 페놀, 포름알데히드, 메틸알코올 등의 살균 물질을 침투시켜 저장하는 방법으로 소시지, 햄, 베이컨 등에 사용
(3) **밀봉법(통조림과 병조림)**
  ① **특징** : 오래 저장이 가능하고 편리하게 먹을 수 있으며 저장과 운반이 편리
  ② **순서** : 원료처리 – 담기 – 탈기, 밀봉 – 가열살균 – 냉각
  ③ **통조림의 검사**
    ㉠ 외관상의 변질
      – 팽창 : 살균이 부족할 경우 세균으로 인해 변질되어 가스발생하여 팽창 (하드 스웰, 소프트 스웰)
      – 스프링거 : 내용물의 과다로 인해 두껑이 팽창
      – 플리퍼 : 탈기부족으로 인해 통의 가운데가 약간 부풀어 오른 상태
      – 리커 : 내용물이 새는 현상
    ㉡ 내용물의 변질
      – 프랫 사우어 : 미생물이 번식하여 외부적인 표시는 나지 않지만 내용물이 신맛이 난다.

Chapter ❸ 위생·안전 관리

제1절 개인 위생관리

01. 개인 위생관리 방법

1 건강 관리

① 조리 종사자는 보건증을 보관하며 매년 건강 진단을 실시 하도록 한다.
② 사람의 손과 피부 분비물은 미생물의 생육에 필요한 영양분이 되어 식품 오염의 주된 원인이 될 수 있으므로 항상 신경써야 한다.

2 복장 관리

① 머리는 단정하고 청결히 하며 긴머리는 묶고 위생모를 착용해야 한다.
② 얼굴에 상처나 종기가 있는 조리원은 배식원에서 배제 하고 마스크를 착용한다.
③ 눈 화장이나 립스틱은 진하지 않게 하며, 향이 강한 화장품은 사용하지 않는다.
④ 조리장에서는 반지나 팔찌나 지나친 악세서리 착용을 금한다.
⑤ 위생복을 세탁과 다림질을 깨끗이 하고 단추가 떨어졌거나 바느질이 터진 곳이 없는지 확인한다.
⑥ 조리장 내에서는 맨발에 슬리퍼만 신는 것을 금하며, 조리 안전화를 신도록 하며 화장실 전용 신발을 비치 하여 사용하도록 한다.

3 행동 관리

① 주방에서는 먹고 마시는 것을 금지하며, 흡연은 지정된 구역에서만 허용한다.
② 손으로 얼굴이나 머리를 만지지 않도록 하며, 기침이나 코를 풀지 않도록 한다.
③ 조리 업무와 관련 없는 대화는 하지 않도록 한다.

4 위생시설의 설치

① 갱의실은 위생적으로 관리하며 휴게시설을 설치한다.
② 화장실은 고객용과 분리하고 수세 시설에는 냉온수 공급하며, 손 세정제와 손 건조기를 비치한다.

02. 오염 및 변질의 원인

식품을 방치하였을 때 미생물, 화학, 물리적 작용에 의해 식품의 고유 성분이 변하는 것을 변질이라고 한다.

1) 미생물에 의한 변질

2) 물리적 작용에 의한 변질 : 광선, 온도, 수분

3) 화학적 작용에 의한 변질
산화 : 지방이 산소와 결합하여 과산화물 생성하는 것을 말하며, 온도(열), 빛(광선), 금속, 공기에 의해 가속화 된다.

4) 변질의 종류
① **부패** : 단백질 식품이 미생물(혐기성 세균)에 의해 분해되어 아민, 암모니아, 트리메틸아민(TMA), 인돌 등이 만들어지면서 악취와 유해물질을 생성하는 현상.

> **Tip**
> - 후란 : 호기성 세균에 의한 단백질의 분해
> - 초기부패 : 일반적으로 식품 1g 중 생균수가 10^7 이상일 때

② **변패** : 단백질 이외의 성분을 갖는 식품이 변질되어 식품 위생상 유해물질을 생성하는 현상.
③ **산패** : 지방이 공기 중의 산소, 햇빛(광선), 가열, 효소 등의 작용으로 산화되는 현상.
④ **발효** : 탄수화물이 미생물에 의해 분해되어 알코올, 유기산 등이 생기는 현상.
우리의 생활에 유용하게 사용되는 물질이 만들어지는 현상.

03. 감염병 및 식중독의 원인과 예방대책

1 감염병

1) 감염병 발생의 3대 요소
(1) 감염원 (병원체, 병원소)
① 병원체가 생활하고 증식 하면서 질병을 일으키는 원인이며, 다른 숙주에 전파 될수 있는 상태로 저장 되는 장소를 말한다.
② 환자, 보균자, 매개동물, 곤충, 오염식품, 생활용품 등을 통해 감염된다.

(2) 감염경로 (환경)

① 감염원으로부터 병원체가 전파되는 과정으로 간접적이 영향이 크다.
② 공기감염, 토양에 의한 감염, 음식물 감염, 절족동물 감염 등이 있다.

(3) 숙주의 감수성

① **숙주**

　한 생물체가 다른 생물체의 침법으로 조직이 상하거나 영양물질이 빼앗기는 생물체를 말한다.

② **감수성**

　질병에 대해서 민감한 상태를 말하며, 감염될 수 있는 확률이 높아진 상태를 말한다. 다른 생물체(병원체)가 침입하여 증식하기 좋은 환경으로 저항력이 낮아지게 된다. 면역성이 약해지면 감수성이 높아지고 질병이 발병하기 쉽다.

③ 감염병이 전파 되어도 개인적으로 면역성이 있고 저항력에 따라 감염되는 정도는 다르다.

2) 감염병의 종류

(1) 병원체에 따른 감염병의 분류

① **바이러스** : 뇌염, 홍역, 인플루엔자, 천연두, 급성회백수염(소아마비 · 폴리오), 전염성 간염, 트라코마, 풍진, 광견병(공수병), 유행성이하선염

② **리케차** : 발진티푸스, 발진열, 양충병, Q열

③ **세균** : 콜레라, 이질, 장티푸스, 파라티푸스, 성홍열, 디프테리아, 백일해, 페스트, 유행성뇌척수막염, 파상풍, 결핵, 폐렴, 나병

(2) 인체 침입구에 따른 감염병의 분류

① **호흡기계 침입** : 환자나 보균자의 객담, 콧물 등으로 감염, 공기전파 및 진애에 의한 감염 (디프테리아, 백일해, 결핵, 폐렴, 인플루엔자, 두창, 홍역, 수두, 풍진, 유행성이하선염, 성홍열)

② **소화기계 침입** : 병원체가 환자나 병원체 보유자의 분변으로 배설되어 일정조건하에 외부에서 생존해서 음식물이나 식수에 오염되어 경구 침입됨. (콜레라, 이질(세균성, 아메바성), 장티푸스, 파라티푸스, 폴리오, 유행성간염, 기생충병 등)

③ **경피 침입** : 병원체의 피부 접촉에 의해 체내에 침입, 상처를 통한 감염, 동물에 쏘이거나 물려서 병원체 침입 (파상풍)

(3) 감염병의 감염 경로

① **직접 접촉 감염** : 매독, 임질

② 간접 접촉 감염
  ㉠ **비말감염** : 디프테리아, 인플루엔자, 성홍열
  ㉡ **진애감염** : 결핵, 천연두, 디프테리아

비말감염	환자·보균자의 기침, 재채기, 담화 시 튀어나오는 비말에 병원균이 함유되어 감염
진애감염	병원체가 붙어 있는 먼지를 흡입하여 감염

③ **개달물 감염** : 결핵, 트라코마, 천연두

④ **수인성 감염 (경구 감염병)**
  ㉠ 환자 발생이 폭발적이다.
  ㉡ 음료수 사용지역과 유행지역이 일치한다.
  ㉢ 치명률이 낮고, 2차 감염 환자의 발생이 없다.
  ㉣ 계절에 관계없이 발생한다.
  ㉤ 콜레라, 이질, 장티푸스, 파라티푸스

⑤ **소화기계 감염병 (음식물 감염)** : 콜레라, 이질, 장티푸스, 파라티푸스, 소아마비, 유행성 간염

⑥ **위생 해충에 의한 감염**

쥐	페스트, 서교증, 재귀열, 발진열, 유행성 출혈열, 와일씨병 (렙토스피라증)
진드기	쯔쯔가무씨병, 유행성 출혈열, 양충병, 옴
모기	말라리아, 일본 뇌염, 황열, (말레이) 사상충, 뎅기열
이	발진티푸스, 재귀열
벼룩(빈대)	발진열, 재귀열
바퀴	콜레라, 이질, 장티푸스, 소아마비
파리	콜레라, 이질, 장티푸스, 파라티푸스, 결핵, 디프테리아

⑦ **인축 공통 전염병 (인수공동 감염병)**
  사람과 축산물이 같은 병원체에 의해 발생한 질병이나 감염병을 말한다.

결핵	소
페스트	쥐
광견병	개
야토병	토끼
살모넬라, 돈단독, 선모충, Q열	돼지
탄저병, 비저병	양, 말, 소 (초식 동물)
파상열 (브루셀라)	동물 (소) 생식기 이상으로 유산

(4) 법정 감염병

구분	특징
제1급 감염병	생물 테러 감염병, 치명률이 높거나 집단 발생의 우려가 커서 발생 또는 유행즉시 신고해야 하고, 음압 격리와 같은 높은 수준의 격리가 필요한 감염병
제2급 감염병	전파 가능성을 고려하여 발생 또는 유행시 24시간내 신고해야 하고, 격리가 필요한 감염병
제3급 감염병	그 발생을 계속 감시할 필요가 있어 발생, 또는 유행시 24시간 이내에 신고해야 하는 감염병
제4급 감염병	1~3급 외에 유행 여부를 조사하기 위해 표본 감시 활동이 필요한 감염병

3) 감염병 관리 대책

(1) 감염원 대책

① **감염원의 조기 발견**
  ㉠ **환자의 신고** : 전염병 예방법 등에 의한 법정 전염병 등의 신고.
  ㉡ **보균자의 검색** : 특히 식품을 다루는 업무에 종사하고 있는 사람 등에 중점적으로 실시.

② **감염원에 대한 처치**
  ㉠ **격리와 치료** : 병원체에 확산방지를 위한 환자나 보균자의 격리나 완전치료가 필요.
  ㉡ 환자, 보균자의 배설물 및 오염 물건의 소독

(2) 감염경로 대책

① **전염원과의 접촉 기회 억제** : 학교 · 학급의 폐쇄, 교통차단
② **소독, 살균의 철저** : 직접 접촉에는 화학적, 기계적인 예방조치, 감염원의 배설물, 오염 물건 등의 소독, 손의 수세 · 소독 등의 실시가 필요.
③ 공기의 위생적 유지, 상수도의 위생관리, 식품의 오염방지

(3) 감수성 대책

① **저항력의 증진** : 체력을 증진시켜 저항력의 유지 증진에 노력.
② **예방접종 (인공면역)**

	연령	예방접종의 종류
기본접종	4주이내 2개월 4개월 6개월 15개월홍역, 3~15세	BCG 경구용소아마비, DPT 경구용소아마비, DPT 경구용소아마비, DPT 볼거리, 풍진 일본뇌염
추가접종	18개월, 4~6개월(2회) 11~13세 매년	경구용소아마비, DPT 경구용소아마비, Td 일본뇌염(유행전)

> **Tip**
> - D : 디프테리아, P : 백일해, T : 파상풍
> - 결핵(BCG) : 생후 가장 먼저 실시하는 예방접종

(4) 면역의 종류

① **능동 면역**
- ㉠ **자연 능동 면역** : 질병감염 후 획득한 면역
- ㉡ **인공 능동 면역** : 예방 접종으로 획득한 면역

② **수동면역**
- ㉠ **자연 수동면역** : 모체로부터 획득한 면역
- ㉡ **인공 수동 면역** : 혈청 제의 접종으로 인해 획득한 면역

영구면역이 되는 질병.(수두, 홍역, 백일해, 폴리오, 천연두, 풍진)

> **Tip**
> - **감염병의 전파예방 대책**
>   ① **감염원의 근본적 대책** : 격리와 치료
>   ② **감염경로의 차단** : 소독, 살균의 철저
>   ③ **감수성** : 예방접종
> - **건강 보균자** : 병의 증상은 나타나지 않지만 몸 안에 병원균을 가지고 있어 평상시에 혹은 병원체를 배출하고 있는 자로서 감염병 관리가 가장 어려움.
>
> | 구분 | 세균성 식중독 | 소화기계 감염병(경구감염병) |
> |---|---|---|
> | 균 | 식중독균에 오염된 식품의 섭취로 발생 | 감염병균에 오염된 식품과 물을 섭취 또는 수질의 오염에 의한 경구 감염 |
> | 균수 | 많은 양의 균이나 독소에 의해 발생 | 적은 양의 균으로 발생 |
> | 잠복기 | 짧다 | 길다 |
> | 감염 | 2차 감염 없다 | 2차 감염 있다 |
> | 면역 | 면역성이 없다 | 면역성이 있다 |

Chapter ❸ 위생·안전 관리

2 식중독

◆ 식중독

유해한 물질이 음식물과 함께 입을 통해 섭취되어 생리적인 이상을 일으키는 것이 식중독이며 주로 6-9월에 집중적으로 발생한다.

◆ 식중독의 분류

대분류	중분류	소분류	원인균 또는 독소
미생물	세균성 식중독	감염형	살모넬라, 장염 비브리오, 병원성 대장균
		독소형	포도상구균 독소, 보툴리누스독소, 웰치균
	바이러스성 식중독		노로바이러스, 간염 A바이러스, E 바이러스 등
화학 물질	자연독 식중독	동물성	복어, 모시조개, 섭조개
		식물성	감자, 버섯, 독미나리, 청매
		곰팡이독소	황변미, 아플라톡신, 맥각중독
		알레르기성	히스타민(꽁치, 고등어)
	화학적 식중독		잔류 농약, 유해첨가물, 포장재의 유해물질, 중금속, 메탄올

1) 세균성 및 바이러스성 식중독

(1) 세균성 식중독

❶ 감염형 식중독

[1] 살모넬라균에 의한 식중독
  ① 원인세균 : Gram 음성간균, 60℃에서 20분이면 사멸
  ② 증상 : 구토, 설사, 발열(38-40℃)
  ③ 원인 식품 : 주로 단백질 식품(식육, 어육류, 연제품), 계란, 우유 및 유제품
  ④ 감염경로 : 쥐, 파리, 바퀴벌레, 닭, 돼지 등
  ⑤ 예방 : 방충망, 방서망, 식품의 저온보존, 위생관리균은 열에 약하므로 가열하여 섭취하도록 한다.

[2] 장염 비브리오균에 의한 식중독
  ① 원인세균 : 해수세균, 3-4%의 식염농도에서 잘 발육한다.(호염성균)
  ② 증상 : 구토, 설사, 복통
  ③ 원인 식품 : 어패류 생식
  ④ 감염경로 : 수족관의 오염
  ⑤ 예방 : 열에 약하므로 가열하고, 깨끗한 물로 잘 씻고 냉장 냉동고에 보관한다.

[3] 병원성 대장균 식중독

사람이나 동물의 장, 흙 속에서 서식하는 균이며, 식품이나 물이 분변에 오염되어 있는지를 알 수 있는 지표로 사용된다.

① 원인세균 : 병원성 대장균
② 증상 : 급성 대장염, 설사, 복통, 발열
③ 원인 식품 : 우유,
④ 감염경로 : 환자, 보균자, 동물의 분변
⑤ 예방 : 동물의 분뇨를 위생적으로 처리 하고 손세척을 철저히 한다.

❷ 독소형 식중독

식품 내에 병원체가 증식하여 생성한 독소에 의해 생기는 식중독을 말하며 포도상구균이 생성하는 독소인 엔테로톡신(enterotoxin)과 보툴리누스균이 생성하는 독소인 뉴로톡신(neurotoxin)에 의해서 발생하는 식중독이 있다.

[1] 포도상구균(Staphylococcus aureaus)에 의한 식중독

① 원인세균
  ㉠ 포도상구균이며, 식중독 및 화농성 질환의 대표적인 원인균이다.
  ㉡ 포도상구균은 열에 약하다.(80℃, 30분)
② 독소
  ㉠ 엔테로톡신(enterotoxin, 장독소)이며, 포도상구균이 식품 중에 번식할 때 형성된다.
  ㉡ 열에 가장 강하여 끓여도 파괴되지 않는다.
③ 잠복기 : 100℃에서 30분간 가열하여도 파괴되지 않고, 잠복기가 보통은 1~6시간 (평균 3시간)으로 가장 짧다.
④ 증상 : 주요증상은 급성위장염으로 급격히 발병하며, 타액의 분비가 증가하고 이어서 구토, 복통, 설사의 증상이 있다.
⑤ 원인식품 및 감염경로 : 육류, 크림, 유과자, 버터, 치즈 등의 유제품이 주요 원인식이며, 조리자의 손의 화농성 질환의 오염되기 쉽다.
⑥ 예방
  ㉠ 예방은 식품기구 및 식기 멸균
  ㉡ 화농이 있는 자의 식품취급을 금하며, 식품의 저온보존.

Chapter ❸ 위생·안전 관리

[2] 보툴리누스균(Clostridium botulinum)에 의한 식중독

① 원인세균
  ㉠ 그람양성, 간균, 포자형성
  ㉡ 편성혐기성 균으로 열에 가장 강하다.
  ㉢ 균형은 A~G형까지 있는데 A, B, E형이 원인균

② 독소
  ㉠ 보툴리누스균이 통조림이나 소시지 등 식품의 혐기성 상태에서 신경독소인 뉴로톡신(neurotoxin, 신경독소)을 분비하여 식중독의 원인이 된다.
  ㉡ 독소는 열에 약하여 80℃에서 30분 안에 파괴

③ 증상 : 특이적인 신경증상으로 눈의 시력 저하, 사시, 동공확대 등 그 외에 현기증, 두통, 변비, 복부팽만, 사지마비, 호흡곤란 증상, 치사율은 30~80%(사망률이 매우 높다)

④ 원인식품 및 감염경로 : 소시지, 통조림, 병조림의 가공공정 중 불충분한 가열로 혐기성 상태에 놓이게 되는 경우

⑤ 예방
  ㉠ 보툴리누스균 독소는 열에 약하여 80℃에서 30분간의 가열처리 후 섭취한다.
  ㉡ 통조림이나 소시지 등은 위생적으로 보관한다.
  ㉢ 가열 시 고압 멸균처리를 하며, 저장할 때는 4℃ 이하 보관한다.

[3] 웰치균 식중독

① 원인세균
  ㉠ 편성혐기성이고, 아포를 형성하며 열에 강한 균
  ㉡ A·B·C·D·E·F의 6형이 있으며, 식중독의 원인균은 A형

② 예방
  ㉠ 분변의 오염을 막고 저장에 주의
  ㉡ 조리 후 식품을 급히 냉각시킨 다음 저온(10℃ 이하)에서 보존하거나 60℃ 이상으로 보존

(2) 바이러스성 식중독(노로 바이러스)
① 그람 음성 간균이며 크기가 매우 작고 구형이다.
② 유행성 바이러스성 (비세균성) 급성 위장염
③ 감염자의 대변이나 구토물, 음식, 물, 접촉한 물건에서 감염된다.
④ 굴, 어패류 섭취가 주 원인이며, 지하수를 조심하도록 한다.

⑤ 맨손으로 식품을 만지거나 입에 넣지 않도록 한다. (손씻기 철저)
⑥ 나이와 관계없이 감염되며 증상은 복통, 구토, 설사 중세가 있고 발병 후 자연 회복 된다.
⑦ 잠복기 : 12 ~ 48시간
⑧ 저항성이 강하다. (60℃ 30분 정도 가열에 의해서는 사멸되지 않는다.)
⑨ 예방 : 손위생 철저, 100℃ 이상에서 가열 섭취

> **Tip** ● **캠 필로박터균(Campylobacter sp.) 식중독**
> ① 동물에서 사람으로 감염되어 인수공통 감염병에 속하는 미 호기성 식중독
> ② 42℃에서 잘 증식하고 열에 약해 70℃에서 1분 가열 시 사멸
> ③ 원인 식품 : 염소 처리되지 않은 물 섭취, 살균되지 않은 우유, 닭, 오리, 가금류, 고양이를 비롯한 육류 (돼지, 소) 조리 음식
> ④ 증상 : 복통, 설사, 발열, 장염
> ⑤ 예방 : 위생관리 철저, 가열 섭취, 교차오염 주의.

2) 자연독 식중독
(1) 동물성 자연독

❶ 복어중독

① 특징
  ㉠ 테트로도톡신(tetrodotoxin)은 복어의 유독성분
  ㉡ 복어의 난소와 알, 간 등에 함유
  ㉢ 독성이 강하고 열에도 안정하여 끓여도 파괴되지 않는다.
  ㉣ 특히 산란기인 5~7월에 가장 위험하고 치사율도 높으므로 주의한다.
② 중독증상 : 입술과 혀의 마비가 오며, 두통과 복통, 구토, 운동마비, 지각마비, 호흡 곤란 증상이 나타나면서 사망.
③ 예방
  ㉠ 전문 조리사가 조리 해야 하며 난소, 내장, 간 부위의 섭취를 금한다.
  ㉡ 테트로도톡신은 가열로도 파괴되지 않으므로 주의한다.

❷ 조개 중독

① 특징 : 독성물질을 함유한 조개류를 섭취함으로써 중독 증상이 나타난다.
② 독소 : 모시조개, 바지락 (베네루핀), 섭조개, 홍합 (삭시톡신, Saxitoxin)

(2) 식물성 자연독

❶ 독버섯 중독
① 특징 : 무스카린은 독버섯의 맹독성 물질로 열에도 파괴되지 않는다.
② 중독증상
 ㉠ 무스카린은 식후 2시간 이내에 증세가 나타난다.
 ㉡ 부교감 신경의 말초를 자극하여 각종 분비액의 증가.
③ 기타 버섯의 유독성분 : 무스카리딘(Muscaridin), 콜린(Choline), 팔린(Phaline), 아마니타톡신(Amanitatoxin), 필즈톡신(Pilztoxin), 뉴린(Neurine)
④ 독버섯의 특징
 ㉠ 버섯 살이 세로로 쪼개지지 않는다.
 ㉡ 색이 선명하고 아름답거나 악취, 쓴맛, 신맛, 매운맛이 나는 것
 ㉢ 점성의 액이나 유즙을 분비
 ㉣ 은수저 등으로 문질렀을 때 검게 보이는 것

❷ 감자중독
① 특징
 ㉠ 부패된 감자나 저장 중에 생긴 푸른 싹.
 ㉡ 감자 겉껍질의 푸른 발아부분에 존재하는 솔라닌(Solanin), 셉신(Sepsine)
② 예방
 ㉠ 솔라닌은 조리에 의해 파괴되지 않는다.
 ㉡ 푸른 겉껍질이나 싹부분은 넓게 도려내고 이용한다.

❸ 기타 식물성 자연독
① 청매독(아미그달린 – Amygdalin) : 미숙한 산살구, 복숭아, 아몬드 등
② 두류의 독(사포닌 – Saponin) : 콩류, 팥류, 단백질 분해효소의 억제제
③ 피마자 독(리시닌 – Ricinin) : 독성이 강하고 적혈구를 응집.
④ 독미나리의 독(시큐톡신 – Cicutoxin)
⑤ 목화씨의 독(고시풀 – Gossypol)
⑥ 독보리 : 테무린(Temuline)

(3) 곰팡이 독소

미생물에 의한 만성장애

① 맥각중독(에르고톡신 ; Ergotoxin) : 보리, 호밀등에 맥각균이 번식한다.
② 곰팡이독(마이코톡신 ; Mycotoxin) : 건조식품(수분 13~15%)에서 증식한다.
  ㉠ 아플라톡신(Aflatoxin) 중독
    - 아스퍼질러스 플라버스(Aspergillus flavus)라는 곰팡이
    - 쌀, 보리등의 탄수화물이 풍부한 곡류와 재래식 된장·땅콩 등에 침입하여 독소 생성
    - 인체에 간장독을 일으키며 발암성을 가지고 있다.
    - 고온 다습한 여름철에 감염된다.
    - 열에 강해 가열조리 후에도 잔류가 가능하다.
    - 강산이나 강알칼리에서 쉽게 분해되어 불활성화.
  ㉡ 황변미 중독
    - 푸른 곰팡이(페니실리움, penicillium)가 저장미에 번식.
    - 시트리닌, 시트리오비리딘, 아이슬랜디톡신 등의 독소를 생성한다.
    - 인체에 신장독, 신경독, 등을 일으킨다.

(4) 알레르기성 식중독(히스타민 중독)

① 원인식품 : 꽁치, 고등어, 정어리, 다랑어 등 등푸른 생선
② 어류 중의 아미노산인 히스티딘이 탈탄산되어 식중독 발생한다.
③ 치료 : 항 히스타민제 투여

3) 화학적 식중독

사람이 유독한 화학물질에 의해 식품을 섭취함으로써 중독 증상을 일으키는 것을 말한다.

(1) 유해 착색물에 의한 식중독

① 착색제 : 아우라민, 로다민B
② 인공감미료 : 에틸렌글리콜, 니트로바닐린, 둘신, 사이클라메이트
③ 표백제 : 롱갈릿, 형광표백제
④ 보존료 : 붕산, 포름알데히드, 불소화합물, 승홍
⑤ 메탄올(methanol) : 정제가 불충분한 과실주나 증류주에 함유하며 시신경 장애를 일으킨다. 메탄올 허용량은 0.5mg/ml 이하이다.

(2) 농약에 의한 식중독

농약은 화학적으로 구분하면 금속함유 농약, 유기염소제, 유기인제, 비소화합물 등이 있다.

① 유기염소제 : DDT(토양 잔류성이 크다)
- 증상 : 복통, 설사, 구토, 두통, 시력감퇴, 전신권태

② 유기인제 : 잔류성은 약하지만 독성이 강한 계통 농약
(파라티온, 말라티온, 다이아지논, 테프(TEPP) 등)
- 증상 : 신경독을 일으키며 혈압상승, 근력감퇴, 전신경련 등의 중독증상

(3) 유해 금속화합물로부터 이행될 수 있는 물질

〈유해금속 화합물에 의한 중독〉

금속명	주된 중독 경로	중독증상
카드뮴(Cd)	식품용 기계, 용기, 식기도금	구토, 경련, 설사
납(Pb)	옹기의 유약	복통, 구토, 설사
비소(As)	식기, 오용	위통, 설사, 출혈
안티몬(Sb)	법랑제 식기, 도자기의 착색료	구토, 복통, 설사, 경련
수은(Hg)	식기, 오용	입안 착색, 구내염, 장염

04. 식품위생법 관련 법규 및 규정

1 총칙

1) 식품위생법의 목적

위생상의 위해를 방지, 식품영양의 질적 향상, 국민 보건의 증진에 이바지한다.

2) 용어의 정의

① **식품** : 모든 음식물(의약으로 섭취하는 것은 제외)을 말한다.

② **식품첨가물** : 식품을 제조, 가공 또는 보존함에 있어 식품에 첨가, 혼합, 침윤, 기타의 방법으로 사용되는 물질을 말한다. 이 경우 기구, 용기, 포장을 살균, 소독하는 데에 사용되어 간접적으로 식품으로 옮아갈 수 있는 물질을 포함한다.

③ **화학적 합성품** : 화학적 수단에 의해 원소 또는 화합물에 분해반응 외의 화학반응을 일으켜 얻은 물질을 말한다.

④ **기구** : 식품 또는 식품첨가물에 직접 닿는 기계, 기구나 그 밖의 물건
(농업과 수산업에서 식품을 채취하는 데에 쓰는 기계, 기구나 그 밖의 물건은 제외)

⑤ **표시** : 문자, 숫자 또는 도형
⑥ **식품위생** : 식품, 식품첨가물, 기구 또는 용기, 포장을 대상으로 하는 음식에 관한 위생
⑦ **영업** : 식품 또는 식품첨가물을 채취, 제조, 수입, 가공, 조리, 저장, 소분, 운반 또는 판매하거나 기구 또는 용기, 포장을 제조, 수입, 운반, 판매하는 업(농업과 수산업에 속하는 식품 채취업은 제외)
⑧ **영업자** : 영업허가를 받은자나 영업신고를 한자 또는 영업등록을 한 자
⑨ **위해** : 식품, 식품첨가물, 기구, 용기, 포장에 존재하는 위험요소로서 인체 건강을 해치거나 해칠 우려가 있는 것
⑩ **집단 급식소** : 영리를 목적으로 하지 아니하면서 특정 다수인(50명 이상)에게 계속하여 음식물을 공급하는 다음의 어느 하나에 해당하는 곳의 급식시설로서 대통령령으로 정하는 시설(기숙사, 학교, 병원, 사회복지시설, 산업체, 국가 지방자치단체 및 공공기관, 그 밖의 후생기관 등)
⑪ **식품 이력 추적관리** : 식품을 제조, 수입, 가동단계부터 판매단계까지 각 단계별로 정보를 기록, 관리하여 그 식품의 안전성 등에 문제가 발생할 경우 그 식품을 추적하여 원인을 규명하고 필요한 조치를 할 수 있도록 관리하는 것

2 식품과 식품첨가물

1) 위해식품 등의 판매 등 금지
① 썩었거나 상하였거나 설익은 것으로서 인체의 건강을 해할 우려가 있는 것
② 유독, 유해물질이 들어 있거나 묻어 있는 것 또는 그 염려가 있는 것
③ 병원 미생물에 의하여 오염되었거나 그 염려가 있어 인체의 건강을 해할 우려가 있는 것
④ 불결하거나 다른 물질의 혼입 또는 첨가 기타의 사유로 인체의 건강을 해할 우려가 있는 것
⑤ 수입이 금지된 것 또는 수입 신고를 하지 아니하고 수입한 것

2) 병육 등의 판매 등 금지
질병에 걸렸거나 그 염려가 있는 동물 또는 그 질병으로 인하여 죽은 동물의 고기, 뼈, 젖, 장기 또는 혈액은 식품으로 판매하거나 판매할 목적으로 채취, 수입, 가공, 사용, 조리, 저장, 소분 또는 운반하거나 진열하지 못한다.

3) 기준과 규격이 고시되지 아니한 화학적 합성품 등의 판매 등 금지
누구든지 기준, 규격이 고시되지 아니한 화학적 합성품인 첨가물과 이를 함유한 물질을 식품첨가물로 사용, 판매, 가공, 조리, 저장, 운반, 진열 하지 못한다. (식품의약품안전처장이 식품위생심의위원회의 심의를 거쳐 인체의 건강을 해칠 우려가 없다고 인정하는 경우 제외)

4) 식품 또는 식품첨가물에 관한 기준 및 규격 – 식품의약품안전처

(1) 국민 보건을 위하여 필요하면 판매를 목적으로 하는 식품 또는 식품첨가물에 관한 다음의 사항을 정하여 고시한다. 다만, 식품첨가물 중에서 기구 용기, 포장을 살균 소독하는 데 쓰여서 간접적으로 식품으로 옮아갈 수 있는 물질은 그 성분명 만을 고시할 수 있다.
① 제조, 가공, 사용, 보존 방법에 관한 기준
② 성분에 관한 규격

(2) 기준과 규격이 고시되지 않은 식품 또는 식품첨가물(식품에 직접 사용하는 화학적 합성품을 제외)에 대하여는 그 제조, 가공 업자에게 제조, 가공, 사용, 보존 방법에 관한 기준과 성분에 관한 규격을 제출하게 하여 식품 의약품 분야 시험, 검사 등에 관한 법률에 따라 식품 의약 안전처장이 지정한 식품 전문 시험, 검사기관 또는 총리령으로 정하는 시험, 검사기관의 검토를 거쳐서 그 기준과 규격이 고시될 때까지 그 식품 또는 식품첨가물의 기준과 규격을 인정할 수 있다.

(3) 수출할 식품 또는 식품첨가물의 기준과 규격은 위의 ①, ②의 기준에도 불구하고 수입자가 요구하는 기준과 규격을 따를 수 있다.

(4) ①, ② 에 따라 기준과 규격이 정하여진 식품 또는 식품첨가물은 그 기준에 따라 제조, 수입, 가공, 사용, 조리, 보존하여야 하며, 그 기준과 규격에 맞지 아니하는 식품 또는 식품첨가물은 판매하거나 판매할 목적으로 제조, 수입, 가공, 사용, 조리, 저장, 소분, 운반, 보존 또는 진열 하여서는 아니 된다.

5) 기준 및 규격이 설정되지 않은 식품은 권장하기 위한 규격을 예시할 수 있다.

❸ 기구와 용기 포장

1) 유독기구 등의 판매 사용금지
2) 기구 및 용기, 포장에 관한 기준 및 규격

식품의약품 안전처장은 국민 보건을 위하여 필요한 경우에는 판매하거나 영업에 사용하는 기구 및 용기, 포장에 관하여 고시한다.

❹ 식품공전, 위해평가

1) 식품의약품 안전처장은 규정에 의하여 정해진 식품, 식품첨가물의 기준, 규격, 기구 및 용기, 포장의 기준, 규격과 식품등의 표시기준을 수록한 식품등의 공전을 작성하여 보급하여야 한다.
2) 권장규격을 예시 할때는 국제 식품 규격위원회 및 외국의 규격 또는 다른 식품 등에 이미 규격이 신설되어 있는 유사한 성분등을 고려하여야 하고 심의위원회의 심의를 거쳐야 한다.
3) 식품의약품 안전처장은 영업자가 권장규격을 준수하도록 요청할 수 있으며 이행하지 아니한 경

우 그 사실을 공개할 수 있다.

4) 위해 평가

① 식품의약품 안전처장은 국내외에서 유해 물질이 함유된 것으로 알려지는 등 위해의 우려가 제기되는 식품 등이 제4조 또는 제8조에 따른 식품 등에 해당된다고 의심되는 경우에는 그 식품 등의 위해 요소를 신속히 평가하여 그것이 위해 식품인지를 결정해야 한다.

② 식품의약품 안전처장은 위해 평가가 끝나기 전까지 국민 건강을 위하여 예방조치가 필요한 식품 등에 대하여는 판매하거나 판매할 목적으로 채취, 제조, 수입, 가공, 사용, 조리, 저장, 소분, 운반 또는 진열하는 것을 일시적으로 금지할 수 있다. 다만, 국민 건강에 급박한 위해가 발생하였거나 발생할 우려가 있다고 식품 의약품 안전처장이 인정하는 경우에는 그 금지 조치를 하여야 한다.(심의 위원회의 의결을 거쳐야 한다.)

5 검사

1) 유전자 재조합 식품의 안전성 평가

안전성 평가의 대상, 안전성 평가를 위한 자료제출의 범위 및 심사절차 등에 관하여서는 식품의약품 안전처장이 정하여 고시한다.

2) 출입, 검사, 수거

(1) 식품의약품 안전처장(대통령 령으로 정하는 그 소속기관의 장을 포함한다.)

시, 도지사, 시장 군수, 구청장은 식품들의 위해방지, 위생관리와 영업질서의 유지를 위하여 필요하면 조치를 할 수 있다.

(2) 관계공무원으로 하여금 출입, 검사, 수거 조치 사항

① 영업소(사무소, 창고, 제조소, 저장소, 판매소, 그 밖에 이와 유사한 장소)에 출입하여 판매를 목적으로 하거나 영업에 사용하는 식품등 영업시설에 대해 하는 검사

② 위 항목에 따른 검사에 필요한 최소량의 식품등의 무상수거

③ 영양에 관계되는 정부 또는 서류의 열람

3) 식품위생감시원의 직무

① 식품 등의 위생적 취급기준의 이행지도

② 수입, 판매 또는 사용 등의 금지된 식품 등의 취급 여부에 관한 단속

③ 표시 기준 또는 과대광고 금지의 위반 여부에 관한 단속

④ 출입, 검사 및 검사에 필요한 식품 등의 수거

⑤ 시설 기준의 적합 여부의 확인 · 검사

⑥ 영업자 및 종업원의 건강진단 및 위생교육의 이행 여부의 확인, 지도

⑦ 조리사, 영양사의 법령 준수 사항 이행 여부의 확인, 지도
⑧ 행정처분의 이행 여부 확인
⑨ 식품 등의 압류, 폐기 등
⑩ 영업소의 폐쇄를 위한 간판 제거 등의 조치
⑪ 기타 영업자의 법령 이행 여부에 관한 확인, 지도

> **Tip**
> ● 식품위생감시원의 임명
> 식품의약품 안전처장, 시·도지사 또는 시장, 군수, 구청장

6 영업

1) 시설기준 적용대상 영업
① 식품 또는 식품첨가물의 제조업, 가공업, 운반업, 판매업 및 보존업
② 기구 또는 용기·포장의 제조업
③ 식품접객업 : 휴게음식점, 일반음식점, 단란주점, 유흥주점, 위탁급식영업, 제과점 영업

2) 영업의 허가
① 식품첨가물 제조업 : 식품의약품 안전처장
② 식품 조사처리업 : 식품의약품 안전처장
③ 단란주점 영업과 유흥주점 영업 : 시장, 군수, 또는 구청장

3) 영업에 종사하지 못하는 질병의 종류
① 콜레라, 페스트, 장티푸스, 파라티푸스, 세균성이질, 장출혈성 대장균 감염증, A형 감염
② 법정 감염병 중 결핵(비전염성인 경우 제외)
③ 피부병, 기타 화농성 질환
④ 후천성 면역결핍증(성병에 관한 건강진단을 받아야 하는 영업에 종사하는 자에 한함.)

4) 영업허가등의 제한
① 영업의 허가가 취소된 후 6개월이 경과하지 않았는데, 그 영업장에서 같은 종류의 영업을 하고자 하는 때
② 영업의 허가가 취소된 후 1년이 경과하지 않았는데, 그 영업장소에서 식품접객업을 하고자하는 때
③ 영업의 허가가 취소된 후 2년이 경과하지 아니한 자가 취소된 영업과 같은 종류의 영업을 하고자 하는 때

5) 식품 접객업

① 휴게음식점 영업 : 음주행위가 허용되지 아니하는 영업
② 일반음식점 영업 : 음식류를 조리, 판매하는 영업. 음주 행위가 허용되는 영업
③ 단란주점 영업 : 주로 주류를 조리, 판매하는 영업으로 손님이 노래를 부르는 행위가 허용되는 영업
④ 유흥주점 영업 : 주로 주류를 조리·판매하는 영업으로서 유흥종사자를 두거나 유흥시설을 설치할 수 있고 손님이 노래를 부르거나 춤을 추는 행위가 허용되는 영업

7 식중독에 관한 조사 보고

1) 다음의 어느 하나에 해당되는 자는 지체 없이 관할 시장, 군수, 구청장에게 보고하여야 한다. 이 경우 의사나 한의사는 대통령령으로 정하는 바에 따라 식중독 환자나 식중독이 의심되는 자의 혈액 또는 배설물을 보관하는 데에 필요한 조치를 하여야 한다.

① 식중독 환자나 식중독이 의심되는 자를 진단하였거나 그 사체를 검안한 의사 또는 한의사
② 집단 급식소에서 제공한 식품 등으로 인하여 식중독이나 식중독으로 의심되는 증세를 보이는 자를 발견한 집단급식소의 설치, 운영자.
③ 시장 군수구청장은 보고받은 때에는 지체 없이 그 사실을 식품의약품 안전처장 및 시, 도지사에게 보고하고 대통령령으로 정하는 바에 따라 원인을 조사하여 그 경과를 보고하여야 한다.
④ 식품의약품 안전처장은 보고의 내용이 국민 보건상 중대하다고 인정하는 경우에는 해당 시, 도지사 시장 군수, 구청장과 함께 합동으로 원인을 조사할 수 있다.
⑤ 식품의약품 안전처장은 식중독 발생의 원인을 규명하기 위해 식중독 환자가 발생한 원인 시설 등에 대한 조사 절차와 시험, 검사 등에 필요한 사항을 정할 수 있다.

Chapter ❸ 위생 · 안전 관리

제2절 작업 환경 위생관리

01. 공정별 위해요소 관리 및 예방

1 주방의 위험요소

(1) 칼 관리 조심(베임)
칼질이 서툴러서 손가락을 다치게 될 수 있으니 칼 잡는 요령과 칼 관리법을 충분히 익히도록 한다.

(2) 화재 및 폭발
가스배관이나 연결 부위에서 가스가 누출하거나 조리과정에서 기름이나 인화성 물질에 불이 붙을 수가 있고, 전기 과열이나 누전의 우려가 있다.

(3) 화상
뜨거운 음식물이나 기름이 튀거나 용기와 고열의 조리기구에 신체가 접촉한 경우 화상의 우려가 있다.

(4) 넘어짐
작업장 바닥이나 계단에 기름기 있는 음식물 잔재물이나 청소 소홀로 인해 미끄러지거나 걸려서 넘어질 우려가 있다.

(5) 감기거나 끼임
제면기, 오븐기, 믹서기 등의 기계를 사용할 때 전원을 차단하지 않고 작업시 다칠 우려가 있다.

(6) 근 골격계 질환
식재료 운반이나 장시간 반복적인 작업을 수행할 때 요통, 근골격계 질환이 발생할 우려가 있다.

2 위험요소 파악, 분석, 예방 및 대책

(1) 개인의 위험요소 파악, 분석, 예방 및 대책을 파악한다.

(2) 조리장의 위험요소 파악, 분석, 예방 및 대책을 분석한다.
① 조리중에 발생한 기름기나 음식물 쓰레기 있지 않게 철저히 청소한다.
② 배수로 덮개 및 세척용 호수를 정리 하여 넘어지지 않도록 한다.
③ 조리장의 조명 밝기, 등의 위치, 전등관리를 철저히 하도록 한다.

(3) 시설 설비의 위험요소 파악, 분석, 예방 및 대책을 수립한다.
① 화재, 폭발 위험에 대한 예방 및 대책을 세운다.
② 감김, 끼임, 베임의 위험에 대한 예방 및 대책을 세운다.
③ 청소 정비, 수리 중 발생할수 있는 위험에 대한 예방 및 대책을 세운다.

02. HACCP

1 HACCP의 정의

1) HACCP(Hazard Analysis and Critical Control Point)
① 식품 위해 요소 중점 관리 기준
② 식품의 원료, 제조, 가공 및 유통의 모든 과정에서 위해 요소를 분석하고, 각 공정 및 단계를 중점적으로 관리하는 기준
③ 발생 가능한 위해 요소를 예방, 제거 또는 허용수준 이하로 감소시켜 위해 발생을 사전에 방지
④ 식품의약품안전처에서 일정한 규모의 사업장은 심사를 통과해야만 영업 가능하도록 규제 강화

2) HACCP = HA(위해요소 분석) + CCP(중요 관리점)

(1) 위해요소(Hazard) 분석

위해 식품 등의 판매 등 금지의 규정에서 정하고 있는 인체의 건강을 해할 우려가 있는 생물학적, 화학적 또는 물리적 인자나 조건을 말한다.

① 생물학적 위해요소

원·부자재, 공정에 내재하면서 인체의 건강을 해할 우려가 있는 E Coli O157:H7, 대장균, 대장균군, 효모, 곰팡이, 기생충, 바이러스 등이 있다. 발생할 수 있는 생물학적 위해요소는 황색포도상구균, 살모넬라, 병원성대장균 등의 식중독균이 있다.

② 화학적 위해요소

제품에 내재하면서 인체의 건강을 해할 우려가 있는 중금속, 농약, 항생물질, 항균물질, 사용기준 초과 또는 사용 금지된 식품첨가물 등이 있다.

③ 물리적 위해요소

원료와 제품에 내재하면서 인체의 건강을 해할 우려가 있는 인자 중에서 돌조각, 유리조각, 쇳조각, 플라스틱 조각, 머리카락, 금속조각, 비닐, 노끈 등의 이물질이 있다.

(2) 위해요소 평가

위해요소평가는 제품 설명서에서 파악된 원부재료별로, 그리고 공정흐름도에서 파악된 공정 단계별로 구분하여 실시한다. 이 과정에서 발생 가능한 모든 위해요소를 파악하여 목록을 작성한다. 즉, 각 위해요소의 유입경로와 이것을 제어할 수 있는 예방수단을 파악하여 기술한다.

이때 위해요소의 발생가능성과 발생 시 그 결과의 심각성을 감안하여 위해를 평가한다.

(3) 위해요소 분석

① 1단계	원료별, 공정별로 생물학적, 화학적, 물리적 위해 요소와 발생 원인을 모두 파악하여 목록화 한다.
② 2단계	파악된 잠재적 위해 요소에 대한 위해 평가 기준을 이용하여 위해를 평가한다. 이때 위해 요소의 빈도와 발생가능성을 모두 포함하여 평가한다.
③ 3단계	파악된 잠재적 위해 요소의 발생 원인과 각 위해 요소를 안전한 수준으로 예방하거나 완전히 제거, 또는 허용 가능한 수준까지 감소시킬 수 있는 예방 조치 방법이 있는지를 확인하여 기재한다.
④ 4단계	위해 요소 분석표를 작성한다.

3) CCP (중요관리점)

중요관리점(CCP, Critical Control Point)은 위해요소 중점관리 기준을 적용하여 식품의 위해 요소를 예방, 제거하거나 허용 수준 이하로 감소시켜 당해 식품의 안전성을 확보할 수 있는 중요한 단계, 과정 또는 공정을 말한다.

중요관리점 결정도를 이용하여 위해로 선정된 위해 요소에 대하여 적용한다.

2 HACCP의 12단계(준비단계 5단계 + 7원칙)

(1) 1단계 : HACCP 팀 구성
HACCP을 진행할 팀을 설정하고, 수행업무와 담당을 기재

(2) 2단계 : 제품 설명서 작성
① 생산하는 제품에 대해 설명서 작성
② 제품명, 제품유형 및 성상, 제조단위, 완제품 규격, 보관 및 유통방법, 포장방법, 표시 사항 등 해당

(3) 3단계 : 용도 확인
예측 가능한 사용 방법과 범위, 제품에 포함될 잠재성 가진 위해 물질에 민감한 대상 소비자 파악

(4) 4단계 : 공정흐름도 작성
원료 입고에서부터 완제품의 출하까지 모든 공정단계 파악하여 흐름도 도식화

(5) 5단계 : 공정 흐름도 현장 확인
작성된 공정 흐름도가 현장과 일치하는지를 검증하는 단계

(6) 6단계(1원칙) : 위해요소 분석
원료, 제조공정 등에 대해 생물학적, 화학적, 물리적인 위해 분석하는 단계

(7) 7단계(2원칙) : 중요 관리점(CCP) 결정
HACCP을 적용하여 식품의 위해를 방지, 제거하거나 안전성을 확보할 수 있는 단계

(8) 8단계(3원칙) : 중요 관리점(CCP) 한계 기준 설정
결정된 중요 관리점에서 위해를 방지하기 위해 한계 기준을 설정하는 단계 (온도, 시간, 습도)

(9) 9단계(4원칙) : 중요관리점(CCP) 모니터링 체계 확립
중요 관리점에 해당되는 공정이 한계 기준을 벗어나지 않고 안정적으로 운영되도록 관리하기 위해 종업원 또는 기계적인 방법을 관찰 및 측정할 수 있는 모니터링 설정

(10) 10단계(5원칙) : 개선 조치 및 방법 수립
모니터링에서 한계 기준을 벗어날 경우 취해야 할 개선조치를 사전에 설정하여 신속하게 대응할 수 있도록 방안 수립

(11) 11단계(6원칙) : 검증절차 및 방법 수립
HACCP시스템이 적절하게 운영되고 있는지를 확인하기 위한 검증방법 설정

(12) 12단계(7원칙) : 문서화 및 기록 유지
HACCP 체계를 문서화하는 효율적인 기록 유지 및 문서관리 방법 설정

Chapter 3 위생·안전 관리

[HACCP 적용 절차]

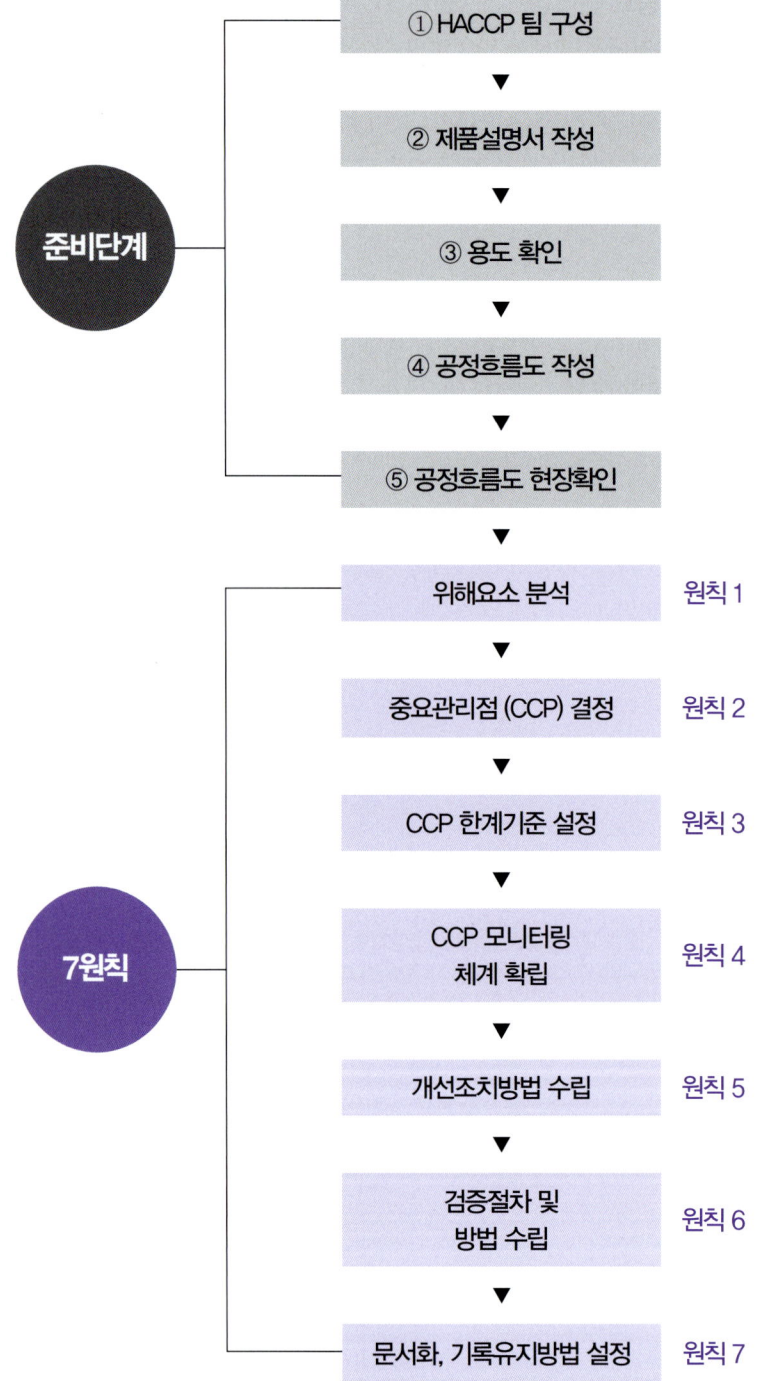

제3절 안전 관리

01. 개인 안전 점검

1 개인 안전 사고 예방 및 사후 조치

안전 관리는 시설(외형적인 건물)에 대해서 뿐만 아니라, 그 시설 내에 있는 재산과 모든 사람들의 생명을 보호하며 인위적·천연적인 재해의 위험성에 대해 최소화해야 하는 것을 의미한다.

① **안전풍토** : 근로자들이 작업환경에서 안전에 대해 갖고 있는 통일된 인식을 말하며, 조직 구성원의 행동 및 태도, 구성원 상호간의 의사소통, 교육 및 훈련, 개인의 책임감, 안전 행동 사고율 등에 영향을 미친다.

② **재해 발생의 원인** : 부적합한 지식과 태도의 습관, 불안전한 행동, 불충분한 기술, 위험한 작업환경.

③ **안전 사고 예방 과정** : 위험요인 제거 → 위험요인 차단 → 위험사건 예방 → 위험사건 교정 → 위험사건 발생 후 재발 방지 조치 제한(심각성 강조)

1) 안전 사고의 3대 요인

(1) 개인 안전 사고의 인적요인
  ① 개인의 정서적 요인 조사(과격한 기질, 성격, 시력, 지식 및 기능의 부족)
  ② 개인의 행동적 요인 조사(개인의 부주의, 독단적인 행동, 불완전한 동작, 미숙한 작업 방법, 안전 장치 점검 소홀, 결함 있는 기계 기구 사용)
  ③ 개인의 생리적 요인 조사(체내에서 에너지 사용이 일정한 한도를 넘어 과도하게 행해졌을 때 일어나는 생리적 현상으로 피로 할 때 실수 유발)

(2) 안전 사고의 물리적 요인
  각종 기계, 장비, 시설물 등의 요인

(3) 안전 사고의 환경적 요인
  주방의 환경적 요인, 주방의 시설적 요인

2) 안전 사고 예방

① 용도별 개인 안전 보호구를 착용한다.
② 위생모자, 안전 마스크, 손 보호구(안전 장갑), 발 보호구(안전화) 착용

Chapter ❸ 위생·안전 관리

❷ 작업 안전 관리

1) 개인 재해발생의 원인을 분석한다.
2) 개인이 사용하는 도구에 대해 사용 안전, 이동 안전, 보관 안전 실행한다.
3) 개인 안전관리 인식면에 있어서 위험한 조리기기 사용 시, 설비 및 각종 기기의 작동방법 급식소의 안전문제 안전수칙을 매우 잘 준수해야 한다.
4) 안전교육의 효과를 높이기 위해서 전문교육기관의 다양한 안전교육 매체 개발과 지속적이고 반복적인 안전 교육이 필요하다.

❸ 장비·도구 안전 작업

◆ **장비·도구**

(1) 조리 작업별 필요한 주요 설비 장비
　① **재료보관실** : 일반 저장고, 선반, 냉장 냉동고, 온도계
　② **전처리, 조리준비(준비실)** : 씽크대, 세척대, 탈피기, 혼합기, 절단기, 분쇄기
　③ **가열조리** : 가스렌지, 찜기, 냄비, 후라이팬, 번철, 브로일러, 튀김 기구

(2) 장비 도구의 안전 관리 작업
　① 장비 도구의 유지 관리 계획수립과 관리기준 정립하고 체계를 개선
　② 일상 점검 및 정기 점검(연 1회 이상), 긴급 점검
　③ 일상 유지 보수 및 정기 유지 보수, 긴급 유지 보수
　④ 지침서 항목 선정

(3) 장비 도구의 안전 관리 지침
　① 모든 장비와 도구의 사용법과 기능을 충분히 숙지하고 전문가의 지시에 따라 정확하게 사용
　② 장비의 사용 용도 이외의 사용을 금지하며, 무리한 가동 금지
　③ 무리가 발생시 즉시 사용 중단 후 적절한 조치
　④ 전기 사용하는 장비는 전기 사용량 한도를 확인하고, 모터에 물이나 이물질이 들어가지 않게 철저한 주의

02. 도구 및 장비류의 안전 점검

1 설비

생산에 필요한 설비를 파악하고 관리기준을 설정하여 도구 및 장비류의 안전 점검이 필요하다. 설비로부터 발생할 수 있는 문제와 관련된 정보를 정리하여 작업자에게 안전교육 시킨다.

2 교차오염 방지

세척 기구, 도정, 분쇄기구, 모양내는 기구, 익히는 도구, 전통 기구를 교차오염 방지 위해 식품과 접촉하는 부분을 무해한 재질을 사용하도록 한다.

1) 재질이 식품 성분과 반응하여 유독 물질이 발생하지 않아야 한다.
2) 이물질이 기구에 부착 하면 제거가 용이해야 한다.
3) 수시로 세척, 살균하고 청결하게 관리해야 한다.

Chapter ❹ 우리나라 떡의 역사 및 문화

제1절 떡의 역사

01. 떡의 어원

(1) 떡의 시작
시루가 등장한 청동시대 또는 초기 철기시대라 할 수 있으며, 한대(漢代) 이전에 떡을 이(餌)라 표기하였고, 쌀, 기장, 콩 등으로 만들었다고 한다.

(2) 한대 이전
구이분자(糗餌粉餈) : 조선시대 『성호사설』
① **구(糗)** : 볶은 콩
② **이(餌)** : 합쳐 찌는 것
③ **분(粉)** : 콩가루
④ **자(餈)** : 만드는 것
⑤ **구이(糗餌)** : 찹쌀이나 기장쌀로 가루를 만들어 볶은 콩을 얹어 만든 떡을 말한다.
⑥ **분자(粉餈)** : 찹쌀과 기장쌀을 쪄서 친 다음 콩가루를 묻힌 것을 말한다.

(3) 한대 이후(밀가루가 보급)
① **병(餅)** : 밀가루로 만든 떡
② **『규합총서(閨閤叢書)』** : 떡이란 호칭을 처음 표기

02. 시대별 떡의 역사

1 삼국 시대 이전의 떡

신석기 시대와 청동기 시대에 떡의 주재료인 곡물 재배의 시작과 떡 제조에 필요한 도구의 발견을 근거로 확인할 수 있다.
① **원시 농경 시기** : 기장, 조, 수수 등의 잡곡 재배가 시작했다.
② **신석기 시대**
일부 지역에서 농경이 이루어졌으며 곡물의 껍질을 벗기고 가루로 빻는 데 사용하는 갈돌과 갈판이 발견 되었다. (신석기 유적지인 황해도 봉산 지탑리 유적지. 1957년)

③ 청동기 시대

본격적인 농경생활 시작하며, 벼농사를 시작으로 쌀과 잡곡이 재배되었다.

우리나라 최초의 청동기 시루가 출토되었다. (함경북도 나진시 초도리, 1946년)

2 삼국시대 및 통일신라시대의 떡

1) 농경이 확립되고 벼농사 중심의 농경 경제를 이루어 상, 하층의 신분제도가 생겨 계층화가 이루어졌던 시기이다. (귀족 계급과 서민 계급)
2) 시루, 디딜 방아, 연자매의 모습을 고분과 벽화에서 발견
3) 치는 떡 (인절미, 절편), 찌는 떡 (백설기, 시루떡), 이식 (증편)

기름에 지진 떡 (전병) 등이 만들어 졌을 것으로 추정된다.
4) 신라시대 : 명절 음식과 계절식
   ① 정월 대보름 : 약밥 (목숨을 살려준 까마귀에 대한 보은의 뜻)
   ② 단오 : 쑥으로 만든 수리취떡
   ③ 추석 : 추수감사의 뜻
5) 「삼국사기」 : 흰 떡이나 인절미에 대한 기록과 연말에 떡을 하는 풍속이 나타난다.

백결 선생이 떡을 찌지 못하는 아내에게 거문고로 떡방아 소리를 내며 위로해 주었다는 기록이 있다.

3 고려시대의 떡

1) 고려시대에는 권농정책에 따른 양곡의 증산으로 경제적인 여우가 생기고 불교의 융성으로 육식이 절제 되었다.

2) **떡이 일반화 되었던 시기**
   ① **삼월 삼짇날** : 쑥떡
   ② **단오일** : 창포 떡
   ③ **유두일** : 수단

3) **문헌 자료**
   ① 「**지봉 유설**」 : 고려 에는 삼짓날(삼사일)에 청애병(쑥떡) 만들어 음식의 으뜸으로 삼았다 라는 기록이 되어있다.
   ② 「**목은집**」 : 수단, 수수전병에 관한 기록이 있다.
   ③ 「**해동 역사**」, 「**거가필용**」 : 고려인이 율고(밤설기, 밤떡) 살 만든다는 기록이 되어 있다.
   ④ 「**고려 가요**」 : 최초의 떡집(쌍화점)

> **Tip** ● 상화: 밀가루를 부풀려 채소로 만든 소, 팥소를 넣고 찐 증편류

4 조선 시대의 떡

1) 농업 기술과 음식 만드는 기술의 발달로 식생활의 전성기
2) 의례 행사를 비롯한 명절이나 절기마다 특색있는 떡을 만들어 전통 음식문화의 큰 부분을 차지하게 되었다.
3) **시루떡의 다양화**
   팥시루떡, 콩 시루떡, 녹두편, 깨찰편, 호박편, 두텁떡, 잡과병, 신과병 등 20여 가지 시루떡이 만들어 졌다.
4) **인절미의 다양화** : 쑥, 대추, 조, 기장을 이용한 인절미가 만들어 졌다.
5) **절편의 다양화** : 각색 절편, 수리취 절편, 쑥 절편 등 여러 가지 재료를 사용하고 떡살 등을 이용하여 무늬를 내어 모양과 맛이 좋은 떡으로 발전했다.
6) 문헌 자료
   (1) 「**음식디미방**」 : 석이편법, 술 담그는 법, 떡 제조법이 기록되어 있다.

   > **Tip** ● 석이 편법 : 석이버섯을 잘게 채썰어 쌀가루와 찐 후 잣을 반으로 갈라서 비늘 잣을 만든 후 고명으로 사용

   (2) 「**도문대작**」 : 우리나라 식품 전문서로 가장 오래된 책
   (3) 「**규합총서**」에 기록된 떡
   ① **석탄병** : 떡의 강렬한 맛이 너무 좋아서 차마 삼키기 아깝다는 뜻(아낄 석(惜), 삼킬 탄(呑)). 멥쌀가루, 감가루, 편강가루, 계핏 가루, 잣 가루, 유자피청 다진 것, 밤, 대추, 녹두 고물로 만든 떡
   ② **도행병** : 복숭아와 살구 익은 것을 씨 없이 으깨어 체에 걸러 멥쌀가루 찹쌀가루와 버무려 단자를 만든 떡
   ③ **혼돈병** : 거피 팥가루 볶은 것에 계핏가루 섞어 깔고 떡가루를 얹은후, 밤소, 대추채, 밤채, 통잣을 박은 다음 볶은 거피 팥고물을 두껍게 뿌려 봉우리처럼 켜를 쌓아 시루에 쪄서 만든 떡 (두텁떡과 유사)
   ④ **신과병** : 햅쌀가루에 그해 새로난 밤, 대추, 잣, 침감껍질, 청대콩을 넣고 꿀을 넣어 버무린 다음, 껍질 벗긴 햇 녹두를 뿌려 만든 떡

5 근대의 떡

1) 한일 합병과 일제 강점기, 6. 25 전쟁 등으로 인해 서양문물이 들어와 많은 변화 초래
2) 주거 환경의 변화로 집에서 떡을 만들어 먹지 않아 떡 문화가 침체

6 현대의 떡

1) 경제 성장과 산업화의 발달 및 식재료가 다양해지고 외식문화의 발달로 잔치음식이 많아지고 있다.
2) 밀가루로 만든 빵과 쌀로 만든 떡의 장단점을 고려하여 떡의 메뉴가 발전하고 있다.
3) 떡 케이크, 한식 디저트 메뉴 개발이 발달하고 있다.

제2절 떡 문화

01. 시, 절식으로서의 떡 (세시 음식)

세시음식이란 절기에 맞춰서 만들어 먹는 음식으로 명절음식과 시절음식을 통틀어 일컫는다.
- **시절식** : 봄 · 여름 · 가을 · 겨울의 각 계절에 나는 제철 식품으로 만드는 음식을 말한다.
- **명절식** : 절일(혹은 명일)에 그 의미가 맞게끔 해먹는 음식을 말한다.

1) 세시음식의 역사

문헌에 나타난 명절에 관한 최초의 자료는 고대 부족국가의 제천의식이다.
① **고려시대의 팔관회** : 설, 상원, 한식, 추석, 중구, 동지와 함께 고려의 명절이었다.
② **삼국시대** : 설, 정월 대보름, 가배, 수리, 유두
  제천의식이 전승되었으며 그밖에 시조제(始祖祭), 농신제(農神祭), 산천제(山川祭) 등이 있다.
③ **조선조** : 상고의 제천의식과 맥을 함께하는 농경의례적인 산천제, 기우제의 풍습이 있었다.

2) 세시 음식

(1) 정월 초하루(설날): 원단(元旦), 연수(年首), 신일(愼日), 세수(歲首)
  음식 : 떡국, 두텁떡, 수정과, 식혜, 잡채, 떡볶이, 육회

(2) 정월 대보름(상원)
  ① **오곡밥** : 새해에도 모든 곡식이 잘 되기를 바란다는 뜻으로, 찹쌀, 차수수, 차조, 콩, 팥 등 다섯가지 이상의 곡식을 섞어 지은 밥이다.
  ② **약밥** : 찹쌀, 대추, 밤, 꿀, 잣 등을 섞어 찐 밥이나.
  ③ **복쌈** : 풍년이 들기를 원해 볏단 쌓듯이 쌈 싸서 먹음. 상추, 참취나물, 김 등으로 밥을 싸서 먹는 것을 겹복쌈이라 한다.

Chapter 4 우리나라 떡의 역사 및 문화

④ **부럼** : 상원 이른 새벽에 날밤, 호두, 은행, 무 등을 깨물며 "1년 12달 동안 무사 태평하고 종기나 부스럼이 나지 말라고 바라는 것"이었다. 이를 부럼이라 한다.

⑤ **묵은 나물(上元菜)** : 호박고지, 박고지, 가지, 각종, 마름버섯, 고사리, 고비, 시래기 등 갖은 나물(아홉가지)을 말려 두었다가 나물로 무쳐 먹는다.

⑥ **귀밝이술(耳明酒)** : 동국세시기에 '보름달 청주 한 잔을 데우지 않고 마시면 귀가 밝아진다'는 등의 전설이 있다.

⑦ **정월 대보름 음식** : 편육, 나박김치, 정과, 교잣상, 너비아니 구이, 가리찜, 저냐, 잡채, 김구이, 원소병, 강정, 부꾸미, 두텁떡

(3) 이월 초하루 (중화절(中和節), 노비일(奴婢日), 머슴날): 노비송편, 콩 볶아 먹기

(4) 입 춘

① 24절기 중 첫 절기(농업의 시발점)

② **오신반(五辛盤)** : 승검초(당귀), 멧갓, 움파를 가지고 만든 매운 음식. 겨울동안의 비타민을 보충하는 선인들의 지혜가 담겨있다.

(5) 삼월 삼짇날(상사(上巳), 중삼(重三), 상제(尙除)):

① 두견화전, 진달래 화채, 개피떡, 두견화주, 송순주, 과하주, 탕평채

② **화면** : 녹두가루를 반죽하여 익힌 것을 가늘게 썰어 오미자(五味子) 국에 띄운 뒤, 꿀을 섞고 잣을 곁들인 것

(6) 사월 한식(寒食) : 한식은 동지 후 105일째 되는 날이다.

(7) 사월 초파일:

① **유엽병(느티떡, 鍮葉餠)**

느티나무에 새싹이 나올 때이므로 연한 느티잎을 따다가 멥쌀가루와 섞어 떡켜를 도톰하게 하여 찐 설기떡.

② **콩볶음, 파강회, 증편, 어채**

(8) 오월 초닷새(단오(端午), 수릿날, 증오절(重五節), 천중절(天中節), 단양(端陽):

① **수리취 절편(차륜병, 단오병)**

멥쌀가루에 파랗게 데친 수리취를 곱게 다져 섞어 쪄서 참기름을 발라가며 둥글납작하게 밀어 빚어서 수레바퀴 문양의 떡살로 찍어 낸다.

> **Tip**
> - 차륜병 : 절편을 만들 때 둥근 수레바퀴 모양으로 찍어 만든다.
> - 수리 : 우리말의 수레(車)를 의미한다.

② 제호탕(醍醐湯)

여름에 더위를 이기고 보신하기 위해 마시던 청량음료의 일종이다. 오매(烏梅), 축사(縮砂), 백단(白檀), 사향(麝香) 등의 한약재를 곱게 갈아 꿀을 넣고 중탕으로 다려서 응고 상태로 두었다가 끓여 식힌 물에 타서 시원하게 마시는 청량제이다.

③ 앵두편, 앵두화채 등

(9) 유월 보름 (유두: 동류두목욕(東流頭沐浴))

유두날에는 맑은 개울물에 나가 목욕하고 머리를 감으면 좋지 못한 것을 쫓고 여름에 더위를 먹지 않는다고 했다.

음식 : 보리수단, 떡 수단, 유두면(流頭麵), 건단

① 수단(水團), 건단(乾團)

먼저 멥쌀가루를 쪄서 가래떡처럼 만든 다음 이것을 구슬같이 둥글게 빚어 쌀가루를 씌워 삶아 찬물에 헹구어서 건져낸 다음 오미자 국에 띄워 내는 것이 수단이고, 건단은 물에 넣지 않은 것이다.

② 보리수단

햇보리를 골라서 박박 문질러 여러 번 깨끗이 씻어 물에 푹 삶아서 찬물에 헹구어 건진 삶은 보리쌀 한알 한알에 녹말가루를 묻혀서 데치기를 3-4회 반복하여 보리알이 말갛고 큼직하게 된 것을 오미자 물에 꿀을 타서 띄운 음료이다.

③ 유두면(流頭麵)

햇 밀가루를 반죽하여 구슬같이 둥글게 모양을 빚어 잘게 만든 것이다.

거기에 오색의 물감을 들여 세 개를 이어 색실로 끼워서 차고 다니거나 문설주에 걸어서 액을 막기도 했다. 그러나 언제부터인지는 알 수 없으나 이 풍습이 밀국수로 바뀌었다. 그래서 유두날에 국수를 먹으면 장수한다는 말이 전해 내려오고 있다.

(10) 칠월 칠석(七夕): 주악, 밀설기, 증편 . 밀전병, 밀국수

(11) 칠월 보름 (백중, 백종, 중원, 망혼일):

① 밀전병 : 가지, 고추 등 햇것을 천신하고 나물을 무쳐서 햇곡식의 맛을 보며 경기지방은 밀전병을 부친다. 찬바람이 일기 시작하면 밀가루 음식을 즐기지 않으므로 이때가 마지막인 셈이다. 칠석 이후에는 밀가루 음식은 철지난 것으로 밀 냄새가 난다고도 한다. 밀가루 반죽을 묽게 한 것은 부추나 파 등을 썰어 넣어 넓게 부쳐서 먹는다.

② 다시마튀각, 각종부각, 묵, 과일류와 오이등 사찰음식, 갖가지 과일류와 오이, 산채나물

(12) **삼복 (三伏)** : 그 해의 가장 더울 때(삼계탕, 육개장)

(13) **팔월 보름 (추석(秋夕), 가배일(嘉俳日), 중추절(中秋節), 가위, 한가위)**

　① **오려송편** : 솔잎을 켜마다 깔고 찌기 때문에 떡에서 솔잎 향기가 나 입맛을 돋군다.
　　또한 솔잎자국이 자연스럽게 얽혀 무늬가 지는 것이 떡의 맛이기도 하다.
　　쌀가루를 익반죽 할 때 쑥이나 모시잎, 송기(소나무 속껍질을 손질한 것)을 넣어 쑥 송편이나 모시잎 송편, 송기송편을 만들기도 한다.
　　햅쌀로 만든 송편을 오려송편 이라하며 멥쌀가루를 익반죽하여 햇녹두, 거피팥, 참깨가루 등을 소재로 하여 반달모양으로 빚어 찐 떡이다.

　② 토란탕, 밤단자, 닭찜, 화양적, 송이산적 등

(14) **구월 구일 (중구절(重九節), 중구, 중양(重陽), 중광(重光))**

　국화전, 국화주, 유자화채

(15) **시월 상달 (上月)**

　한 해 농사를 추수하고 햇곡식으로 제상을 차려 감사드린다. (시루떡, 고사떡)

(16) **11월 (동지(冬至))** : 밤이 가장 긴 날(새알을 넣은 팥죽)

　아세(亞歲)라 했고 민간에서는 작은 설이라고 하였다.

　① **팥죽** : 붉은 팥을 푹 고아 거르고 찹쌀가루를 반죽하여 새알 모양의 단자를 만들어 같이 넣어 푹 끓인다.(새알심)

　② **전약** : 쇠머리와 가죽, 대추고, 쇠족, 계피, 후추, 꿀을 넣어 고아 굳힌 겨울철 보양음식이다.

　③ 냉면, 수정과, 동치미, 장김치, 골동면

(17) **12월 (섣달그믐(除夕), 세제(洗除), 작은 설, 납월(臘月))**

　마지막 날로 새해 준비와 지난해의 끝맺음(골동반). 섣달 그믐날 저녁에는 남은 음식을 해를 넘기지 않는다는 뜻으로 비빔밥을 만들어 먹었다.

02. 통과의례와 떡

통과의례란 생의 전 과정 출생에서 죽음까지를 통해 겪게 되는 중요한 고비를 의미 있게 하려는 의식이다. 평생 동안 개인적인 통과의례와 공동체의 생업에 관련된 여러 가지 의례를 행한다. 이 때마다 규범화된 의식과 음식이 마련되었다. 따라서 의례음식에는 의례의 의미를 상징하는 특별한 양식이 있었다. 통과의례의 음식은 대체로 떡·과일·유과류·전·적 등을 공통으로 하며,

그 중 대표적인 것이 떡이었다.

1) **삼칠일** : 백설기
2) **백일** : 백설기, 붉은팥 수수경단, 오색송편
3) **첫돌** : 백설기, 붉은팥 수수경단, 오색송편, 인절미, 무지개떡
4) **혼례** : 봉채떡, 달떡, 색떡
5) **회갑** : 백편, 꿀편, 승검초편
6) **제례** : 시루떡과 편류

> **Tip**
> - 책례 : ① 왕비, 왕세자, 세자빈 등을 책봉하는 의식
>   ② 서당에서 학동이 책 한 권을 다 읽거나 공부한 뒤 훈장이나 동료에게 한 턱 내는 일 (책 씻이, 책거리, 세책례라고도 한다.)
> - 성년례 : 국가와 민족의 장래를 짊어질 성인으로서, 사회인으로서의 책무를 일깨워주며, 자부심을 부여하기 위함을 기념하는 의례(약식)
> - 납일 : 민간이나 조정에서 조상이나 종묘 또는 사직에 제사 지내는 날 (골무떡)

03. 향토떡

지역마다 독특한 음식이 발달되어 있는데, 그 지역을 대표하는 떡들이 있다.

1) 서울, 경기 지역
떡의 종류가 많고 모양과 멋을 내고 화려하다.
여주산병, 개성우메기, 개성주악, 조랭이떡, 강화 근대떡, 은행 단자, 색떡, 상추설기, 쑥버무리떡

2) 강원도
산과 바다가 공존하는 지역으로 재료가 다양하고 종류가 많다.
도토리 송편, 감자녹말 송편, 메밀 총떡, 감자 시루떡, 감자 경단, 모시잎 송편, 옥수수설기, 망개떡, 옥수수 보리개떡, 쑥굴레, 감자부침, 옥수수 시루떡, 칡송편

3) 충청도
호박송편, 증편(익반죽한 쌀가루를 막걸리로 발효시켜 찐 떡), 인절미(뱃사람이 주로먹는 손바닥 크기의 인절미에 붉은 팥고물을 묻힌 떡), 꽃산병, 모듬벵이(쇠미리떡), 호박떡, 햇보리 개떡

Chapter 4 우리나라 떡의 역사 및 문화

4) 경상도
감단자, 밀양 경단, 부편, 모시잎 송편, 잣구리, 거창송편, 호박범벅, 쑥굴레, 차노치, 설기떡, 유자잎 인절미, 감인절미, 곶감화전, 결명자 찹쌀부꾸미

5) 전라도
곡창지대가 많아서 쌀과 기타 농산물이 풍부하여 떡의 종류도 많다.
꽃송편, 수리취떡, 호박고지, 시루떡, 차조기떡, 풋호박떡, 보리떡, 밀기울떡, 구기자떡, 모시떡, 깨시루떡, 주악, 감단자, 콩대기떡, 감고지떡

6) 제주도
잡곡이 많아 잡곡떡이 많다.
떡재료로 메밀, 조, 보리, 고구마 등의 재료가 사용되었고 다른 지방에 비해 떡 종류가 적다.
상애떡, 빼대기떡(감제떡), 오메기떡, 도돔떡, 차좁쌀떡, 은절미(인절미), 백시리, 달떡, 약괴, 중괴, 조쌀시리, 좁쌀 시루떡(침떡), 빙떡

7) 황해도
넓은 평야지대가 있어 곡물 중심의 떡이 만들어졌다.
찹쌀 부치기, 장떡, 잡곡떡, 큰송편, 혼인절편, 마살떡, 잡곡 부치기, 수수무살이, 인절미, 수리취 인절미, 징편, 메시루떡, 꿀물경단, 무설기, 우기, 수제비 떡

8) 평안도
대륙과 가까워 크고 소담스런 떡들이 많이 만들어졌다.
감자 시루떡, 녹두지짐, 조개 송편, 무지개떡, 강냉이, 골무떡, 꼬장떡, 송기절편, 놋티, 골미떡, 찰부꾸미, 송기 개피떡

9) 함경도
주로 잡곡 위주의 떡이 만들어졌으며, 소박한 떡이 주류를 이루고 있다.
구절떡, 가랍떡, 깻잎떡, 언감자 송편, 기장 인절미, 괴명떡, 꼬장떡, 찹쌀구리, 오그랑떡, 가람떡, 귀리 절편, 콩떡

Part 02

떡제조기능사 문제풀이

제1장 떡 제조 기초이론 ················· 80
  01. 떡류 재료의 이해
    ① 주재료(곡류)의 특성
    ② 부재료의 종류 및 특성
    ③ 떡류 재료의 영양학적 특성
  02. 떡류 제조 공정
    ① 떡의 종류와 제조 원리
    ② 도구·장비 종류 및 용도

제2장 떡류 만들기 ···················· 106
  01. 재료준비
    ① 재료 계량
    ② 전처리
  02. 떡류 만들기
    ① 설기떡
    ② 켜떡류
    ③ 빚어 찌는 떡류
    ④ 약밥
    ⑤ 인절미
    ⑥ 가래떡류
    ⑦ 찌는 찰떡류
    ⑧ 지지는 떡류
    ⑨ 경단류
  03. 떡류 포장 및 보관
    ① 떡의 포장방법
    ② 포장용기 표시사항
    ③ 냉장, 냉동 등 보관방법

제3장 위생·안전관리 ················· 133
  01. 개인 위생관리
    ① 개인 위생 관리 방법
    ② 오염 및 변질의 원인
    ③ 감염병 및 식중독의 원인과 예방대책
    ④ 식품위생법 관련 법규 및 규정
  02. 작업 환경 위생관리
  03. 안전 관리
    ① 개인 안전 점검
    ② 도구 및 장비류의 안전 점검

제4장 우리나라 떡의 역사 및 문화 ······ 151
  01. 떡의 역사
  02. 떡 문화
    ① 시·절식으로서의 떡
    ② 통과의례와 떡
    ③ 향토떡

떡제조기능사 필기 모의고사 1회 ········ 165
떡제조기능사 필기 모의고사 2회 ········ 171
떡제조기능사 필기 기출문제 1회 ········ 178
떡제조기능사 필기 기출문제 2회 ········ 185

Chapter ❶ 떡 제조 기초이론

01. 떡류 재료의 이해

1 주재료(곡류)의 특성

01 다음 식품의 분류 중 곡류에 속하지 않는 것은?

① 녹두 ② 쌀 ③ 보리 ④ 밀

TIP 녹두는 두류에 속한다.

02 곡류에 대한 설명 중에서 맞지 않는 것은?

① 보통 1일 총 섭취 열량중에서 탄수화물로 섭취해야할 열량은 35% 정도이며, 탄수화물 1g 당 4Kcal의 열량을 낸다.
② 쌀은 도정에 따라 도정도를 50% 인 것을 5분 도미, 70% 도정한 것을 7분 도미라고 한다.
③ 곡류는 탄수화물이 많고, 단백질, 지방, 수분의 함량이 적어 비교적 저장성이 좋은 식품이다.
④ 곡류는 크게 분류하자면 왕겨, 배아, 배유로 나뉘어져 있다.

TIP 탄수화물은 총 열량의 60% 정도를 섭취 하도록 한다.

03 쌀에서 비타민 B_1 이 가장 많이 들어 있는 부분은?

① 배유 ② 왕겨 ③ 호분층 ④ 배아

04 우리나라를 비롯해서 일본, 아시아 동북부에서 재배 되는 쌀로 밥을 지었을 때 끈기가 있는 쌀의 종자는?

① 장립종 ② 미립종 ③ 중립종 ④ 단립종

05 멥쌀의 아밀로펙틴 함량은?

① 30~40% ② 40~50% ③ 70~80% ④ 100%

TIP 멥쌀 : 아밀로오스 20% / 아밀로 펙틴 80%
찹쌀 : 아밀로펙틴 100%

정답 01 ① 02 ① 03 ④ 04 ④ 05 ③

06 곡류에 대한 설명 중 틀린 것은?

① 식혜는 맥아의 효소작용을 이용해 만든다.
② 곡류의 전분을 가열하면 β화 된다.
③ 햅쌀에는 멥쌀보다 Amylopectin(아밀로펙틴)이 많아서 끈기가 있다.
④ 밀의 주된 단백질은 글리아딘과 글루텐이다.

TIP 생전분 $\xrightarrow[\text{열}]{\alpha\text{화}}$ 익은 전분(α 전분)

07 현미(unpolished)란 다음 중 어느 것을 벗겨낸 것인가?

① 왕겨층 ② 겨층 ③ 호분층과 종피 ④ 과피와 배아

TIP 현미 : 왕겨만 벗겨낸 쌀이며, 식이섬유가 많다.

08 쌀의 배유부 주성분은?

① 당질 ② 단백질 ③ 비타민 ④ 수분

TIP 쌀의 배유는 낱알의 주된 부분으로 가식부이며 당질이 주성분이다.

09 우리나라 오곡의 종류에 해당 되는 것은?

① 찹쌀, 보리, 수수, 조, 콩
② 찹쌀, 보리, 콩, 조, 기장
③ 찹쌀, 보리, 콩, 팥, 수수
④ 찹쌀, 보리, 팥, 녹두, 조

TIP 정월 대보름에 지어 먹는 오곡밥은 찹쌀, 보리, 콩, 조, 기장, 수수 등이다.

10 찹쌀에 대한 설명 중 잘못된 것은?

① 아밀로오스 80%, 아밀로 펙틴 20%를 함유하고 있어 찰진 성질을 갖고 있다.
② 물에 담그면 40% 정도의 수분을 흡수한다.
③ 요오드 용액을 넣으면 갈색으로 변한다.
④ 아밀로 펙틴 100%로 되어 있어 노화가 느리다.

TIP 아밀로 펙틴 100%로 되어 있어 찰진 성질이 있어 약식, 인절미에 사용한다.

11 벼의 구성으로 옳은 것은?

① 현미 50%, 왕겨층 50%
② 현미 60%, 왕겨층 40%
③ 현미 80%, 왕겨층 20%
④ 현미 95%, 왕겨층 5%

TIP 벼는 현미 80%, 왕겨층 20%로 구성되어 있다.

정답 06 ② 07 ① 08 ① 09 ② 10 ① 11 ③

Chapter ❶ 떡 제조 기초이론

12 곡류가 가장 많이 함유하고 있는 성분은?

① 단백질   ② 지질   ③ 탄수화물   ④ 회

> **TIP** 곡류에는 약 70%이상의 탄수화물을 함유하고 있다.

13 왕겨층에 대한 설명으로 옳은 것은?

① 가장 바깥껍질로 이 부위를 벗겨내면 현미가 된다.
② 낱알의 주된 부분으로 가식부이다.
③ 불포화지방산과 비타민 B_1을 다량으로 함유하고 있다.
④ 이 부위를 벗기지 않으면 현미가 된다.

> **TIP** ② : 배유 : 낱알의 주된 부분으로 가식부 ③ : 배아 : 불포화지방산과 비타민 B_1을 다량으로 함유
> ④ : 현미 : 벼에서 왕겨층을 벗겨낸 것

14 현미 도정율이 증가함에 따라 영양성분의 변화 중 옳지 않은 것은?

① 비타민의 손실이 커진다.   ② 소화율이 증가한다.
③ 수분흡수시간이 점차 빨라진다.   ④ 탄수화물의 비율이 감소한다.

> **TIP** 현미의 도정율이 증가할수록 영양분 손실이 커지지만 소화율은 증가된다.
> 도정을 많이 할수록 탄수화물 비율은 높아진다.

15 강화미에 대한 설명으로 옳지 않은 것은?

① 재배 당시부터 영양소를 첨가시킨 쌀이다.
② 특히 비타민 B군을 첨가시킨다.
③ 도정과정이나 쌀 세척과정에서의 배아손실을 줄이기 위해 만들어졌다.
④ 쌀을 고압으로 가열하여 압출한 것이다.

> **TIP** 팽화미 : 쌀을 고압으로 가열하여 압출한 것

16 인조미에 대한 설명으로 알맞은 것은?

① 밥이 뜨거울 때 고온으로 건조한 쌀이다.
② 고압으로 가열하여 압출한 쌀이다.
③ 고구마전분 : 밀가루 : 외쇄미를 5 : 4 : 1의 비율로 혼합한 것이다.
④ 왕겨층만 벗겨낸 쌀로 영양분이 많다.

> **TIP** ① 건조쌀 : 밥이 뜨거울 때 고온으로 건조한 쌀 ② 팽화미 : 고압으로 가열하여 압출한 쌀
> ④ 현미 : 왕겨층만 벗겨낸 쌀

정답   12 ③   13 ①   14 ④   15 ④   16 ③

17 보리에 대한 설명으로 알맞은 것은?

① 쌀에 비해 비타민, 단백질, 지질의 함량이 높다.
② 섬유질이 적어 소화율이 높다.
③ 할맥은 보리골의 섬유소를 제거한 것으로 소화율이 낮다.
④ 단맥아는 엿의 제조에 이용한다.

> **TIP** 보리 : 백미에 비해 비타민, 단백질, 지질의 함량이 높으며, 섬유질이 많아 소화율이 나쁘다.

18 다음 떡류의 재료 중 연결이 바르지 않은 것은?

① 주재료 – 쌀, 보리, 밀, 조, 수수
② 향료 – 계피, 유자, 검정깨
③ 감미료 – 오미자, 백년초가루, 호박가루
④ 윤활제 – 물, 기름

> **TIP** 감미료는 단맛을 내는 부재료이다. 오미자, 백년초가루, 호박가루, 쑥가루는 착색료 역할도 한다.

19 루틴의 함유량이 높아 혈관벽에 저항력을 높이는 효과가 있는 곡류는?

① 보리   ② 밀   ③ 메밀   ④ 쌀

20 왕겨층만 벗겨낸 것으로 단백질, 지방, 비타민은 많으나 소화율이 떨어지는 것은?

① 현미   ② 배아   ③ 백미   ④ 강화미

> **TIP** 벼는 왕겨층, 쌀겨(과피, 종피, 호분층) 배아, 배유로 구성되어 있으며, 왕겨층을 벗겨낸 것이 현미이다.

21 곡류에 관한 설명으로 잘못된 것은?

① 곡류의 호분층에는 단백질, 지질, 비타민, 무기질, 효소 등이 들어 있다.
② 멥쌀에는 아밀로오스와 아밀로펙틴의 비율이 80 : 20 정도씩 들어 있다.
③ 쌀에 들어 있는 단백질을 오리제닌(Oryzenin)이라 한다.
④ 찹쌀떡에는 아밀로펙틴이 100% 들어 있다.

> **TIP** 멥쌀에는 아밀로오스 : 아밀로펙틴 = 20% : 80% 들어 있다.

22 다음 중 떡 제조에 적합하지 않은 쌀의 종류는?

① 자포니카 종   ② 인디카 종   ③ 단립종   ④ 멥쌀

> **TIP** 인디카종(장립종) : 인도, 동남아시아, 끈기 부족 / 자포니카종(단립종) : 한국, 일본 – 점성이 크다

정답 17 ① 18 ③ 19 ③ 20 ① 21 ② 22 ②

Chapter 1 떡 제조 기초이론

2 부재료의 종류 및 특성

01 떡의 부재료가 아닌 것은?

① 쑥 ② 잣 ③ 밤 ④ 원두

> **TIP** 원두 : 커피 생두를 볶은 것.

02 떡에 이용하는 버섯은?

① 석이버섯 ② 팽이버섯 ③ 새송이버섯 ④ 느타리버섯

> **TIP** 석이 : 한식이나 떡에 고명으로 많이 사용한다.

03 떡의 장식용으로 해당하지 않는 고명은?

① 석이버섯 ② 대추 ③ 달걀지단 ④ 실백

> **TIP** 달걀지단은 한식의 신선로 등에 쓰인다.

04 다음 설명 중 틀린 것은?

① 맛의 대비 : 설탕에 소금을 첨가하면 단맛이 증가
② 맛의 상쇄 : 2가지 맛이 혼합돼 단독으로 느낄 수 없고 2가지 맛이 느껴지는 맛
③ 맛의 변조 : 쓴 약을 먹은 뒤 물을 마시면 단맛이 나는 현상
④ 맛의 미맹 : PTC라는 쓴 물질에 맛을 전혀 느끼지 못하는 사람

> **TIP**
> 1. PTC[Phenylthiocarbamide taste blindness, 미맹(味盲)]
>   보통의 쓴맛은 느끼지만 PTC용액의 쓴맛을 느끼지 못하는 것을 PTC 미맹이라 한다.
> 2. 맛의 상쇄작용
>   짠맛 + 신맛 = 조화된 맛으로 느낌

05 다음 중 떡에 색을 내는 재료로 사용되는 것은?

① 착색제 ② 유화제 ③ 피막제 ④ 보존제

06 식물성 천연색소로 맞지 않는 것은?

① 클로로필 ② 헤모글로빈 ③ 안토시아닌 ④ 카로티노이드

> **TIP** 헤모글로빈은 동물성 천연 색소이다. (혈색소)

정답 01 ④ 02 ① 03 ③ 04 ② 05 ① 06 ②

07 천연색소 성분 연결이 잘못된 것은?

① 초록색 – 클로로필
② 붉은색, 보라색 – 안토시아닌
③ 미색 – 플라보노이드
④ 갈색 – 카로티노이드

> **TIP** 카로티노이드는 당근의 주황색을 나타낸다.

08 부재료의 전처리 방법에 대해 바르지 않은 것은?

① 생쑥, 시금치, 모싯잎과 같이 섬유질이 많은 채소를 사용할 경우 이물질과 질긴 섬유질을 제거하고 쌀과 분쇄하여 사용한다.
② 건 석이버섯은 먼지만 제거한 후 돌돌 말아 썰어 사용한다.
③ 치자는 구입 후 표면을 살짝 씻은 후 칼집을 내어 그릇에 담고 끓는 물을 부어 색 성분이 우러나게 한다.
④ 모싯잎을 삶을 때 약간의 소금을 넣고 삶아 찬물에 빨리 헹궈 식혀 주어야 모싯잎의 초록색을 최대한 유지할 수 있다.

> **TIP** 건 석이버섯은 물에 불려 비벼 씻어서 안쪽에 붙어있는 이끼를 깨끗이 벗겨 내고 가운데 돌기를 떼어낸 후 사용한다.

09 다음 중 떡의 부재료가 아닌 것은?

① 은행 ② 카카오 ③ 잣 ④ 아몬드

> **TIP** 카카오 : 초콜릿의 원료

10 쌀가루를 빻을 때 주로 사용하는 소금은?

① 꽃소금 ② 죽염 ③ 호염 ④ 암염

> **TIP** 호염 : 쓴맛과 염도가 낮아지고 불순물도 줄어들어 쌀가루를 빻을 때 사용한다.

11 떡의 주재료로 옳은 것은?

① 밤, 현미 ② 흑미, 호두 ③ 감, 차조 ④ 찹쌀, 멥쌀

> **TIP** 밤, 호두, 감 : 떡의 부재료이다.

12 다음에서 실백에 대한 설명 중 맞는 것은?

① 딱딱한 껍질을 깐 알맹이 잣
② 잣을 점잖게 이르는 말
③ 잣의 속껍질까지 벗긴 것
④ 잣을 반으로 가른 것

> **TIP** 실백은 잣을 말하며, 잣의 속껍질까지 벗긴 것을 말한다.

정답 07 ④　08 ②　09 ②　10 ③　11 ④　12 ③

Chapter ❶ 떡 제조 기초이론

13 다음은 은행에 대한 설명이다. 틀린 것은?

① 잘 익은 것일수록 청산배당체의 함량이 높다.
② 하루에 수십알 이상 먹지 않는 것이 좋다.
③ 은행의 독성은 익히면 감소된다.
④ 야뇨증에 효과가 있다.

> **TIP** 청산배당체는 섭취 시 우리 몸안에 있는 장내 효소와 결합하여 시안산화합물을 형성하여 식중독을 일으킬 수 있는 물질이다. 덜 익은 은행에서 청산배당체의 함량이 높으며 익을수록 함량이 적어진다.

14 은행을 볶을 때 첨가하여 냄새를 줄이고 색을 선명하게 할 수 있는 것으로 옳은 것은?

① 소금　　② 식초　　③ 참기름　　④ 들기름

> **TIP** 소금은 은행을 볶을 때 사용하여 냄새를 줄이고, 색을 선명하게 해준다.

15 떡 제조 시 소금의 사용량으로 옳은 것은?

① 쌀가루 대비 1.2~1.3%　　② 쌀가루 대비 3%
③ 쌀가루 대비 7%　　　　　④ 쌀가루 대비 5%

> **TIP** 평균적으로 떡 제조 시 쌀가루 대비 1%의 소금을 넣고 떡을 제조한다. 하지만 여름철 같은 경우 떡이 상하는 걸 방지하여 소금을 약간 더 넣거나 겨울철엔 소금의 양을 줄여서 사용한다.

16 고물의 역할이 아닌 것은?

① 송편, 단자, 개피떡의 속 고물을 사용한다.
② 경단이나 단자는 겉 고물을 사용하며 서로 붙는 것을 막아준다.
③ 시루떡의 고물은 맛과 영양을 부여한다.
④ 시루떡의 가루와 가루 사이에 고물층을 형성하여, 김이 잘 스며들지 않게 하고, 떡이 질어지는 것을 막아야 한다.

> **TIP** 시루떡 사이에 고물로 인해서 김이 잘 스며들지 않으므로 쌀가루를 넣어서 김이 잘 스며들게 한다.

17 송편 찌기에는 솔잎이 사용되는데 사용하는 이유로 적합하지 않은 것은?

① 송편에 향을 제공　　　　　　② 방부제 역할
③ 피톤치드 성분을 함유시키기 위해　④ 비타민 성분을 함유시키기 위해

> **TIP** 송편을 찔 때 솔잎을 깔고 찌는 이유 : 송편이 서로 달라붙지 않게 하기 위함이고 송편에 솔잎의 향을 주며, 오래도록 상하지 않게 해주기 때문이다.

정답　13 ①　14 ①　15 ①　16 ④　17 ④

18 한천에 대한 설명으로 잘못된 것은?

① 겔은 고온에서 잘 견디므로 안정제로 사용된다.
② 홍조류의 세포벽 성분인 점질성의 복합 다당류를 추출하여 만든다.
③ 약 30℃에서도 잘 굳어져서 겔화 된다.
④ 일단 한 번 응고되고 나면 더 이상 녹지 않는다.

TIP 한천의 응고 온도 38℃~40℃ 정도이며 100℃ 가열시 녹는다.

19 아래의 착색제 중에서 잘못 연결된 것은?

① 노란색 : 송화가루, 단호박가루, 울금, 치자.
② 보라색 : 자색고구마, 백년초, 흑미
③ 붉은색 : 송기, 지초, 대추고
④ 갈색 : 코코아 가루, 커피, 계피, 감

TIP 붉은색 : 백년초, 비트, 딸기, 흥국쌀, 지치, 오미자
주황색 : 피멘톤(파프리카) 가루, 황치즈가루
노란색 : 송화가루, 단호박가루, 치자, 울금
녹색 : 승검초가루, 쑥, 새싹보리, 녹채, 클로렐라, 시금치
보라색 : 자색고구마, 백년초, 흑미
검정색 : 석이버섯, 흑임자, 흑미
갈색 : 코코아 가루, 송기, 대추고, 커피, 계피, 감

20 다음 중에서 붉은 색을 나타내는 천연 착색료는 어떤 것인가?

① 치자   ② 지치   ③ 송화   ④ 타르 색소

TIP 치자 : 노란색
송기(소나무의 속껍질) : 갈색
송화(소나무의 꽃가루) : 노란색
지치 : 다년생 초본식물로 뿌리가 자색이다. (지초, 자초, 자근이라고도 함)

21 떡 제조 시 사용하는 두류의 종류와 영양학적 특성으로 옳은 것은?

① 대두에 있는 사포닌은 설사의 치료제이다.
② 팥은 비타민 B_1이 많아 각기병 예방에 좋다.
③ 검은콩은 금속이온과 반응하면 색이 옅어진다.
④ 땅콩은 지질의 함량이 많으나 필수지방산은 부족하다.

TIP 대두의 사포닌은 날콩에 많이 들어 있으며, 날콩 섭취 시 설사를 일으킬 수 있다.
검정콩은 금속이온과 반응하면 색이 짙어진다.
땅콩엔 필수지방산이 함유되어 있다.

정답 18 ④ 19 ③ 20 ② 21 ②

Chapter 1 떡 제조 기초이론

3 떡류 재료의 영양학적 특성

〈탄수화물〉

01 불용성 섬유소의 종류로 옳은 것은?

① 덱스트린　② 글루코오스　③ 펙틴　④ 셀룰로오스

> **TIP** 셀룰로오스는 섬유소를 말하며, 불용성이며 소화가 잘되지 않고 만복감을 준다.

02 다음 중 알파전분인 것은?

① 떡　② 쌀　③ 콩　④ 팥

> **TIP** 알파전분(α 전분) : 익은 전분(호화)

03 찹쌀로 떡을 할 때 멥쌀보다 수분을 덜 주는 이유는?

① 멥쌀과 찹쌀을 빻았을 때 입자의 크기 차이
② 아밀로펙틴의 함량 차이
③ 멥쌀에 아밀로펙틴이 많이 때문이다.
④ 찹쌀에 아밀로오스가 많이 때문이다.

> **TIP** 찹쌀은 아밀로펙틴(Amylopectin)이 100%이고 아밀로오스(Amylose)는 0%이다.
> 멥쌀은 아밀로펙틴이 70~80%이고 아밀로오스는 20~30%이다.

04 쌀을 도정함에 따라 그 비율이 높아지는 성분은?

① 오리제닌(oryzenin)　② 전분　③ 티아민(thiamin)　④ 칼슘

> **TIP** 쌀을 도정을 많이 할수록 탄수화물(전분)의 비율이 높아진다.

05 전분의 호화에 필요한 요소만으로 짝지어진 것은?

① 물, 열　② 물, 기름　③ 기름, 설탕　④ 열, 설탕

> **TIP** 호화 : 생전분에 물과 열을 가하면 익은 전분 상태로 되는 현상

06 떡에 함유되어 있는 탄수화물의 기능은?

① 열량 생성　② 대사 작용　③ 골격 형성　④ 혈액 구성

> **TIP** 탄수화물은 1g 당 4kcal의 열량소를 제공하여, 인체에서 열량생성, 간장 보호 및 해독작용 등의 기능을 한다.

정답 01 ④　02 ①　03 ②　04 ②　05 ①　06 ①

07 장내에서 정장작용을 하는 이당류는?

① 슈크로오스(자당)   ② 엿당(맥아당)   ③ 유당(젖당)   ④ 포도당

> **TIP** 유당은 포도당과 갈락토오스가 합친 이당류로, 젖당이라고도 불린다. 당류 중 감미도가 제일 낮으며, 살균작용 및 정장작용에 도움을 준다.

08 탄수화물의 구성 요소가 아닌 것은?

① C   ② H   ③ O   ④ N

> **TIP** 탄수화물 : C, H, O
> 지질 : C, H, O
> 단백질 : C, H, O, N, S

09 다음 당류 중 단맛이 가장 강한 것은?

① 맥아당   ② 포도당   ③ 갈락토오스   ④ 유당

> **TIP** 감미도순 - 과당(170) > 전화당(85~130) > 자당(100) > 포도당(74) > 맥아당(60) > 갈락토오스(33) > 유당(16)

10 6대 영양소에 해당되지 않은 것은?

① 물과 비타민   ② 단백질과 지방   ③ 무기질과 과당   ④ 공기와 미생물

> **TIP** 6대 영양소에는 탄수화물, 단백질, 지방, 물, 무기질, 비타민이 있다.

11 물의 연화방법 중 설명이 옳지 않은 것은?

① 양이온 교환법 - 나트륨비석과 수소비석을 사용해 물을 연화 시키는 방법
② 석화·소다법 - 탄산수소칼슘과 마그네슘을 석회, 소다와 반응시켜 침전시키는 법
③ 증류법 - 자연적인 증발을 통해 물을 연화시키는 가장 실용성이 높은 방법
④ 음이온 교환법 - 교환수지에 산을 흡착시켜 물을 연화시키는 방법

> **TIP** 증류법 : 물을 가열하여 수증기가 되는 온도 이상으로 가열하여 순수한 물로 만드는 연화방법

12 설탕 대신 떡에 감미를 주는 재료로 농축한 감미와 풍미를 가지는 것으로 슈크라아제에 의해 과당과 포도당으로 분해되는 것은?

① 맥아당   ② 자당   ③ 과당   ④ 포도당

> **TIP** 사당은 설탕, 서당, 슈크로오스라고도 불리며, 사탕수수나 사탕무에서 농축 또는 정제하여 사용한다. 감미료의 기준으로 사용되고 있으며 포도당과 과당이 결합된 당이다.

07 ③   08 ④   09 ②   10 ④   11 ③   12 ②

Chapter ❶ 떡 제조 기초이론

13 포도당과 과당의 혼합물은?

① 과당   ② 유당   ③ 전화당   ④ 포도당

TIP 포도당 + 과당 → 자당
전화당 : 포도당과 과당이 동량으로 혼합된 것.

14 탄수화물의 기능이 아닌 것은?

① 1g당 4kcal 열량을 낸다.
② 섭취열량은 65% 정도이며 열량 영양소이다.
③ 1g당 9kcal의 열량을 낸다.
④ 캐러멜화 반응 등의 식품의 색을 낸다.

TIP 지질 : 1g 당 9kcal의 열량을 낸다.

15 전분의 호화 과정 중 전분의 입자가 팽윤하게 되는 온도로 알맞은 것은?

① 15~20%   ② 30~35%   ③ 60~65%   ④ 70~75%

TIP 팽윤 : 전분을 물에 불렸을 때, 입자가 커지는 것.

16 전분의 호화에 영향을 미치는 요인이 아닌 것은?

① pH조건   ② 첨가물(소금)
③ 수분함량   ④ 곡류의 성장기간

TIP 전분현탁액의 pH가 알카리상태 일수록 호화가 빨리 진행된다.
소금은 수소결합에 크게 영향을 미치기 때문에 전분현탁액이 존재할 때 전분의 호화를 촉진시킨다.

17 다음 중 노화가 가장 빨리 일어나는 떡은?

① 찹쌀떡   ② 백설기   ③ 인절미   ④ 화전

TIP 멥쌀이 노화가 빠르다.

18 떡의 노화를 지연시키는 방법이 아닌 것은?

① 떡의 보온성 유지   ② 65℃ 이상 고온보관
③ 떡의 보습성 유지   ④ 냉장보관

TIP 노화 촉진 : 냉장 보관(0~10℃)

정답 13 ③ 14 ③ 15 ③ 16 ④ 17 ② 18 ④

19 떡의 호화를 촉진시키는 요소로 맞지 않는 것은?

① 수분의 함량이 많을수록
② 온도가 높을수록
③ 팽윤이 잘 되어 있을수록
④ 설탕의 양이 쌀무게의 30% 이상일 때

TIP 설탕의 양이 많을수록 호화가 억제된다.

20 떡의 노화를 방지하기 위한 방법으로 맞지 않는 것은?

① 떡을 0~4℃ 냉장에서 충분히 식히면 노화가 억제된다.
② 수분의 이동이 노화의 가장 큰 원인이므로 수분을 고정할 수 있는 설탕을 넣는다.
③ 설탕을 첨가하면 탈수제로 작용하기 때문에 노화가 억제된다.
④ 오래 냉동할 떡에는 수분을 더 추가한다.

TIP 0~4℃ 냉장고에 저장해 두면 노화가 촉진되어 빨리 굳는다.

21 떡이 굳어지는 현상으로 맞지 않는 것은?

① 알파형 전분 → 베타형 전분   ② 생전분 → 호화전분
③ 수소결합 → 전분분자결합   ④ 호화전분 → 노화전분

TIP 생전분은 β형 전분 → 노화전분

22 익반죽을 하는 이유로 적합하지 않은 것은?

① 쌀에는 밀가루와 같은 글루텐 함량이 없어서 반죽하였을 때 점성이 잘 생기지 않기 때문이다.
② 멥쌀은 끈기가 적기 때문에 끓는 물을 첨가하면 반죽에 끈기를 얻어 낼 수 있다.
③ 전분의 일부를 호화시켜 점성을 높이기 위해 끓는물로 반죽한다.
④ 곡식가루를 끓는 물로 익반죽하면 잘 뭉쳐지지 않는다.

TIP 익반죽하면 잘 부서지지 않고 잘 뭉쳐진다.

23 다음 당류 중에서 더 이상 가수분해 되지 않는 것은?

① 유당   ② 자당   ③ 갈락토오스   ④ 맥아당

TIP 단당류 : 더 이상 분해되지 않는다. (포도당, 과당, 갈락토오스)

19 ④   20 ①   21 ②   22 ④   23 ③   **정답**

Chapter 1 떡 제조 기초이론

24 떡의 영양학적 특성에 대한 설명으로 틀린 것은?

① 팥 시루떡의 팥은 멥쌀에 부족한 비타민 D와 비타민 E를 보충한다.
② 무 시루떡의 무에는 소화효소인 디아스타제가 들어있어 소화에 도움을 준다.
③ 쑥떡의 쑥은 무기질, 비타민 A, 비타민 C가 풍부하여 건강에 도움을 준다.
④ 콩가루 인절미의 콩은 찹쌀에 부족한 단백질과 지질을 함유하여 영양상의 조화를 이룬다.

TIP 팥은 쌀에 부족하기 쉬운 비타민 B를 보충해준다.

25 떡의 노화를 지연시키는 보관 방법으로 옳은 것은?

① 4℃ 냉장고에 보관한다.
② 2℃ 김치냉장고에 보관한다.
③ −18℃ 냉동고에 보관한다.
④ 실온에 보관한다.

TIP 노화방지 : 냉동 보관 / 노화 촉진 : 냉장 보관 (0~10℃)

26 멥쌀가루에 요오드 용액을 떨어뜨렸을 때 변화되는 색은?

① 변화가 없음   ② 녹색   ③ 청자색   ④ 적갈색

27 다음 중 전분의 호정화에 대한 설명이 아닌 것은?

① 전분에 물을 가하지 않고 높은 온도(160℃~180℃)로 가열한 것.
② 효소나 산으로 가수분해 했을 때 전분이 가용성 전분을 거쳐 다양한 길이의 덱스트린으로 분해되는 것.
③ 점성은 강해지고 단맛은 감소한다.
④ 누룽지, 뻥튀기, 미숫가루 등이 해당된다.

TIP 황갈색을 띠고 용해성이 증가되며 점성은 약해지고 단맛은 증가한다.

28 노화에 대한 설명으로 맞는 것은?

① 아밀로펙틴 함량이 증가할수록 노화가 지연된다.
② 0~4℃에서 떡의 노화가 지연된다.
③ 찹쌀로 만든 떡보다 멥쌀로 만든 떡이 노화가 느리다.
④ 쑥, 호박, 무 등의 부재료는 떡의 노화를 가속시킨다.

TIP 찹쌀은 아밀로펙틴 함량이 100% ⇨ 노화가 지연된다.

정답 24 ①   25 ③   26 ③   27 ③   28 ①

29 익반죽을 했을 때의 설명으로 맞는 것은?

① 찹쌀가루를 일부 호화시켜 점성이 생기면 반죽이 용이하다.
② 찹쌀가루의 아밀로오스 가지를 조밀하게 만들어 점성이 높아진다
③ 찹쌀가루의 글루텐을 수화시켜 반죽을 좋게한다.
④ 찹쌀가루의 효소를 불활성화하여 제조적성을 높인다.

30 캐러멜화(Caramelization) 반응을 일으키는 것은?

① 당류   ② 아미노산   ③ 지방   ④ 비타민

> **TIP** 캐러멜화 : 설탕(당류)이 160℃~ 180℃ 정도에서 갈변한다.

〈지질〉

01 중성지방의 구성 성분은?

① 탄소와 질소
② 아미노산
③ 지방산과 글리세롤
④ 포도당과 지방산

> **TIP** 탄수화물은 포도당이 결합된 것, 단백질은 아미노산이 결합된 것

02 유지의 산패에 영향을 미치는 인자와 거리가 먼 것은?

① 온도   ② 광선   ③ 수분   ④ 기압

> **TIP** 산패 : 지방을 장기간 저장하거나 오랫동안 사용했을 때, 산소, 광선, 열, 효소, 미생물, 금속 등의 작용으로 불쾌한 냄새, 착색, 유리지방산, 점성 등이 생겨서 변질되는 것

03 참기름에 함유되어 있는 항산화 물질은?

① 고시폴   ② 세사몰   ③ 카제인   ④ 레시틴

> **TIP** 고시폴 : 목화씨 (면실유)
> 카제인 : 우유의 단백질
> 레시틴 : 유화제 (난황)

29 ① 30 ①   01 ③ 02 ④ 03 ②

Chapter ❶ 떡 제조 기초이론

〈단백질〉

01 다음 영양소 중에서 우리 몸을 구성하는 영양소는?

① 당질   ② 단백질   ③ 지방   ④ 비타민

> **TIP** 단백질 : 1g 당 4kcal의 열량을 내는 열량소
> 몸의 근육 및 여러 조직을 구성하는 구성소

02 단백질의 특성에 대한 설명으로 틀린 것은?

① C. H. O. N. S. P 등의 원소로 이루어져 있다.
② 1g 당 9kcal 의 열량을 내는 열량소이다.
③ 조 단백질은 일반적으로 질소의 양에 6.25를 곱한 값이다.
④ 아미노산을 분자 중에 아미노기와 카르복실기를 갖는다.

> **TIP** 단백질은 1g 당 4kcal의 열량을 내는 열량소이다.

03 완전 단백질이란?

① 필수아미노산과 불필수 아미노산을 모두 함유한 단백질
② 함유황 아미노산을 다량 함유한 단백질
③ 성장을 돕지 못하나 생명을 유지시키는 단백질
④ 정상적인 성장을 돕는 필수아미노산이 충분히 함유한 단백질

> **TIP** 곡류에는 필수아미노산인 리신이 부족하여 부분적 완전단백질이라 하며
> 콩에는 리신이 풍부하여 콩떡은 단백질을 보충해주는 떡이다.

04 덜 익힌 콩을 섭취 시 체내 단백질 이용을 저해하는 것은?

① 트립신   ② 안티 트립신   ③ 글로부린   ④ 펩신

> **TIP** 날 콩에는 안티트립신이라는 소화저해 물질이 있으므로 설사할 수 있으나,
> 가열하면 안티 트립신이 불활성화 하여 트립신의 작용으로 소화를 용이하게 하고 단백질의 흡수를 좋게 한다.

05 떡에 부족한 단백질을 보충하기 위해 넣으면 좋은 부재료는?

① 대두   ② 잣   ③ 대추   ④ 밤

> **TIP** 콩은 밭에서 나오는 소고기라 할 정도로 단백질이 우수한 완전 단백질이다.

정답   01 ②   02 ②   03 ④   04 ②   05 ①

〈무기질, 비타민, 효소〉

01 식물체 중에는 여러 원소가 함유되어 있는데 다량원소와 미량원소로 나눈다. 다음 중 설명이 잘못된 것은?

① 다량원소는 작물의 필수 원소 가운데 특히 많은 양을 요구하는 원소를 말한다.
② 미량원소에는 철(Fe), 망간(Mn), 붕소(B), 구리(Cu), 염소(Cl) 등이 속한다.
③ 식물에 의한 요구량이 적은 원소를 미량원소라 한다.
④ 탄소(C), 수소(H), 산소(O), 질소(N), 유황(S), 마그네슘(Mg), 칼슘(Ca), 칼륨(K) 등은 미량 요소에 속한다.

> **TIP** 다량원소 : 탄소(C), 수소(H), 산소(O), 질소(N), 유황(S), 마그네슘(Mg), 칼슘(Ca), 칼륨(K) 등
> 미량원소 : 철(Fe), 망간(Mn), 붕소(B), 구리(Cu), 염소(Cl) 등

02 다음 중 가열 조리에 의해 가장 파괴가 쉬운 비타민은?

① 비타민 A   ② 비타민 E   ③ 비타민 C   ④ 비타민 D

> **TIP** 비타민 A : 항 안성 비타민 / 비타민 E : 항 산화 성 비타민
> 비타민 C : 항 괴혈병 성 비타민 / 비타민 D : 항 구루성 비타민

03 녹색채소를 수확 후에 방치하면 점차 그 색이 갈색으로 변하는 이유는?

① 엽록소가 페오피틴으로 변했기 때문이다.
② 엽록소의 수소가 구리로 치환이 되었다.
③ 엽록소의 녹색부분이 클로로필라이드로 변했다.
④ 엽록소의 마그네슘이 구리로 치환이 되었다.

> **TIP** 엽록소의 색소를 클로로필(Mg)이라 하는데, 산에 의해 황변되고(페오피틴) 알카리(소금, 소다)에 의해 색깔이 선명해진다. (클로로필라이드)

04 침(타액)에 들어 있는 소화효소의 작용은?

① 전분을 맥아당으로 변화시킨다.
② 단백질을 펩톤으로 분해시킨다.
③ 설탕을 포도당과 과당으로 분해시킨다.
④ 카제인을 응고시킨다.

> **TIP** 타액의 아밀라아제 효소 : 프티알린

정답 01 ④   02 ③   03 ①   04 ①

Chapter ❶ 떡 제조 기초이론

05 다음 중 식품의 일반 성분이 아닌 것은?

① 수분　　② 효소　　③ 탄수화물　　④ 무기질

> **TIP** 일반 성분 : 탄수화물, 단백질, 지방, 무기질, 수분
> 특수성분 : 효소, 색, 맛, 냄새

06 각 식품에 대한 설명 중 틀린 것은?

① 쌀은 라이신. 트레오닌 등의 필수 아미노산이 부족하다.
② 당근은 비타민 A의 급원이다.
③ 콩은 단백질의 급원이다.
④ 쌀은 알카리성 식품이다.

> **TIP** 산성식품 : S. P. Cl이 많다. (쌀, 육류)
> 알카리성 식품 : Ca, K, Na, Mg이 많다. (우유, 야채류, 과일류)

07 다음 영양소 중에서 열량소에 해당하지 않는 것은?

① 비타민　　② 단백질　　③ 지방　　④ 탄수화물

> **TIP** 탄수화물 : 1g 당 4Kcal
> 단백질 : 1g 당 4Kcal
> 지방 : 1g 당 9Kcal

〈수분〉

01 식품의 수분 활성도를 올바르게 설명한 것은?

① 임의의 온도에서 식품이 나타내는 수증기압에 대한 같은 온도에 있어서 순수한 물의 수증기압의 비율
② 임의의 온도에서 식품이 나타내는 수증기압
③ 임의의 온도에서 식품의 수분 함량
④ 임의의 온도에서 식품과 동량의 순수한 물의 최대 수증기압

> **TIP** 수분 활성도 (Aw) = $\dfrac{\text{식품이 나타내는 수증기압}(p)}{\text{순수한 물의 수증기압}(P_0)}$

정답　05 ②　06 ④　07 ①　　　　　　　　　　　　01 ①

02 수분활성도(Aw)에 대한 설명으로 틀린 것은?

① 말린 과일은 생과일 보다 Aw가 낮다.
② 세균은 생육 최저 Aw가 미생물 중에서 가장 낮다.
③ 효소 활성은 Aw가 클수록 증가한다.
④ 소금이나 설탕은 가공 식품의 Aw를 낮출 수 있다.

> **TIP** 생육 최저 수분 활성도 : 세균 〉 효모 〉 곰팡이
> 수분이 많은 것은 수분활성도가 높으며, 수분이 많은 곳에 세균의 번식이 잘 된다.

03 어떤 식품의 수분활성도(Aw)가 0.96이고 수증기압이 1.39일 때 상대습도는 몇 %인가?

① 0.69%   ② 1.45%   ③ 139%   ④ 96%

> **TIP** 상대습도 = 수분 활성도 × 100
> 물의 상대 습도 = 물의 수분활성도 1 × 100 = 100

04 자유수와 결합수의 설명으로 맞는 것은?

① 결합수는 용매로서 작용한다.
② 자유수는 4℃에서 비중이 가장 크다.
③ 자유수는 표면장력과 점성이 적다.
④ 결합수는 자유수보다 밀도가 작다.

> **TIP**
>
> | 자유수 | 결합수 |
> |---|---|
> | 용매로 작용한다 | 식품중 단백질, 탄수화물성분과 수소 결합등으로 단단히 묶여 있는 고분자 화합물로 용매로 작용하지 않는다 |
> | 0℃ 이하에서 쉽게 동결 한다 | 0℃ 이하에서 쉽게 동결 하지 않는다 |
> | 100℃에서 쉽게 끓는다 | 100℃에서 가열해도 끓지 않는다 |
> | 건조에 의해 쉽게 제거된다 | 건조에 의해 쉽게 제거 되지 않는다 |
> | 미생물생육, 번식에 이용한다 | 미생물생육, 번식에 이용되지 못한다 |
> | 밀도가 작다 | 밀도가 크다 |

정답 02 ②   03 ④   04 ②

Chapter ❶ 떡 제조 기초이론

02. 떡류 제조공정

1 떡의 종류와 제조 원리

〈떡류 제조공정〉

01 떡 제조 시 "물을 내린다"는 뜻은?

① 떡을 찌는 중에 물을 뿌린다.
② 쌀가루에 물을 넣어서 체에 친다.
③ 떡에 물을 뿌린다.
④ 쌀을 물에 침지시킨다.

> **TIP** 쌀가루에 소금을 넣고, 물을 넣은 후 비벼서 체에 내린다.

02 대추, 밤, 곶감 등을 쌀가루에 섞어서 찐 떡은?

① 느티떡 ② 무떡 ③ 호박고지떡 ④ 잡과병

> **TIP** 잡과병 : 찹쌀가루를 반죽하여 대추, 밤, 곶감 등을 채썰어 묻힌 떡

03 단자가 아닌 떡은?

① 석이 단자 ② 두텁떡 ③ 밤 단자 ④ 대추 단자

> **TIP** 두텁떡은 찌는 떡이다.
> 단자 : 찹쌀을 경단처럼 만들어 꿀을 묻힌 후 밤, 대추, 석이를 채썬 것을 묻힌 떡

04 찹쌀가루에 따뜻한 물을 부어 익반죽하여 동그랗게 빚어 끓는 물에 삶아 낸 후 깨고물이나 콩고물에 묻힌 떡은?

① 송편 ② 단자 ③ 경단 ④ 인절미

> **TIP** 경단 : 끓는 물에 익힌 후 찬물에 넣어 식힌 후 고물을 묻힌 떡

05 다음 중 빚는 떡이 아닌 것은?

① 경단 ② 송편 ③ 단자 ④ 절편

> **TIP** 절편은 치는 떡이다.

정답 01 ② 02 ④ 03 ② 04 ③ 05 ④

06 쪄서 치는 떡의 종류가 아닌 것은?

① 개피떡 ② 흰떡 ③ 절편 ④ 경단

> **TIP** 경단은 삶은 떡이다.

07 백년초로 가래떡을 제조할 때 색상을 고정하기 위해 첨가하는 것은?

① 인공 색소 ② 두텁떡 ③ 비트 물 ④ 딸기 분말

> **TIP** 백년초의 색상은 딸기 분말과 비슷하다.

08 다음 중 재료가 찹쌀이 아닌 것은?

① 인절미 ② 두텁떡 ③ 절편 ④ 약식

> **TIP** 절편은 멥쌀가루로 만든다.

09 찰떡류는 어디에 보관해야 하는가?

① 냉장고 ② 음지 ③ 상온 ④ 냉동고

> **TIP** 떡을 장기 보관할 때는 냉동 보관하는 것이 좋다.

10 떡의 노화를 지연시키는 방법으로 틀린 것은?

① 식이섬유소 첨가 ② 설탕 첨가
③ 유화제 첨가 ④ 색소 첨가

> **TIP** 노화는 색소와는 상관 없다.

11 늙은 호박 찰시루떡을 제조하려 한다. 떡 제조에 대한 설명이 틀린 것은?

① 늙은 호박은 수분이 많으므로 하루 전에 그늘에 말려서 쓰면 좋다.
② 썬 호박은 설탕을 뿌린 다음 떡을 바로 안치면 좋다.
③ 썬 호박은 썰어 너무 오래 재워두면 오히려 떡이 질기고 향미가 떨어진다.
④ 호박을 썰어 유자청처럼 재워두고 쓰면 월등히 맛이 좋아진다.

> **TIP** 호박을 유자청에 재워 두면 질어져서 좋지 않다.

정답 06 ④ 07 ④ 08 ③ 09 ④ 10 ④ 11 ④

Chapter ❶ 떡 제조 기초이론

12 증편은 지방마다 불리는 이름이 다른데 증편의 이름이 아닌 것은?

① 기증병　② 기주병　③ 상화병　④ 술떡

> **TIP** 상화병(霜花餅) : 중력분에 막걸리로 반죽해 5시간정도 상온에서 발효 후 팥소를 넣은 떡

13 다음 중 지지는 떡만 나열된 것은?

① 부꾸미, 주악, 경단
② 화전, 빈자병, 노티떡
③ 송편, 차륜병, 밀전병
④ 상화병, 수수부꾸미, 개피떡

> **TIP** 부꾸미, 화전 : 찹쌀가루로 반죽하여 지진 떡
> 빈자병 : 녹두 가루로 반죽하여 지진 떡
> 노티떡 : 찰 기장가루로 반죽하여 지진 떡

14 찌는 떡이 아닌 것은?

① 설기떡　② 켜떡　③ 화전　④ 증편

> **TIP** 화전 : 지지는 떡

15 곶감을 건조할 때 황훈증을 하는 목적이 아닌 것은?

① 건조의 촉진
② 효소의 파괴
③ 방부의 효과
④ 풍미의 증진

> **TIP** 황훈증 : 황성분의 살균력을 이용하여 훈증 소독하는 방법

16 찌는 떡의 표기로 옳은 것은?

① 전병　② 증병　③ 단자병　④ 도병

> **TIP** 찌는 떡 : 증병 / 치는 떡 : 도병 / 삶는 떡 : 단자병 / 지지는 떡 : 전병

17 현미의 도정률을 증가시킴에 따른 변화 중 옳지 않은 것은?

① 단백질 손실이 커진다.
② 총열량이 증가한다.
③ 탄수화물의 양이 증가한다.
④ 소화율이 낮아진다.

> **TIP** 현미를 도정함에 따라 단백질과 지방의 손실이 커지고,
> 상대적으로 탄수화물 양이 증가되며 소화율도 높아진다.

정답　12 ③　13 ②　14 ③　15 ④　16 ②　17 ④

18 곡물 도정에 있어서 적용되어지는 원리가 아닌 것은?

① 마찰　② 절삭　③ 마쇄　④ 충격

TIP 곡물의 도정원리는 마찰, 절삭(연마), 충격의 공동작용으로 이루어진다.

19 떡 제조 과정의 특징으로 틀린 것은?

① 쌀의 수침시간이 증가할수록, 쌀의 조직이 연화되어 습식제분을 할 때 전분 입자가 미세화 된다.
② 쌀가루는 너무 고운 것보다 어느 정도 입자가 있어야 자체 수분 보유율이 있어 떡을 만들 때 호화도가 더 좋다.
③ 찌는 떡은 멥쌀가루보다 찹쌀가루를 사용할 때 물을 더 보충하여야 한다.
④ 펀칭공정을 거치는 치는 떡은 시루에 찌는 떡보다 노화가 더디게 진행된다.

TIP 떡을 찔 때 찹쌀가루는 멥쌀가루 보다 물을 적게 넣는다.

20 쌀의 수침 시 수분흡수율에 영향을 주는 요인으로 틀린 것은?

① 쌀의 품종　　　　　② 쌀의 저장 기간
③ 수침 시 물의 온도　④ 쌀의 비타민 함량

TIP 수분 흡수율과 비타민은 상관이 없다.

21 전분의 조리에 대한 설명으로 옳은 것은?

① 전분을 160°C의 건열로 가열하면 텍스트린(Dextrin)으로 분해되는데 이를 호정화라 한다.
② 호화된 전분은 결정성이 나타난다.
③ 조리하면 α형 전분이 β형 전분으로 된다.
④ 호화되면 효소의 작용을 받기가 어렵다.

TIP 호정화는 수분을 가하지 않고 고열과 고압을 가하여 소화율을 높여주는 것을 말하는데 뻥튀기나 미숫가루가 있다.

22 빚은 떡 제조 시 쌀가루 반죽에 대한 설명으로 틀린 것은?

① 송편 등의 떡 반죽은 많이 치댈수록, 부드러우면서 입의 감촉이 좋다.
② 반죽을 치는 횟수가 많아지면, 반죽 중에 작은 기포가 함유되어 부드러워진다.
③ 쌀가루를 익반죽하면, 전분의 일부가 호화되어 점성이 생겨 반죽이 잘 뭉친다.
④ 반죽할 때 물의 온도가 낮을수록, 치대는 반죽이 매끄럽고 부드러워진다.

TIP 반죽할 때 익반죽하면 치대는 반죽이 매끄럽고 부드러워진다.

정답　18 ③　19 ③　20 ④　21 ①　22 ④

Chapter ❶ 떡 제조 기초이론

23 떡 반죽의 특징으로 틀린 것은?

① 많이 치댈수록 공기가 포함되어 부드러우면서 입 안에서의 감촉이 좋다.
② 많이 치댈수록 글루텐이 많이 형성되어 쫄깃해진다.
③ 익반죽할 때 물의 온도가 높으면 점성이 생겨 반죽이 용이하다.
④ 쑥이나 수리취 등을 섞어 반죽할 때 노화속도가 지연된다.

TIP 글루텐은 밀가루의 단백질 성분이다.

24 떡의 제조과정 설명 중 틀린 것은?

① 송편은 멥쌀가루를 익반죽해서 콩, 깨, 밤, 팥 등의 소를 넣고 빚어서 찐 떡이다.
② 찹쌀가루는 물을 조금만 넣어도 질어지므로 주의해야 한다.
③ 떡을 익반죽 할 때는 미지근한 물을 조금씩 부어가며 쌀가루에 골고루 가도록 섞는다.
④ 단자는 찹쌀가루를 삶거나 쪄서 익혀 꽈리가 일도록 쳐서 고물을 묻힌다.

TIP 익반죽은 뜨거운 물 반죽이다.

25 웃기떡이 아닌 것은?

① 경단   ② 화전   ③ 주악   ④ 시루떡

TIP 웃기떡 : 제사나 행사 시 시루떡이나 설기떡을 먼저 담아 괸 후 그 위에 모양내고 장식하기에 보기 좋은 잔편(작은 크기의 떡). 경단, 잡과편, 화전 주악, 부꾸미 등을 말한다.

2 도구 · 장비 종류 및 용도

01 떡 제조에 필요한 도구가 아닌 것은?

① 떡살   ② 시루   ③ 떡메   ④ 소래기

TIP 소래기 : 굽 없는 접시모양에 넓은 질그릇

02 떡 제조에 사용되는 것에 대한 설명으로 잘못된 것은?

① 필러(peeler) : 호박 껍질 벗기기
② 제병기 스크류 : 떡을 앞으로 밀어내는 역할
③ 떡포장기 : 여러 가지 떡의 모양을 잘 유지해서 포장하는 기계
④ 절구통 날개 : 반죽이 일정하게 절단할 수 있게 도와주는 장치

TIP 절구통 날개는 반죽이 한 덩어리가 되도록 만들어 주는 기계

정답 23 ② 24 ③ 25 ④   01 ④ 02 ④

03 제병용 기계 기구 설비의 기본원칙 중에서 가장 거리가 먼 것은?

① 경제적일 것
② 위생적이고 효율적인 설비일 것
③ 신용본위로 제품에 사후 A/S가 잘 되는 것
④ 모양이 세련된 것

04 떡을 만들 때 필요한 도구가 아닌 것은?

① 조리   ② 시루   ③ 떡살   ④ 거품기

05 쌀가루를 넣고 반죽하는 기계로, 인절미, 송편 반죽시 사용하는 장비는?

① 방아기계   ② 펀칭기   ③ 제병기   ④ 교반기

> **TIP** 방아기계 : 빻은 기계
> 제병기 : 가래떡, 절편 뽑을 때 사용하는 기계
> 교반기 : 재료를 섞어 주는 기계

06 떡을 만드는 가루를 내리는 체 중에서 가장 굵은 체는?

① 어레미   ② 깁체   ③ 중간체   ④ 겹체

> **TIP** 체의 굵은 순서 : 어레미 > 중간체 > 깁체

07 떡살의 문양 중 길상무늬가 아닌 것은?

① 연꽃   ② 용   ③ 봉황   ④ 국화

08 안반은 어떤 떡을 만들 때 쓰는 도구인가?

① 삶은 떡   ② 치는 떡   ③ 찌는 떡   ④ 지진 떡

09 병과에 쓰이는 도구 중 어레미에 대한 설명으로 옳은 것은?

① 고운 가루를 내릴 때 사용한다.
② 도드미보다 고운체이다.
③ 팥고물을 내릴 때 사용한다.
④ 약과용 밀가루를 내릴 때 사용한다.

> **TIP** 어레미는 굵은체를 말하며 고물을 내릴 때 사용한다.

정답 03 ④ 04 ④ 05 ② 06 ① 07 ④ 08 ② 09 ③

> Chapter ❶ 떡 제조 기초이론

10 두텁떡을 만드는 데 사용되지 않는 조리도구는?

① 떡살　　② 체　　③ 번철　　④ 시루

> **TIP** 떡살 : 떡의 문양을 찍는 도구 (절편)

11 떡을 만드는 도구에 대한 설명으로 틀린 것은?

① 조리는 쌀을 빻아 쌀가루를 내릴 때 사용한다.
② 맷돌은 곡식을 가루로 만들거나 곡류를 으깨는 기구이다.
③ 맷방석은 멍석보다는 작고 둥글며 곡식을 널 때 사용한다.
④ 어레미는 굵은 체를 말하며 지방에 따라 얼맹이, 얼레미 등으로 불린다.

> **TIP** 조리 : 쌀의 돌이나 불순물을 골라낼 때 사용하는 도구

12 인절미나 절편을 칠 때 사용하는 도구로 옳은 것은?

① 안반, 맷방석　　② 떡메, 쳇다리
③ 안반, 떡메　　④ 쳇다리, 이남박

> **TIP** 안반 : 떡을 칠 때 쓰는 나무 판을 말하며 병안이라고도 한다.
> 떡메 : 찐 쌀을 치는 메. 굵고 짧은 나무토막의 중간에 구멍을 뚫어 긴 자루를 박아 쓴다.
> 이남박 : 용기의 안쪽에 여러 줄로 고랑이 지게 돌려 파서 만든 함지박을 말하며, 쌀을 씻어 일 때에 돌을 가라 앉게 할 때 사용한다.

13 인절미를 칠 때 사용되는 도구가 아닌 것은?

① 절구　　② 안반　　③ 떡메　　④ 떡살

> **TIP** 떡살 : 떡의 문양을 찍는 도구 (절편)

14 다음 도구 중 곡물을 찧거나 빻을 때 쓰는 도구로 틀린 것은?

① 절구　　② 맷돌　　③ 조리　　④ 방아

> **TIP** 조리 : 쌀에 돌이 있는 경우 돌을 골라내기 위한 기구

15 다음 중에서 체가 가장 고운 것?

① 어레미　　② 깁체　　③ 고물체　　④ 도드미

> **TIP** 어레미의 다른 이름 : 얼맹이, 얼레미, 굵은 체, 고물체
> 체의 굵은 순서 : 어레미 〉 도드미 〉 깁체

정답　10 ①　11 ①　12 ③　13 ④　14 ③　15 ②

16 치는 떡을 만들 때 사용하는 도구가 아닌 것은?

① 떡판   ② 떡메   ③ 떡살   ④ 동구리

TIP 동구리 : 대나무 줄기나 버들가지를 촘촘히 엮어서 만든 상자. 음식을 담아 나를 때 사용한다.

17 어레미에 대한 설명으로 적당한 것은?

① 고운 가루를 내릴 때 사용한다.
② 콩 껍질을 분리하거나 팥고물을 내릴 때 사용한다.
③ 나일론으로 올을 곱게 짜서 술 등을 거를 때 사용한다.
④ 깁체라고도 한다.

TIP 깁체 : 명주실로 짜며 고운 가루를 내릴 때 사용한다.
체의 굵은 순서 : 어레미 > 도드미 > 깁체

18 시루에서 쪄낸 떡을 원하는 모양틀에 꽂은 후, 다양한 모양의 떡을 뽑아낼 수 있게 만든 기구는?

① 성형기   ② 증편기   ③ 떡살   ④ 제병기

TIP 떡살 : 떡의 문양을 찍는 도구 (절편)

정답 16 ④ 17 ② 18 ④

Chapter ❷ 떡류 만들기

01. 재료준비

1 재료 계량

01 재료의 계량에 대한 설명으로 틀린 것은?

① 액체 재료 부피계량은 투명한 재질로 만들어진 계량컵을 사용하는 것이 좋다.
② 계량단위 1큰술의 부피는 15mL 정도이다.
③ 저울을 사용할 때 편평한 곳에서 0점(zero point)을 맞춘 후 사용한다.
④ 고체지방 재료의 부피계량은 계량컵에 잘게 잘라 담아 계량한다.

> **TIP** 고체지방 재료의 부피계량은 계량컵에 꼭꼭 눌러서 계량한다.

02 다음 중 일정한도 내에서 일시구입을 원칙으로 하는 식품인 것은?

① 난류(卵類)
② 과실류
③ 곡류
④ 인삼류

> **TIP** 부패성이 적은 곡류는 일시구입이나 대량 구입하는 것이 좋다.

03 계량컵과 계량스푼 사용 중 잘못 계량된 것은?

① 계량컵 : 250cc
② 1T.s : 15cc
③ 1t.s : 5cc
④ 1C : 13⅓큰술

> **TIP** 1C = 200cc

04 다음 계량이 잘못 표시된 것은?

① 쌀 1가마 : 80kg
② 쌀 1말 : 16kg
③ 쌀 1되 : 1.6kg
④ 쌀 1가마니 : 100kg

> **TIP** 쌀 1가마 = 80kg

정답 01 ④ 02 ③ 03 ① 04 ④

05 식품의 계량방법으로 잘못된 것은?

① 흑설탕을 수북히 담아서 윗면을 깎아 계량한다.
② 기름 같은 액체는 눈금이 있는 액체 계량컵으로 계량한다.
③ 쌀가루는 체에 친 후 수북하게 담아 윗면을 깎아 계량한다.
④ 버터나 마가린은 부피보다 무게 측정이 정확하다.

> **TIP** 흑설탕은 덩어리져 있어서 계량할 때 계량컵이나 계량스푼에 꾹꾹 눌러 담아 계량한다.

06 제조과정과 떡 종류의 연결이 맞는 것은?

① 삶는 떡 : 팥고물 시루떡, 콩찰떡
② 지지는 떡 : 송편, 약밥
③ 치는 떡 : 인절미, 가래떡
④ 찌는 떡 : 경단, 주악

2 전처리

01 다음은 떡에 쓰이는 재료들의 손질방법을 설명한 것이다. 좋지 않은 것은?

① 호두껍질을 벗길 때 소금을 뿌린 뒤 벗기면 용이하다.
② 마른 호박은 미지근한 물에서 불린다.
③ 건표고버섯은 더운물에 담갔다가 꼭지를 떼고 주름 부분은 소금으로 살짝 씻어주면 좋다.
④ 쑥은 데친 후 냉수에 헹군다.

> **TIP** 호두껍질을 벗길 경우 미지근한 설탕물을 사용하는 것이 좋다.

02 다음은 쌀의 조직이 느슨해져서 떡의 맛이 더 좋아지는 정도의 쌀 불리기 시간이다. 맞는 것은?

① 8시간   ② 5시간   ③ 3시간   ④ 2시간

> **TIP** 쌀은 2시간 정도 불리면 수분을 충분히 머금지만, 8시간 정도 불리면 조직이 느슨해져서 떡 맛이 더욱 좋아진다.

03 멥쌀을 씻어 5시간 불린다면 건진 후 수분흡수율은?

① 10~20%   ② 20~30%   ③ 30~40%   ④ 40~50%

> **TIP** 쌀 씻어 충분히 불리면 20~30% 수분을 흡수한다.

정답 05 ① 06 ③   01 ① 02 ① 03 ②

Chapter ❷ 떡류 만들기

04 쑥을 1년 내내 보관하려 할 때 색감을 유지하기 위한 방법은?

① 어린 생쑥을 그대로 냉동시켜 그때그때 쓴다.
② 식초 물에 삶아낸다.
③ 식소다 물에 삶아낸다.
④ 뚜껑을 덮고 삶아 꺼내서 얼른 얼음물에 헹군다.

> **TIP** 쑥을 삶을 때 식소다(약알카리성)를 넣으면 쑥의 클로로필 색소는 녹색이 선명해지기는 하지만 비타민이 파괴될 수 있다.

05 쌀을 여러번 으깨어 씻을 때 손실이 가장 큰 배아의 영양소는?

① 비타민 A   ② 비타민 B   ③ 비타민 D   ④ 비타민 E

> **TIP** 쌀의 배아 부분에 함유된 비타민 B_1이 파괴될 수 있다.

06 고물 만드는 방법으로 틀린 것은?

① 거피팥고물은 각종 편, 단자, 송편 소 등으로 쓰인다.
② 밤고물은 밤을 삶아 겉껍질과 속껍질을 벗긴 후 소금을 넣고 빻아 체에 내려 사용한다.
③ 녹두고물은 푸른 녹두를 맷돌에 타서 불려 삶아 사용한다.
④ 붉은 팥고물은 익힌 팥에 소금을 넣고 절구방망이로 빻아 사용한다.

> **TIP** 녹두를 물에 불려서 여러 번 씻으며 문질러서 껍질을 제거 후 삶는다.

07 팥을 삶을 때 첫 물을 버리는 이유는?

① 설사를 일으킬 수 있는 성분을 제거하기 위해
② 일정한 당도를 유지하기 위해
③ 색의 농도를 조절하기 위해
④ 비린 맛을 제거하여 풍미를 돋우기 위해

08 떡에 사용하는 재료의 전처리 설명이 틀린 것은?

① 쑥은 잎만 데쳐서 쓸만큼 싸서 냉동한다.
② 대추고는 대추의 주름을 솔로 문질러 씻은 후, 물을 넉넉히 넣고 푹 삶아서 체에 내려 과육만 거른다.
③ 오미자는 더운물에 우려 각종 색을 낼 때 사용한다.
④ 호박고지는 물에 불려 물기를 꼭 짜서 사용한다.

> **TIP** 오미자는 찬물에 우려낸다.

정답   04 ③   05 ②   06 ③   07 ①   08 ③

09 다음은 떡에 자주 쓰이는 가루에 대한 설명이다. 무슨 가루에 대한 설명인가?

- 가을에 가장 맛이 좋고 열매가 튼실하다.
- 물에 넉넉히 불려서 우린다.
- 떫은맛이 없어질 때까지 물을 자주 갈아 맷돌에 곱게 갈아 가만히 가라 앉힌다.
- 윗물만 따르고 밑에 가라앉은 앙금만 베보자기에 쏟아서 얇게 편 후 햇볕에 놓아 말린다.

① 도토리가루 ② 수수가루 ③ 청포가루 ④ 계피가루

10 쌀가루를 체에 칠 때 사용하는 체의 단위는?

① mesh ② mg ③ kg ④ ml

> **TIP** mg, kg 등은 무게를 잴 때 사용하며, ml는 부피를 잴 때 사용하는 단위이다.
> mesh : 체 눈의 크기를 나타내는 단위로, 한 변이 1인치인 정사각형 속에 포함된 그물 눈의 갯수를 말한다.

11 쌀가루를 체 치는 이유로 적합하지 않은 것은?

① 쌀가루를 체에 치면 공기가 혼입되는 것을 막을 수 있다.
② 혼합된 물질의 균일한 색상과 맛을 내기 위해 한다.
③ 분쇄되지 않은 큰 입자의 쌀가루를 선별할 수 있다.
④ 떡을 찔 때 시루 내부의 쌀가루 사이로 증기가 잘 통과하여 떡이 잘 익도록 한다.

> **TIP** 쌀가루를 체에 치면 공기가 혼입되어 부피감이 생겨 떡이 부드러워질 수 있다.

12 쌀을 불리는 특징으로 맞지 않는 것은?

① 찹쌀의 최대 수분 흡수율은 37~40%이다.
② 멥쌀의 최대 수분 흡수율은 25%이다.
③ 쌀을 불릴 때, 여름철에는 3~4시간, 겨울철에는 7~8시간 불리는 것이 일반적인데, 종류에 따라 12~24시간을 불리기도 한다.
④ 찹쌀은 물에 불리기 전보다 불린 후 무게가 2배 정도 된다.

> **TIP**
> - 찹쌀은 물에 불리기 전보다 물에 불린 후의 무게가 1.4배 정도가 된다.
> - 흑미와 현미는 왕겨만 벗겨낸 쌀이므로 단단하여 12~24시간 정도 불려서 사용한다.

정답 09 ① 10 ① 11 ① 12 ④

Chapter 2 떡류 만들기

13 콩류의 재료 전처리 방법으로 적합하지 않은 것은?

① 콩류는 조리할 때 시간이 오래 걸리므로 반드시 가열 전에 수침 과정을 거쳐야 한다.
② 압력 조리 시 거품이 과량 발생할 수 있는데 약간의 기름을 물에 가하여 거품의 발생을 줄일 수 있다.
③ 콩을 물에 불리는 이유는 콩류에 함유된 탄닌, 사포닌 등 불순물을 제거하기 위함이다.
④ 콩을 분쇄기에 갈아 곱게 가루 내어 3~4시간 불린다.

TIP 콩을 불린 후 분쇄해야 한다.

14 떡을 만드는 재료의 전처리 방법으로 바르지 않은 것은?

① 멥쌀은 씻어 불린 후 체에 밭쳐 30분 정도 물기를 뺀다.
② 현미나 흑미는 멥쌀이나 찹쌀보다 더 오랜 시간 불려야 한다.
③ 잣은 고깔을 떼어내고 칼날로 곱게 다져 기름을 빼고 사용한다.
④ 붉은 팥고물을 만들 때는 팥을 물에 충분히 불린 후에 삶는다.

TIP 붉은 팥으로 팥고물을 만들 때는 붉은 색을 유지하기 위해 팥을 물에 불려서 삶지 않고 깨끗이 씻어서 바로 삶는다.

15 떡을 만들 때 쌀 불리기에 대한 설명으로 틀린 것은?

① 쌀은 물의 온도가 높을수록 물을 빨리 흡수한다.
② 쌀의 수침 시간이 증가하면 호화 개시 온도가 낮아진다.
③ 쌀의 수침 시간이 증가하면 조직이 연화되어 입자의 결합력이 증가한다.
④ 쌀의 수침 시간이 증가하면 수분함량이 많아져 호화가 잘 된다.

TIP 쌀의 수침시간이 길어지면 물을 많이 흡수하여, 낮은 온도에서 호화가 시작하며, 호화가 잘 된다.

16 떡 재료의 전처리 방법으로 적당한 것은?

① 치자 : 가볍게 씻은 후 치자 1개에 1/2 컵 정도의 물을 넣어 담근다.
② 서리태 : 물에 가볍게 헹군후 바로 끓는 물에 15분 정도 삶는다.
③ 팥 : 물에 오랫동안 불린 후 물에 30분 정도 삶는다.
④ 거피 녹두 : 물에 잠깐 불린 후 찜기에 찐 후 껍질을 벗겨 낸다.

TIP 거피 녹두 : 6시간 이상 물에 불린 후 껍질을 벗겨낸 후 찜기에 찐다.
팥 : 깨끗하게 씻어 처음 삶은 물은 버리고, 두 번째 물부터 30분 정도 삶아낸다.
오미자 : 찬물에 우려 낸다.

정답 13 ④ 14 ④ 15 ③ 16 ①

17 쑥떡을 만들 때 쑥의 전처리 방법 중 잘못된 것은?

① 쑥을 다듬은 후 잎 부분만 씻어서 데친다.
② 쑥을 데칠 때는 끓는 물에 소금을 넣고 데친다.
③ 쑥을 데칠 때에는 뚜껑을 닫고 빠른 시간에 데쳐 낸다.
④ 쑥을 데친 후에는 찬물에 데쳐야 녹색이 선명해진다.

> **TIP** 끓는 물에 소금 넣고 뚜껑 열고 데친 후 찬물에 헹구어 물기를 제거 후 소분하여 급속 냉동 한다.

18 떡의 제조 원리 중 소금을 넣는 과정은?

① 쌀 불리기 ② 쌀가루 분쇄하기 ③ 찌기 ④ 치기

> **TIP** 물을 뺀 쌀을 방아에 넣고 분쇄할 때 소금을 함께 넣는다.

02. 떡류 만들기

1 설기떡

01 쌀가루로만 만든 떡은?

① 당귀병 ② 백설기 ③ 잡과병 ④ 감설기

> **TIP** **당귀병** : 당귀잎을 말려서 빻아 만든 가루 + 멥쌀가루 + 꿀물
> **잡과병** : 찹쌀가루 반죽 + 밤, 대추를 채썰어서 얹은 것
> **감설기** : 감즙 + 꿀

02 시루에 곡물가루를 안쳐서 솥 위에 얹어 증기로 쪄낸 떡은?

① 단자 ② 부꾸미 ③ 주악 ④ 시루떡

03 다음 중 시루떡이 아닌 것은?

① 콩설기 ② 잡과병 ③ 개피떡 ④ 당귀병

> **TIP** **개피떡** : 멥쌀가루로 반죽 하여 익힌 후, 콩고물이나 팥고물로 소를 넣고 반달 모양으로 만든 떡 (바람떡)

04 백일이나 돌에 아기가 건강하게 잘 자라라고 기원하는 떡은?

① 쑥설기 ② 콩설기 ③ 백설기 ④ 밤설기

Chapter ❷ 떡류 만들기

05 백설기 제조공정에 대한 설명이다. 잘못 기술한 것은?

① 쌀은 깨끗이 씻어 6시간 이상 충분히 불려서 소금을 넣고 빻아서 고운 체에 내린다.
② 설탕물을 쌀가루에 골고루 뿌려서 비벼 고운 체에 내린다.
③ 시루나 찜기에 시루밑을 깔고 떡가루를 고루 펴서 평평하게 하고 면보를 덮고 불에 올려 찐다.
④ 시루 위에서 김이 오르면 뚜껑을 덮어 약 1시간 정도 찐다.

> **TIP** 시루에서 김이 오르면 면보에 싼 뚜껑을 덮은 후 약 20~30분 정도 찐 후, 불을 끄거나 약한 불에서 약 5분간 뜸들인다.

06 수증기를 이용하여 멥쌀가루를 호화시키는 떡은?

① 백설기　② 화전　③ 부꾸미　④ 경단

> **TIP** **백설기** : 수증기로 찐 떡
> **화전, 부꾸미** : 기름에 지진 떡
> **경단** : 물에 삶은 떡

07 켜 없이 쌀가루로만 만든 떡을 무엇이라 하는가?

① 켜떡　② 설기떡　③ 지지는 떡　④ 치는 떡

> **TIP** **설기떡** : 켜 없이 쌀가루만 찌거나 다른 재료를 섞거나 (호박 설기) 위에 얹어 (콩설기) 찐 떡

08 켜떡류가 아닌 것은?

① 팥고물 시루떡　② 콩설기　③ 석탄병　④ 느티떡

> **TIP** 콩설기는 켜 없이 찌는 무리떡이다.

09 설기떡의 종류가 아닌 것은?

① 백설기　② 콩설기　③ 약밥　④ 무지개떡

> **TIP** **약밥** : 찹쌀로 밥을 지어 밤, 대추 넣고 황설탕, 진간장, 계피가루 섞어 한 번 더 찐 것

10 설기떡에 대한 설명으로 틀린 것은?

① 고물 없이 한 덩어리가 되도록 찌는 떡이다.
② 콩, 쑥, 밤, 대추, 과일 등 부재료가 들어가기도 한다.
③ 콩떡, 팥시루떡, 쑥떡, 호박떡, 무지개떡이 있다.
④ 무리병이라고도 한다.

> **TIP** 팥 시루떡, 호박떡은 켜떡이다.

정답 05 ④　06 ①　07 ②　08 ②　09 ③　10 ③

11 백설기를 만드는 방법으로 틀린 것은?

① 멥쌀을 충분히 불려 물기를 빼고 소금을 넣어 곱게 빻는다.
② 쌀가루에 물을 주어 잘 비빈 후 중간체에 내려 설탕을 넣고 고루 섞는다.
③ 찜기에 시루밑을 깔고 체에 내린 쌀가루를 꾹꾹 눌러 안친다.
④ 물솥 위에 찜기를 올리고 15~20분간 찐 후 약한 불에서 5분간 뜸을 들인다.

TIP 찜기에 시루밑을 깔고 체에 내린 쌀가루를 살살 펴서 안친다.

12 설기 제조에 대한 일반적인 과정으로 옳은 것은?

① 멥쌀은 깨끗하게 씻어 8~12시간 정도 불려서 사용한다.
② 쌀가루는 물기가 있는 상태에서 굵은 체에 내린다.
③ 찜기에 준비된 재료를 올려 약한 불에서 바로 찐다.
④ 불을 끄고 20분 정도 뜸을 들인 후 그릇에 담는다.

13 다음 떡의 종류 중 설기떡은?

① 무시루떡   ② 유자단자   ③ 송편   ④ 잡과병

TIP 잡과병 : 찹쌀 반죽을 익혀서 대추채, 밤채를 묻힌 것

2 켜떡류

01 켜떡류의 가장 대표적인 떡은?

① 붉은팥 시루떡   ② 대추 시루떡   ③ 상추떡   ④ 물호박떡

TIP 켜떡은 멥쌀가루나 찹쌀가루를 한켜 시루에 깔고 팥고물이나 녹두고물, 깨고물을 만들어 한 켜씩 깔아서 시루에 찐 떡을 말하는데 찹쌀가루만 찌면 차져서 김이 위에까지 잘 오르지 않아서 멥쌀가루, 찹쌀가루를 번갈아 깔아서 켜떡을 만들어야 한다.

02 켜떡을 만들 때 고물 대신에 쓰는 재료가 아닌 것은?

① 밤채   ② 표고버섯채   ③ 대추채   ④ 석이채

03 켜떡의 종류가 아닌 것은?

① 깨시루떡   ② 녹두시루떡   ③ 경단   ④ 두텁떡

TIP 켜떡 : 팥시루떡, 녹두메 시루떡, 석탄병, 깨시루떡, 두텁떡

11 ③   12 ①   13 ④   01 ①   02 ②   03 ③

Chapter 2 떡류 만들기

04 켜떡류에서 흑임자 시루떡 제조시 부재료인 흑임자의 특성상 흑임자의 사용법이 적합한 것은?

① 흑임자를 쪄서 말려 볶아서 가루를 낸다.
② 흑임자를 볶아서 가루 낸 뒤 한지에 넣어서 기름을 제거하여 사용한다.
③ 흑임자를 볶지 않고 가루를 내어 사용한다.
④ 흑임자를 찜통에 쪄서 건조하여 가루 내어 사용한다.

> **TIP** 흑임자는 지방이 많으므로, 한지를 이용하여 기름을 제거하여 사용한다.

05 켜떡의 켜를 내는 부재료가 아닌 것은?

① 팥   ② 녹두   ③ 건포도   ④ 거피팥

06 다음 중에서 켜떡이 아닌 것은?

① 색떡   ② 각색떡   ③ 시루떡   ④ 찰편

> **TIP** 색떡 : 여러 가지 색으로 물을 들여서 만든 떡 (색병)

07 켜떡을 만드는 방법으로 바르지 않은 것은?

① 켜떡은 쌀가루 사이사이에 고물이 들어가므로 쌀가루에 수분을 주지 않아도 된다.
② 찹쌀을 이용한 켜떡은 멥쌀보다 찌는 시간이 더 필요하다.
③ 켜떡은 멥쌀과 찹쌀로 각각 만들기도 하고, 멥쌀과 찹쌀을 섞어서 만들기도 한다.
④ 설탕대신 설탕을 물에 녹여 설탕물로 수분을 주어도 된다.

> **TIP** 켜떡은 쌀가루에 수분을 주어야 하며 수분이 부족하면 가열 시 잘 익지 않는다.

08 켜떡류가 아닌 것은?

① 녹두편   ② 잡과병   ③ 팥시루떡   ④ 송피병

> **TIP** 송피병 : 멥쌀과 찹쌀가루를 시루에 쪄서 소나무 껍질과 꿀을 섞어 안반에 쳐서 절편을 만든 후 거피한 팥을 묻힌 것
> 잡과병 : 찹쌀 반죽을 익혀서 대추채, 밤채를 묻힌 것

정답 04 ② 05 ③ 06 ① 07 ① 08 ②

3 빚어 찌는 떡류

01 다음 중 빚는 떡이 아닌 것은?

① 개피떡　　② 단자　　③ 경단　　④ 인절미

> **TIP**　개피떡 : 멥쌀가루로 반죽 하여 익힌 후, 콩고물이나 팥고물로 소를 넣고 반달 모양으로 찍어내어 만든 떡 (바람떡)
> 단자 : 찹쌀 반죽 속에 소를 넣고 빚어 꿀을 발라서 고물 묻힌 떡
> 경단 : 찹쌀 반죽을 동그랗게 빚어 물에 삶은 떡
> 인절미 : 찹쌀 반죽을 익힌 후 쳐서 모양을 빚어 고물을 묻힌 떡

02 빚어 찌는 떡류에서 대표적인 것이 송편이다. 송편에 대한 설명이 틀린 것은?

① 송편은 멥쌀가루를 익반죽하여 팥, 밤, 대추, 콩, 깨를 소로 채워 빚어서 시루에 솔잎을 깔고 쪄내어 만든 떡이다.
② 송편반죽은 많이 치댈수록 반죽 중에 기포가 많이 생겨 균일한 망상구조가 되어, 식감과 보존기간이 늘어난다.
③ 송편을 연한 설탕물로 반죽하면 끓는 점이 상승해 전분의 호화가 촉진되고, 설탕의 보습성이 생겨 잘 굳지 않는다.
④ 송편반죽을 익반죽하는 이유는 밀가루처럼 글루텐에 의한 점성이 높으므로, 쌀가루의 일부 전분을 호화시켜 반죽에 끈기를 주기 위함이다.

> **TIP**　쌀은 밀가루에 있는 글루텐이 없으므로 점성이 없다.

03 송편 반죽을 익반죽 하는 이유는?

① 쌀가루를 뜨거운 물로 익반죽하여 쌀의 전분을 호화시켜 반죽에 끈기가 생기도록 만들어 쫄깃한 식감을 주기 위해
② 송편이 빨리 굳어지고 노화되는 것을 방지하기 위해서
③ 송편이 빨리 상해서 쉬지 않도록 하기 위해서
④ 송편의 식감을 부드럽게 하기 위해서

> **TIP**　반죽을 뜨거운 물로 익반죽 하여야 끈기가 있고 식감이 좋아진다.

04 쌀가루를 익반죽하여 소를 넣고 모양을 빚어 찜통에 찌는 떡으로 맞는 것은?

① 경단　　② 단자　　③ 가래떡　　④ 송편

> **TIP**　송편 : 쌀가루를 익반죽하여 소를 넣고 모양 빚어 찐 후 찬물에 씻어 참기름을 바른다.

정답　01 ①　02 ④　03 ①　04 ④

Chapter 2 떡류 만들기

05 단자를 만드는 방법으로 바르지 않은 것은?

① 찹쌀가루를 찔 때 젖은 면보나 시루밑을 깔아야만 떡이 잘 달라붙지 않는다.
② 밤단자에 사용하는 삶은 밤은 ⅕은 소로 나머지는 고물로 사용한다.
③ 찹쌀가루에 멥쌀가루를 많이 섞어서 쪄야 모양을 잡는 데 더 좋다.
④ 단자에 소를 넣고 겉에 꿀을 묻히면 고물이 잘 묻는다.

> **TIP** 단자는 멥쌀가루를 섞지 않고 찹쌀가루로만 만든다.

06 찹쌀가루를 반죽하여 쪄서 스텐볼에 넣고 꽈리가 일도록 쳐서 소를 넣고 고물을 묻힌 떡은?

① 단자　② 화전　③ 경단　④ 설기떡

07 고물을 만드는 방법으로 옳지 않은 것은?

① 깨고물은 깨를 볶을 때 콩과 함께 볶아 콩알이 터지면 잘 익은 것이다.
② 녹두고물은 통으로 쓸 경우는 찐 녹두 그대로 사용하고, 고운 녹두고물로 쓸 경우, 찐 녹두를 찧어서 체에 내려 사용한다.
③ 거피팥 고물을 만들 때 거피팥은 8시간 이상 물에 불려 껍질을 벗겨 낸 후 찐다.
④ 붉은팥 고물의 팥은 거피팥과 같이 물에 불려 사용한다.

> **TIP** 붉은 팥을 물에 오랫동안 불리면 붉은색이 많이 빠져나가서 색이 곱지 않으므로 물에 불리지 않고 바로 삶아서 사용한다.

08 찌는 떡이 아닌 것은?

① 느티떡　② 혼돈병　③ 골무떡　④ 신과병

> **TIP** 골무떡 : 멥쌀가루로 만든 작은 절편. 가래떡과 방법은 유사하나 골무처럼 작다하여 골무떡이라 한다.
> 혼돈병 : 거피 팥가루 볶은 것에 계피 가루를 섞어 맨 밑에 깔고 떡가루를 얹은 후, 밤소 → 떡가루 → 대추채, 밤채, 통잣 → 거피 팥고물 반복 얹어 기루에 찐 것(두텁떡과 유사)
> 신과병 : 멥쌀가루에 대추, 단감 → 녹두가루 얹어 찐 것

4 약밥

01 약밥(약식)은 어느 때 주로 만들었는가?

① 회갑　② 정월 대보름　③ 혼례식　④ 백일

> **TIP** 약밥은 약식이라고도 하는데 3시간 정도 찹쌀을 불려서 쪄낸 후 참기름, 황설탕, 간장, 계피가루, 대추씨를 삶아 거른 물, 꿀, 캐러멜 소스를 넣어 버무린 후, 대추, 밤, 잣을 넣어 다시 버무려서 찜통에 넣고 쪄낸 것을 말한다.

정답　05 ③　06 ①　07 ④　08 ③　　　　01 ②

02 약밥을 만들 때 불린 찹쌀을 찜통에 베보자기를 깔고 1시간 정도 찌다가 도중에 무엇을 끼얹어 나무주걱으로 고루 뒤적여 주어야 하는 것은?

① 참기름 1T.s   ② 식용유 1T.s   ③ 소금물   ④ 설탕물

03 다음 중 약밥에 들어가는 재료가 아닌 것은?

① 잣가루   ② 계피가루   ③ 대추씨 삶아서 걸러낸 물   ④ 캐러멜 소스

> **TIP** 약밥에 들어가는 재료 : 계피가루, 대추씨 삶아낸 물, 대추 다지거나 썰은 것, 통잣 또는 비늘 잣 (가루 아님), 캐러멜 소스, 진간장, 황설탕, 참기름

04 약밥을 만들 때의 설명이 부적절한 것은?

① 1차 쪄낸 약밥을 간장과 양념을 비빌 때 한쪽에 치우쳐 얼룩지지 않게 골고루 비빈다.
② 찜통에 1시간 정도 찌면 김이 나기 시작하는데 이때 소금물을 끼얹으면 맛이 좋아지지만 설익게 된다.
③ 약식은 중탕을 하지 않고 찜통에 직접 쪄도 좋은데 찔때에는 1시간 정도가 적합하다.
④ 참기름은 향미나 약식표면에 윤기름 코팅하기 위해서라도 마지막에 넣는 것이 훨씬 유익하다.

> **TIP** 찹쌀은 1차 40분 정도 찌고, 소금물을 끼얹은 후 아래로 뒤집어 준 후, 20분 정도 찌면 잘 익으며 맛이 더 좋아진다.

05 약밥에 넣을 캐러멜 소스를 만드는데 마지막 과정에서 진한 갈색이 나면 불을 끄고 무엇을 넣고 섞어 주어야 하는 것은?

① 녹말물   ② 찬물 6큰술   ③ 식용유 1큰술   ④ 식용유 6큰술

> **TIP** 캐러멜소스는 냄비에 설탕 5큰술을 잘 펴서 깔고 냄비 둘레에 식용유 1큰술을 두르고 중불에 올려 젓지않고 끓으면 거품이 나면서 가장자리가 녹으면 약불로 줄여서 나무주걱으로 고루 젓는다. 진한 갈색이 나면 불을 끄고 녹말 1큰술에 물 1큰술을 넣어 녹말물을 만들어 넣어 저으면서 농도를 맞춘다.

06 약밥에 대해 설명하는 것으로 바르지 않은 것은?

① 우리나라 말에 꿀을 '藥'이라 하기 때문에 꿀을 넣어 만들어 약식이라 불렀다.
② 약밥의 주재료를 찹쌀이며 부재료는 밤, 대추, 잣 등을 넣는다.
③ 찹쌀은 깨끗이 씻어 3시간 정도 불린 후 건져서 30분 정도 물기를 뺀 다음 찜기에 찐다.
④ 약식재료를 모두 넣고 찔 때는 센불에서 30분 정도만 중탕하면 된다.

> **TIP** 약밥은 적어도 1시간 이상을 중탕으로 쪄야 한다.

정답 02 ③ 03 ① 04 ② 05 ① 06 ④

Chapter ❷ 떡류 만들기

07 전통적인 약밥을 만드는 과정에 대한 설명으로 틀린 것은?

① 간장과 양념이 한쪽에 치우쳐서 얼룩지지 않도록 골고루 버무린다.
② 불린 찹쌀에 부재료와 간장, 설탕, 참기름 등을 한꺼번에 넣고 쪄낸다.
③ 찹쌀을 불려서 1차로 찔 때 충분히 쪄야 간과 색이 잘 배인다.
④ 양념한 밥을 오래 중탕하여 진한 갈색이 나도록 한다.

> **TIP** 1차 찔 때에는 찹쌀만 먼저 찌고, 간장 참기름 설탕은 2차 찔 때 넣는다.

08 정월 대보름의 절식으로 꿀과 밤, 대추, 잣을 넣고 간장과 참기름을 넣어 찐 떡류는?

① 증편   ② 약밥(약식)   ③ 인절미   ④ 가래떡

09 전통음식에서 '약(藥)'자가 들어가는 음식의 의미로 틀린 것은?

① 꿀과 참기름 등을 많이 넣은 음식에 약(藥)자를 붙였다.
② 몸에 이로운 음식이라는 개념을 함께 지니고 있다.
③ 꿀을 넣은 과자와 밥을 각각 약과(藥果)와 약식(藥食)이라 하였다.
④ 한약재를 넣어 몸에 이롭게 만든 음식만을 의미한다.

> **TIP** 한약재와는 상관 없다.

10 약식의 양념(캐러멜 소스) 제조 과정에 대한 설명으로 틀린 것은?

① 설탕과 물을 넣어 끓인다.
② 끓일 때 젓지 않는다.
③ 설탕이 갈색으로 변하면 불을 끄고 물엿을 혼합한다.
④ 캐러멜소스는 130℃에서 갈색이 된다.

> **TIP** 캐러멜소스는 160℃에서 갈색이 되고 180℃에서는 타기 시작한다.

11 약식에 주로 사용하는 재료로 틀린 것은?

① 늙은 호박   ② 참기름   ③ 대추   ④ 간장

> **TIP** 찹쌀, 대추, 잣, 계피, 진간장, 황설탕, 참기름

정답 07 ② 08 ② 09 ④ 10 ④ 11 ①

5 인절미

01 8시간 이상 불린 찹쌀을 찜통에서 쪄서 중간에 소금물을 끼얹어 찐 후 절구나 안반에서 오래도록 친다. 적당한 크기로 썰어서 콩고물이나 팥고물을 묻힌 떡은?

① 흰떡 ② 인절미 ③ 절편 ④ 경단

02 인절미에 쓰지 않는 재료는?

① 쑥 ② 거피팥 ③ 흑임자 가루 ④ 은행

03 냉동 쑥을 이용하여 쑥 인절미 제조과정이다. 쑥 인절미를 가장 쫄깃한 식감을 주려한다. 쑥을 어느 때에 첨가해야 하는가?

① 찹쌀가루와 쑥을 처음부터 같이 섞어서 시루에 찐다.
② 쌀가루를 방아에 내릴 때 같이 넣어야 좋다.
③ 냉동쑥을 찜솥에서 쪄내어 떡을 칠 때에 넣는다.
④ 냉동쑥을 먼저 찌고 나중에 쌀가루를 얹어 찐다.

04 찹쌀을 밥처럼 쪄서 안반이나 절구에 담고 떡메로 쳐서 고물을 묻힌 떡은?

① 인절미 ② 가래떡 ③ 절편 ④ 경단

05 인절미의 고물로 쓰이지 않는 재료는?

① 흑임자 가루 ② 콩가루 ③ 대추 다진 것 ④ 빵가루

> **TIP** 5색 인절미를 할 때는 5색 고물로 노란콩가루, 파란콩가루, 흑임자가루, 녹두고물, 붉은팥고물, 거피팥고물 등을 사용한다.

06 치는 떡의 표기로 옳은 것은?

① 증병(甑餅) ② 도병(搗餅) ③ 유병(油餅) ④ 전병(煎餅)

> **TIP** **증병** : 찌는 떡
> **유병** : 기름에 지지는 떡
> **전병** : 둥글 넓적하게 부친 것

07 치는 떡이 아닌 것은?

① 꽃절편 ② 인절미 ③ 개피떡 ④ 쑥개떡

> **TIP** 쑥개떡 : 찌는 떡

정답 01 ②　02 ④　03 ③　04 ①　05 ③　06 ②　07 ④

Chapter ❷ 떡류 만들기

08 인절미를 뜻하는 단어로 틀린 것은?

① 인병　　② 은절병　　③ 절병　　④ 인절병

TIP 절병 : 떡살로 눌러 모나게 하거나 둥글게 만든 떡

09 인절미 제조 방법에 대해 잘못된 것은?

① 찰떡을 찐 후 방망이로 치댄다.
② 찹쌀가루를 담아 30~40분 정도 찐 다음 5분 정도 뜸을 들여준다.
③ 치댄 찰떡을 넓게 펴서 차가운 곳에 두면 성형하기가 용이하다.
④ 찔 때 실리콘을 펴고 그 위에 설탕을 골고루 뿌려준다.

TIP 찹쌀떡은 찐 후 뜸 들이지 않는다.

6 가래떡류

01 가는 원통형 막대모양으로 만든 떡은?

① 절편　　② 개피떡　　③ 가래떡　　④ 인절미

TIP 가래떡은 멥쌀을 12시간 정도 불렸다가 소금을 넣고 빻아 체에 내려 가루를 만들어서 물을 뿌려 손으로 비빈 후 체에 다시 내린다. 시루에 쪄서 절구에 오래 친다. 친 떡을 안반에 놓고 길게 비벼서 막대모양을 만든다.

02 다음 중 가래떡류가 아닌 것은?

① 흰떡　　② 절편　　③ 화전　　④ 개피떡

TIP 화전 : 찹쌀가루로 반죽하여 기름에 지진 떡

03 쑥가래떡 제조 시 쌀 1kg에 넣은 삶은 쑥의 분량은?

① 100g　　② 200g　　③ 300g　　④ 400g

TIP 쑥가래떡에는 쌀 분량의 10% 정도의 쑥을 넣는다.

04 가래떡은 어떤 종류의 떡인가?

① 지지는 떡　　② 쪄서 치는 떡　　③ 빚어 찌는 떡　　④ 삶는 떡

TIP 가래떡, 절편은 멥쌀가루를 쪄서 친다.

05 흰떡(白餅)이라고도 불리며 설날 떡국을 만들어 먹는 떡은?

① 쑥떡　　② 백설기　　③ 인절미　　④ 가래떡

정답　08 ③　09 ②　　　　　　01 ③　02 ③　03 ①　04 ②　05 ④

06 가래떡류의 떡이 아닌 것은?

① 조랭이떡　　② 떡국떡　　③ 송편　　④ 절편

TIP 가래떡류에는 떡국떡, 떡볶이떡, 조랭이떡, 절편이 있다.

07 가래떡을 만드는 방법으로 바르지 않은 것은?

① 가래떡은 쌀가루, 물, 소금만을 넣어서 만든다.
② 가래떡은 치는 떡의 한 종류로 찹쌀을 사용하여 만든다.
③ 가래떡을 만들어 하루 정도 말려 동그랗게 썰면 떡국용 떡이 된다.
④ 쪄낸 떡은 스텐볼이나 절구에 넣고 하나로 뭉쳐지도록 쳐서 길게 반대기를 만든다.

TIP 가래떡은 멥쌀가루로 만든다.

08 가래떡 제조과정의 순서로 옳은 것은?

① 쌀가루 만들기 - 안쳐 찌기 - 용도에 맞게 자르기 - 성형하기
② 쌀가루 만들기 - 소 만들어 넣기 - 안쳐 찌기 - 성형하기
③ 쌀가루 만들기 - 익반죽하기 - 성형하기 - 안쳐 찌기
④ 쌀가루 만들기 - 안쳐 찌기 - 성형하기 - 용도에 맞게 자르기

09 가래떡에 대한 설명으로 틀린 것은?

① 가래떡을 하루 정도 말려 동그랗게 썰면 떡국용 떡이 된다.
② 가래떡은 치는 떡의 일종으로 멥쌀가루를 사용한다.
③ 가래떡은 길게 밀어서 만든 떡으로 백국이라고도 한다.
④ 가래떡은 멥쌀, 소금, 물을 넣어서 만든다

TIP 백국 : 밀가루에 찹쌀가루를 더 넣어 빚은 누룩을 말하며 고급 약주를 빚을 때 사용한다.

10 가래떡에 대한 설명으로 틀린 것은?

① 정월에 엽전 모양으로 썰어 떡국을 끓인다.
② 찹쌀가루를 쳐서 친 떡으로 도병이다.
③ 다른 말로 흰떡, 백병이라고도 한다.
④ 권모라고도 하며, 떡찜, 떡볶이 등을 만든다.

TIP 도병 : 떡을 찧어 끈기가 나게 한 떡
가래떡은 멥쌀가루로 만든다.

06 ③　07 ②　08 ④　09 ③　10 ②

Chapter ❷ 떡류 만들기

7 찌는 찰떡류

01 찌는 찰떡의 종류가 아닌 것은?
① 쇠머리떡   ② 구름떡   ③ 녹두 찰편   ④ 개피떡

02 쇠머리찰떡을 만드는 방법으로 바르지 않은 것은?
① 쇠머리찰떡은 충청도의 향토떡이다.
② 불린 서리태는 찌거나 삶아서 소금을 조금 뿌려 사용한다.
③ 찹쌀가루에 준비된 밤, 대추, 콩 등은 섞어서 콩가루를 켜켜이 넣고 찐다.
④ 쪄낸 찰떡은 냉동고에 살짝 얼렸다가 편으로 잘라낸다.

> **TIP** 쇠머리찰떡은 황설탕이나 흑설탕을 켜켜이 넣고 찐다. (콩가루 X)

03 찰떡류 제조에 대한 설명으로 옳은 것은?
① 불린 찹쌀을 여러 번 빻아 찹쌀가루를 곱게 준비한다.
② 쇠머리떡은 살짝 얼린 후 굳혀서 썰면 잘 썰어 진다.
③ 찰떡은 멥쌀떡에 비해 찔 때 소요되는 시간이 짧다.
④ 팥은 1시간 정도 불려 설탕과 소금을 섞어 사용한다.

> **TIP** 쇠머리떡은 쪄낸 후, 식혀서 성형하면 편하다.

04 찌는 찰떡 중 나머지 셋과 성형 방법이 다른 것은?
① 찹쌀떡   ② 쇠머리떡   ③ 동부찰편   ④ 콩찰편

> **TIP** 찹쌀떡 : 찰떡을 동그랗게 만든 후, 팥앙금 소를 넣어 빚는다.

05 쇠머리찰떡의 설명으로 맞는 것은?
① 쇠머리 고기를 넣고 만든 음식이다.
② 모두배기 또는 모듬백이떡이라고 불린다.
③ 멥쌀가루 검정콩 등을 넣고 만든 떡이다.
④ 전라도에서 즐겨 먹는 떡이다.

> **TIP** 충청도 지역의 곡창지대에서 풍부한 곡류를 구할 수 있어서 콩, 밤, 대추, 팥 등을 찹쌀가루에 섞어 찐다.
> 약간 굳었을 때 쇠머리 편육처럼 썰어 구워 먹으면 더욱 맛이 좋다.

정답 01 ④   02 ③   03 ②   04 ①   05 ②

8 지지는 떡류

01 지지는 떡의 종류가 아닌 것은?

① 주악　　② 증편　　③ 화전　　④ 부꾸미

TIP 증편 : 부풀려서 찌는 떡

02 지지는 떡을 만드는 방법으로 바르지 않은 것은?

① 찹쌀 반죽은 많이 치대야만 표면이 부드럽고 갈라지지 않는다.
② 지지는 떡의 반죽은 기름에 지지기 때문에 찬물로 질게 반죽해도 된다.
③ 화전을 만들 때, 계절의 꽃이 없을 경우 대추나 향긋한 채소잎을 이용하여 모양을 내도 좋다.
④ 반죽을 할 때에는 찹쌀가루를 조금 남겨놓고 반죽의 상태를 봐 가면서 해야 반죽이 질어짐을 방지할 수 있다.

TIP 지지는 떡은 익반죽을 해야 반죽이 잘 된다.

03 지지는 떡에 꿀이나 시럽을 바르는 이유가 아닌 것은?

① 떡과 함께 장식한 재료의 향기를 더 진하게 하기 위해 바른다.
② 기름에 지진 떡이 완성 후에도 반짝거리도록 바른다.
③ 꿀을 바르면 떡의 노화를 지연시킨다.
④ 지진 후에 떡이 굳지 않고 부드러운 상태를 유지할 수 있다.

TIP 꿀을 바르면 장식한 재료가 잘 붙어 있게 된다. 향기와는 상관 없다.

9 경단류

01 찹쌀가루에 끓는 물을 넣고 익반죽하여 동그랗게 빚은 후 끓는 물에 삶아 만드는 떡은?

① 가래떡　　② 경단　　③ 절편　　④ 송편

02 경단 만드는 법 중 바르지 않은 것은?

① 경단은 익반죽하여 먹음직스럽게 크게 만들어 삶아야 고물이 잘 묻는다.
② 경단의 고물로 콩가루나 흑임자, 거피팥 등을 사용한다.
③ 경단은 찹쌀가루를 익반죽하여 물에 삶아내는 떡이다.
④ 경단은 끓는 물에 삶아 건져서 물기를 뺀 다음 고물을 묻힌다.

TIP 경단은 익반죽하여 직경이 2.5~3cm 정도로 동그랗게 빚는다.

01 ②　02 ②　03 ①　　　　　　　　　　　　　　01 ②　02 ①

Chapter ❷ 떡류 만들기

03. 떡류 포장 및 보관

1 떡의 포장 방법

01 포장재료의 조건이 아닌 것은?

① 경제성   ② 상품성   ③ 방향성   ④ 저장성

> **TIP** 포장재료의 조건 : 위생성, 작업성, 간편성, 저장성, 상품성, 경제성

02 플라스틱 제품 중 포르말린이 용출될 위험이 있는 것은?

① 염화비닐수지(PVC)   ② 폴리에틸렌(PE)
③ 요소수지(Urea resin)   ④ 폴리스틸렌(PS)

> **TIP** 요소수지는 요소와 포르말린으로 축합한 수지로, 포르말린은 발암물질이다.

03 플라스틱 종류가 아닌 것은?

① 아크릴 수지   ② 염화비닐 수지
③ 실리콘   ④ 초산비닐 수지

> **TIP** 실리콘은 규소수지이다.

04 먹을 수 있는 포장재는?

① 셀룰로오스 필름   ② 아밀로오스 필름
③ 바이오 플라스틱   ④ 염화수소 고무

> **TIP** 아밀로오스는 녹말의 한 성분으로 먹을 수 있으며, 맛과 냄새가 없는 흰색가루로 만든 필름이다.

05 유연한 포장용기에 조리, 가공한 여러 가지 식품을 밀봉한 후 고압솥에서 가압, 가열 살균하여 상업적 무균상태를 부여한 파우치 상품은?

① 레토르트 식품   ② 병조림
③ 통조림   ④ 기능성 식품

> **TIP** 레토르트 식품 : 가압 포화 수증기로 식품의 온도를 100℃ 이상으로 가열하여 살균한 식품

정답   01 ③   02 ③   03 ③   04 ②   05 ①

06 떡의 노화를 방지하기 위한 것으로 적합한 것은?

① 식초를 넣는다.
② -20℃ ~ -30℃ 정도로 냉동시킨다.
③ 수분함량을 30%로 유지해 준다.
④ 쌀 전분을 이용한다.

07 완성된 떡을 급랭한 후 다시 냉장고에서 서서히 보관하여 꺼내두면 다시 말랑하게 되는 이유는?

① 급랭과정에서 떡 표면이 코팅되기 때문이다.
② 해동과정 중에서 수분이 떡속으로 침투되기 때문이다.
③ 수분의 빙결정 상태로 전분질사이에 존재하는 수소결합을 방해하기 때문이다.
④ 미생물을 열처리하여 사멸시킨 후 밀봉상태의 보존성이 좋기 때문이다.

08 떡류 포장 표시의 기준을 포함하며, 소비자가 알아야 할 권리를 보장하고 건전한 거래질서를 확립함으로써 소비자 보호에 이바지함을 목적으로 하는 것은?

① 식품안전기본법
② 식품안전관리인증기준
③ 식품 등의 표시 · 광고에 관한 법률
④ 식품위생 분야 종사자의 건강진단 규칙

09 떡류의 보관관리에 대한 설명으로 틀린 것은?

① 당일 제조 및 판매 물량만 확보하여 사용한다.
② 오래 보관된 제품은 판매하지 않도록 한다.
③ 진열 전의 떡은 서늘하고 빛이 들지 않는 곳에서 보관한다.
④ 여름철에는 상온에서 24시간까지는 보관해도 된다.

> **TIP** 냉동 보관해야 한다. (냉장 보관은 노화 된다.)

10 얼음 결정의 크기가 크고 식품의 텍스처 품질 손상 정도가 큰 저장 방법은?

① 완만 냉동   ② 급속 냉동   ③ 빙온 냉장   ④ 초급속 냉동

11 떡 포장할 때 기능으로 틀린 것은?

① 보존의 용이성   ② 정보성   ③ 향미 증진   ④ 안전성

정답 06 ②   07 ③   08 ③   09 ④   10 ①   11 ③

Chapter ❷ 떡류 만들기

12 식품 포장재의 구비조건으로 틀린 것은?

① 맛의 변화를 억제할 수 있어야 한다.
② 가격과 상관없이 위생적이어야 한다.
③ 식품의 부패를 방지할 수 있어야 한다.
④ 내용물을 보호할 수 있어야 한다.

13 수분 차단성이 좋으며 소량 생산에도 포장 규격화가 용이한 포장재질은?

① 플라스틱 포장재(폴리에틸렌) ② 금속포장재
③ 종이포장재 ④ 유리포장재

14 다음 중에서 포장에 대한 설명 중에서 부적합한 것은?

① 포장은 제품의 노화를 지연시킨다.
② 뜨거울 때 포장 하면 냉각 손실을 줄일 수 있다.
③ 미생물에 오염되지 않은 환경에서 포장한다.
④ 온도, 충격등에 대한 품질 변화에 주의한다.

> **TIP** 뜨거울 때 포장하면 증기로 인해 제품 품질에 지장이 있다.

15 다음 중에서 다른 플라스틱과 증착(laminate)이 용이하여 식품 포장재로 사용하는 것은?

① P.E(Poly Ethylene) ② O.P.P(Oriented Propylene)
③ P.P(Poly Propylene) ④ 일반 형광종이

> **TIP** P.E(Poly Ethylene) : 폴리 에틸렌
> 에틸렌의 중합으로 생기는 고분자 화합물. 각종 용기, 포장용 필름에 사용된다.

16 요소 수지 용기에서 이행될 수 있는 대표적인 유독 물질은?

① 에탄올 ② 포름 알데히드 ③ 알루미늄 ④ 주석

> **TIP** 요소수지에서 발암성 물질인 포름 알데히드가 검출된다.

정답 12 ② 13 ① 14 ② 15 ① 16 ②

2 포장용기 표시사항

01 식품 등의 표기기준에 명시된 표시사항이 아닌 것은?

① 업소명 ② 판매자 성명 ③ 성분명 및 함량 ④ 유통기한

> **TIP** "표시사항"이란 제품명, 식품의 유형, 업소명 및 소재지, 제조연월일, 유통기한 또는 품질유지기한, 내용량 및 내용량에 해당하는 열량, 원재료명, 성분명 및 함량, 영양성분 등 개별표시사항 및 표시기준에서 식품 등에 표시하도록 규정한 사항을 말한다.

02 식품 등의 표시기준에 의해 표시해야 하는 대상성분이 아닌 것은?

① 나트륨 ② 지방 ③ 열량 ④ 칼슘

> **TIP** 식품 등의 표시기준에 의해 표시해야 하는 대상성분에는 열량, 나트륨, 탄수화물 및 당류, 지방, 콜레스테롤, 단백질 등이 있다.

03 식품 등의 표시기준을 수록한 공전을 작성, 보급하여야 하는 자는?

① 식품의약품안전처장 ② 보건소장
③ 시, 도지사 ④ 식품위생감시원

> **TIP** 식품첨가물의 기준 및 규격을 기록해 놓은 것을 공전이라 하고, 이는 식품의약품안전처장이 정한다.

04 식품 등의 표시기준상 영양성분별 세부표시 방법에 의거하여 콜레스테롤의 함량을 "0"으로 표시할 수 있는 기준은?

① 성분이 검출되지 않은 경우 ② 2mg 미만일 때
③ 5mg 미만일 때 ④ 10mg 미만일 때

> **TIP** 콜레스테롤의 단위는 mg으로 표시하되, 그 값을 그대로 표시하거나, 그 값에 가장 가까운 5mg 단위로 표시하여야 한다. 이 경우 5mg 미만은 "5mg 미만"으로, 2mg 미만은 " 0 " 으로 표시할 수 있다.

05 식품 등의 표시기준에 의거하여 식품의 내용량을 표시할 경우, 내용물이 고체 또는 반고체일 때 표시하는 방법은?

① 중량 ② 용량 ③ 개수 ④ 부피

06 식품 등의 표기기준에 의한 성분명 및 함량의 표시대상 성분이 아닌 영양성분은?
(단, 강조표시를 하고자 하는 영양성분은 제외)

① 트랜스지방 ② 나트륨 ③ 콜레스테롤 ④ 불포화지방

> **TIP** 지방, 트랜스지방, 포화지방은 식품 등의 표시기준에 의해 표시해야 하는 대상성분이지만, 불포화지방은 대상성분이 아니다.

정답 01 ② 02 ④ 03 ① 04 ② 05 ① 06 ④

Chapter 2 떡류 만들기

07 식품위생법상 허위표시, 과대광고, 비방광고 및 과대포장의 범위에 해당하지 않는 것은?

① 허가·신고 또는 보고한 사항이나 수입신고한 사항과 다른 내용의 표시·광고
② 제조방법에 관하여 연구하거나 발견한 사실로서 식품학·영양학 등의 분야에서 공인된 사항의 표시
③ 제품의 원재료 또는 성분과 다른 내용의 표시·광고
④ 제조연월일 또는 유통기한을 표시함에 있어서 사실과 다른 내용의 표시·광고

> **TIP** 제조방법에 관하여 연구하거나 발견한 사실에 대한 식품학·영양학 등의 문헌을 인용하여 문헌의 내용을 정확히 표시하고, 연구자의 성명, 문헌명, 발표 연월일을 명시하는 표시·광고는 허위표시 및 과대광고에 해당되지 않는다.

08 식품의 표시·광고에 대한 설명으로 옳은 것은?

① 허위표시, 과대 광고의 범위에는 용기·포장만 해당되며, 인터넷을 활용한 제조 방법, 품질, 영양가에 대한 내용은 해당되지 않는다.
② 자사제품과 직 간접적으로 관련하여 각종 협회, 학회, 단체의 감사장, 상장, 체험기 등을 활용하여 '인증', '보증', '추천' 등을 받았다는 내용을 사용하는 광고는 가능하다.
③ 의사나 약사의 설명을 첨부한 질병의 치료에 효능이 있다는 내용의 표시 광고는 허위표시, 과대 광고에 해당 되지 않는다.
④ 인체의 건전한 성장과 발달과 건강한 활동을 유지하는 데 도움을 준다는 표현은 허위표시, 과대 광고에 해당되지 않는다.

09 식품 위생법상 허위 표시 등의 금지에 대한 내용으로 잘못된 것은?

① 포장에 있어서는 과대 포장을 하지 못한다.
② 식품 첨가물의 영양가, 원재료, 성분, 용도에 관해서 허위 표시, 과대 광고를 하지 못한다.
③ 허위 표시의 범위 및 기타 필요한 사항은 대통령 령으로 정한다.
④ 식품의 표시에 있어서는 의약품과 혼돈할 우려가 있는 표시를 하거나 광고를 해서는 안된다.

10 식품 등의 표시기준상 "소비기한"의 정의는?

① 해당 식품의 품질이 유지될 수 있는 기한을 말한다.
② 식품 등에 표시된 보관방법을 준수할 경우, 섭취해도 안전에 이상이 없는 기한을 말한다.
③ 해당 식품의 섭취가 허용되는 기한을 말한다.
④ 제품 제조일로부터 소비자에게 판매가 허용하는 기한을 말한다.

정답 07 ② 08 ④ 09 ③ 10 ②

11 아래의 식품들의 표시기준상 영양성분별 세부표시 방법에서 ( ) 안에 알맞은 것은?

> "열량의 단위는 킬로 칼로리(kcal)로 표시하되, 그 값을 그대로 표시하거나 그 값에 가장 가까운 ( )단위로 표시하여야 한다. 이 경우 ( ) 미만은 "0"으로 표시할 수 있다."

① 5kcal ② 10kcal ③ 15kcal ④ 20kcal

> **TIP** 열량의 단위는 킬로칼로리(kcal)로 표시하되, 그 값을 그대로 표시하거나 그 값에 가장 가까운 5kcal 단위로 표시하여야 한다. 이 경우 5kcal 미만은 "0"으로 표시할수 있다.

12 식품 등의 기구 또는 용기·포장의 표시기준으로 틀린 것은?
① 재질
② 섭취량, 섭취 방법 및 섭취시 주의 사항
③ 소비자 안전을 위한 주의 사항
④ 영업소 명칭 및 소재지

13 판매나 영업을 목적으로 하는 식품의 조리에 사용하는 기구, 용기의 기준과 규격을 정하는 기관은?
① 보건소 ② 환경노동부
③ 식품의약품안전처 ④ 농림수산식품부

14 떡류 포장 시 제품 표시사항이 아닌 것은?
① 유통기한 ② 영업소의 대표자명
③ 영업소 명칭 및 소재지 ④ 제품명, 내용량 및 원재료명

15 떡 포장 표시사항으로 틀린 것은?
① 식염 함량 ② 포장 재질 ③ 국내산 표시 ④ 반품·교환처

16 다음 중에서 기구, 용기, 또는 포장 제조에 함유할 수 있는 유해 금속과 거리가 먼 것은?
① 납 ② 카드뮴 ③ 칼슘 ④ 비소

> **TIP** 유해금속 물질 : 납, 카드뮴, 비소, 수은

정답 11 ① 12 ② 13 ③ 14 ② 15 ① 16 ③

Chapter ❷ 떡류 만들기

17 농수산물 원산지 표시에 관한 법령에 대한 설명 중 잘못된 것은?

① 국산, 국내산은 시, 도, 시, 군 구 명을 기재한다.
② 외국산은 국가명, 도시명을 기재한다.
③ 가공품 : 원료의 원산지 국가명을 기재한다.
④ 농산물과 가공품은 포장재, 푯말, 표시판 등에 표시한다.

> **TIP** 농산물 원산지 표시에 외국산은 국가명을 기재한다.

18 중국에서 수입한 쌀을 사용하여 국내에서 떡을 제조하여 판매하는 경우, 메뉴판 및 게시판에 표시하여야 하는 원산지 표시 방법은?

① 떡 (중국산)
② 떡 (쌀 : 중국산)
③ 백설기 (국내산과 중국산을 섞음)
④ 멥쌀 (국내산)

3 냉장, 냉동 등 보관방법

01 냉동식품의 해동에 관한 설명으로 틀린 것은?

① 비닐봉지에 넣어 50℃ 이상의 물속에서 빨리 해동시키는 것이 이상적인 방법이다.
② 생선의 냉동품은 반 정도 해동하여 조리하는 것이 안전하다.
③ 냉동식품을 완전 해동하지 않고 직접 가열하면 효소나 미생물에 의한 변질의 염려가 적다.
④ 일단 해동된 식품은 더 쉽게 변질되므로 필요한 양 만큼만 해동하여 사용한다.

> **TIP** 냉동식품을 해동 시 단백질의 변성으로 인해 드립(drip) 현상이 일어난다.

02 냉동식품과 관계가 없는 내용은?

① 전처리를 하고 품온이 −18℃ 이하가 되도록 급속 동결하여 포장한 식품
② 유통 시에 낭비가 없는 인스턴트성 식품
③ 수확기나 어획기에 관계없이 항상 구입할 수 있는 식품
④ 일반적으로 온도가 10℃ 정도 상승해도 품질의 변화가 없는 식품

> **TIP** 일반적으로 온도가 10℃ 정도 상승하면 미생물이 조금씩 번식하여 식품의 변질을 초래한다.

정답 17 ② 18 ② 01 ① 02 ④

03 조리에 사용하는 냉동식품의 특성이 아닌 것은?

① 완만 동결하여 조직이 좋다.
② 비교적 장기간 보존이 가능하다.
③ 저장 중 영양가 손실이 비교적 적다.
④ 비교적 신선한 풍미가 유지된다.

TIP 완만 동결은 식품조직에 나쁜 영향을 줄 뿐 아니라 해동 시에 수분이나 영양분이 유출되어 품질을 저하시킴

04 식품의 냉동에 대한 설명으로 틀린 것은?

① 육류나 생선은 원형 그대로 혹은 부분으로 나누어 냉동한다.
② 채소류는 블렌칭(blanching)한 후 냉동한다.
③ 식품을 급속동결해야 조직이 유지된다.
④ −10℃ 이하에서 보존하면 장기간 보존해도 위생상 안전하다.

TIP 냉동보관은 장기간 보관 시에는 안전하지 않을 수가 있다.

05 식품의 냉장 효과를 가장 바르게 나타낸 것은?

① 식품의 영구 보존
② 식품의 동결로 세균의 멸균
③ 오염 세균의 사멸
④ 식품의 보존 효과 연장

TIP 냉장 : 식품의 보존 기간을 연장 하는것이지 세균 사멸 이나 멸균 효과는 없다

06 냉동 식품의 해동에 관한 설명으로 잘못된 것은?

① 비닐 봉지에 넣어 50℃ 이상의 물속에서 빨리 해동 시키는 것이 좋다.
② 냉동시킬 때에는 급속 냉동을 하고, 해동시에는 완만 해동하는 것이 좋다.
③ 일단 해동한 식품은 더 쉽게 변질될 수 있으므로, 필요한 분량 만큼만 해동하여 사용하도록 한다.
④ 제조 후 바로 급속냉동 시킨 후에는, 실온보관하면 자연스럽게 해동된다.

TIP 전자렌지나 더운 물 온도에서 해동하면 조직이나 외형이 파괴될 수 있다.

07 장기 식품 보존법과 가장 관련성이 낮은 것은?

① 염장법 (소금 절임)   ② 당장법 (설탕 절임)   ③ 건조법   ④ 찜

TIP 장기저장법에는 염장, 당장, 건조, 훈연법 등이 있다.

03 ①   04 ④   05 ④   06 ①   07 ④   정답

Chapter 2 떡류 만들기

08 밤 껍질을 벗겨 보관 시 나타나는 갈변현상과 관련이 없는 것은?

① 산화효소　② 산소　③ 페놀류　④ 섬유소

> **TIP** 과실이나 야채의 껍질을 벗겨 공기중에 노출하게되면 폴리페놀 물질이 폴리페놀 옥시다제와 산소에 의해 산화 되어 갈변 현상이 일어난다.

09 먹다 남은 찹쌀떡을 보관시, 가장 빨리 노화가 일어나는 방법은?

① 상온 보관
② 온장고 보관
③ 냉장고 보관
④ 냉동고 보관

10 곡물의 저장 과정에서 적당한 설명은?

① 곡류는 저장시 호흡 작용을 하지 않는다.
② 곡물 저장시 해충류에 의한 변질은 염려 없다.
③ 곡류 저장시 수분과 온도에 변화는 없다.
④ 쌀의 변질에는 곰팡이가 우선 문제이다.

> **TIP** 쌀은 저장 기간 동안 호흡작용을 하며 수분, 온도, 해충류, 곰팡이에 대해 변질이 일어날 수 있다.

11 식품의 급속 냉동 방법으로 절절하지 않은 것은?

① 충분히 식혀 냉동시키도록 한다.
② 식품의 두께를 얇게 하여 냉동하도록 한다.
③ 열 전도율이 낮은 용기에 넣어 냉동하는 것이 좋다.
④ 식품 용기 끼리는 적절한 간격을 두고 냉동고에 넣어 냉동시키도록 한다.

> **TIP** 열전도율이 높은 용기에 담아야 차가운 온도가 빨리 전도된다.

12 급속 냉동법의 특징이 아닌 것은?

① 보관 중에 단백질의 변질이 적다.
② 해동 후 식품의 원상태가 비교적 잘 유지된다.
③ 야채류인 경우 비타민의 손실도 줄일 수 있다.
④ 완만 냉동에 비해서 식품과 얼음의 분리가 심하게 나타난다.

> **TIP** 급속 냉동은 보통 냉동에 비해 조직의 변화가 적으며, 영양소 파괴를 줄이고, 식품 원래의 상태를 비교적 잘 유지시킬 수가 있다.

정답　08 ④　09 ③　10 ④　11 ③　12 ④

Chapter ❸ 위생·안전 관리

01. 개인 위생관리

1 개인 위생 관리 방법

01 개인 위생관리에 해당 하지 않는 것은?

① 조리 종사자의 건강 진단은 6개월에 한번씩 실시 하고 보건증을 반드시 보관한다.
② 개인 위생관리에는 건강 관리, 복장 관리, 행동 관리가 해당된다.
③ 건강에 대한 아무런 자각 증상과 질병이 없으면 건강 진단은 필요없다.
④ 사람의 피부 온도는 미생물 생육에 적합하며 모든 분비물은 미생물에게 필요한 영양분을 제공하고 있다.

02 개인 위생 점검 일지 항목에 적합 하지 않는 내용은?

① 점검자, 점검 날짜
② 점검 장소명, 평가 방법
③ 개선 조치 사항
④ 청소도구 관리 구입 날짜

03 다음 중 식품위생 행정의 목적인 것은?

① 식품위생의 위해 방지
② 식품의 판매 촉진
③ 식품포장의 간편화
④ 식품의 안전한 유통

> **TIP** 식품위생 행정의 목적 : 국민보건의 증진에 이바지함을 목적으로 상품으로 인한 위생상의 위해를 방지, 식품영양의 질적 향상을 도모한다.

2 오염 및 변질의 원인

01 미생물이 자라는데 필요한 조건이 아닌 것은?

① 온도   ② 햇빛   ③ 수분   ④ 영양분

> **TIP** 미생물은 영양소, 수분, 온도, 산소, pH 등이 있어야 생육하는데, 이중에서 영양소, 수분, 온도를 미생물의 생육에 가장 중요한 3대 요소라고 한다.

01 ③ 02 ④ 03 ①   01 ②   정답

Chapter ❸ 위생·안전 관리

02 식품의 변질에 관계하는 세균의 발육을 억제하는 조건은?

① 중성의 pH
② 30~40℃의 온도
③ 10% 이하의 수분
④ 풍부한 아미노산

> **TIP** 미생물의 생육조건 : 영양소, 온도, 수분, 수소이온 농도, 산소 등

03 일반 미생물의 발육, 증식을 방지하기 위한 수분함량으로 올바른 것은?

① 10% 이하　② 15%　③ 20%　④ 25%

> **TIP** 세균은 수분함량이 15% 이하에서는 발육, 증식이 불가능하다.

04 병원 미생물을 큰 것부터 나열한 것은?

① 바이러스 – 세균 – 효모 – 곰팡이
② 곰팡이 – 효모 – 세균 – 바이러스
③ 스피로헤타 – 효모 – 리케차 – 세균
④ 세균 – 스피로헤타 – 리케차 – 효모

> **TIP** 미생물의 크기 : 곰팡이 〉 효모 〉 스피로헤타 〉 세균 〉 리케차 〉 바이러스

05 곰팡이와 같이 산소가 있어야 생육이 가능한 미생물을 무엇이라고 하는가?

① 혐기성균　② 호기성균　③ 저온성균　④ 통성 혐기성균

06 건조한 환경에서 생육하는 능력이 강한 것은?

① 박테리아　② 효모　③ 곰팡이　④ 바이러스

> **TIP** 곰팡이 : 건조한 환경에서 생육하는 능력이 가장 강하다.

07 저온 저장이 미생물 생육 및 효소 활성에 미치는 영향에 관한 설명으로 틀린 것은?

① 일부의 효모는 –10℃에서도 생존 가능하다.
② 곰팡이 포자는 저온에 대한 저항성이 강하다.
③ 부분 냉동 상태보다는 완전 동결 상태 하에서 효소 활성이 촉진되어 식품이 변질되기 쉽다.
④ 리스테리아균이나 슈도모나스균은 냉장 온도에서도 증식 가능하여 식품의 부패나 식중독을 유발한다.

> **TIP** 완전 동결 상태에서는 효소의 활성이 억제되어 저장 기간이 길다.

정답　02 ③　03 ②　04 ②　05 ②　06 ③　07 ③

08 다음의 떡 냉각법 중에서 적합하지 않은 것은?

① 터널식 냉동고   ② 업소 냉동고
③ 자연 냉각 후 냉동저장   ④ 냉장 냉각 후 냉장 저장

TIP 냉장 상태에서는 노화가 촉진된다.

09 식품의 변질에 의한 생성물로 틀린 것은?

① 과산화물   ② 암모니아   ③ 토코페롤   ④ 황화수소

TIP 토코페롤은 비타민 E (항산화성 비타민)

10 식품변질의 직접적인 요인이 아닌 것은?

① 온도   ② 압력   ③ 산소   ④ 효소

TIP 미생물의 번식 요인 : 영양, 수분, 온도, pH, 공기(산소), 광선, 효소

11 식품영업장이 위치해야 할 장소의 구비조건이 아닌 것은?

① 실수로 적합한 물이 풍부하게 공급되는 곳
② 환경적 오염이 발생되지 않는 곳
③ 전력 공급 사정이 좋은 곳
④ 가축 사육 시설이 가까이 있는 곳

12 다음과 같은 특성을 지닌 살균소독제는?

> - 가용성이며 냄새가 없다.
> - 자극성 및 부식성이 없다.
> - 유기물이 존재하면 살균 효과가 감소된다.
> - 작업자의 손이나 용기 및 기구 소독에 주로 사용한다.

① 승홍   ② 크레졸   ③ 석탄산   ④ 역성비누

13 물리적 살균 소독 방법이 아닌 것은?

① 일광 소독   ② 화염 멸균   ③ 역성비누 소독   ④ 자외선 살균

정답 08 ④   09 ③   10 ②   11 ④   12 ④   13 ③

Chapter ❸ 위생·안전 관리

14 다음 중 손소독제로 사용 되는 것은?
① 과산화 수소   ② 석탄산   ③ 염소   ④ 에틸 알코올

15 다음 중 물이 함유하고 있는 유기물질과 폐수를 정수하는 과정에서 살균제로 사용되는 염소와 서로 반응하여 생성되는 발암성 물질은 무엇인가?
① 트리할로메탄   ② 메탄올   ③ 트리메틸 아민   ④ 에틸 알코올

> **TIP** 트리할로메탄 (트라이할로 메테인) : 상수원의 오염이 많아 유기물이 많을수록, 염소를 많이 사용할수록 많이 생성된다.

16 법랑용기, 도자기 유약 성분으로 사용되며 산성식품에 의해 이타이이타이병 등의 만성중독을 유발하는 유해물질은?
① 비소   ② 주석   ③ 카드뮴   ④ 수은

> **TIP** 수은 중독 : 미나마타병

❸ 감염병 및 식중독의 원인과 예방대책

01 병원성 미생물의 발육과 그 작용을 저지 또는 정지시켜 부패나 발효를 방지하는 조작은?
① 산화   ② 멸균   ③ 방부   ④ 응고

> **TIP** 멸균 : 병원성과 비병원성의 모든 미생물을 완전 사멸
> 소독 : 병원 미생물의 생활력을 파괴시켜 감염 및 증식력을 없애는것

02 생균을 이용하여 인공능동면역이 되며, 면역획득에 있어서 영구면역성인 질병은?
① 세균성 이질   ② 폐렴   ③ 홍역   ④ 임질

> **TIP** 인공능동면역 : 예방접종을 통해 획득한 면역

03 자외선에 의한 인체 건강장해가 아닌 것은?
① 설안염   ② 피부암   ③ 폐기종   ④ 백내장

> **TIP** 폐기종의 원인 : 유해입자와 가스의 흡입등에 의해 발생하며 가장 위험한 원인은 흡연이다.

정답 14 ④ 15 ① 16 ③   01 ③ 02 ③ 03 ③

04 다음 중 이타이이타이병의 유발물질은?

① 수은　　② 납　　③ 칼슘　　④ 카드뮴

> **TIP**　수은 : 미나마타병 / 카드뮴 : 이타이이타이병 / 납 : 골연화증

05 다음 중 만성 감염병은?

① 장티푸스　　② 폴리오　　③ 결핵　　④ 백일해

> **TIP**　만성전염병 : 결핵, 성병, 나병, 후천성 면역결핍증, B형간염

06 우리나라 4대 보험에 해당하지 않는 것은?

① 생명보험　　② 고용보험　　③ 산재보험　　④ 국민연금

> **TIP**　4대보험 : 고용보험, 산재보험, 국민연금, 건강보험

07 다음 중 공중보건 사업과 거리가 먼 것은?

① 보건교육　　② 인구보건　　③ 전염병 치료　　④ 보건행정

> **TIP**　치료사업은 의료사업

〈감염병〉

01 감염병 발생의 3요소가 아닌 것은?

① 병원체　　② 병원소　　③ 감수성　　④ 수질 오염

> **TIP**　감염병 발생의 3대 요소 : 감염원(병원체, 병원소), 감염경로(환경), 숙주의 감수성

02 병원체가 생활하고 증식하면서 질병을 일으키고, 다른 숙주에 전파될 수 있는 상태로 저장되는 장소를 무엇이라 하는가?

① 환경　　② 병원소　　③ 토양　　④ 병원체

> **TIP**　병원소 : 병원체가 생활하고 증식 하면서 질병을 일으키고, 다른 숙주에 전파 될수 있는 상태로 저장 되는 장소

03 다음 중 비말 감염 되는 것이 아닌 것은?

① 디프테리아　　② 인플루엔자　　③ 페스트　　④ 독감

> **TIP**　페스트 : 위생 해충(쥐)으로 인한 감염

04 ④　05 ③　06 ①　07 ③　　　　　01 ④　02 ②　03 ③　　정답

Chapter ❸ 위생·안전 관리

04 감염병 예방 대책 중에서 잘못된 것은?

① 병원소의 제거　　② 환자의 격리
③ 예방 접종　　　　④ 식품의 저온 보관

> **TIP**　식품의 저온 보관 : 식중독 예방 대책

05 감염병의 관리대책 중에서 감염 경로에 대한 대책은?

① 치료제를 개발한다.　　② 예방 백신을 개발한다.
③ 손을 소독한다.　　　　④ 면역 혈청을 주사한다.

> **TIP**　감염 경로에 대한 대책 : 환자와의 접촉 금지, 사회적 거리두기, 식품 오염 방지, 환기 철저

06 병원체가 바이러스인 감염병은?

① 발진티푸스　② 회충　③ 뇌염　④ 콜레라

> **TIP**　발진티푸스 : 리케차 / 회충 : 기생충란 / 콜레라 : 세균

07 다음 중 병원체가 세균인 질병은?

① 디프테리아　② 홍역　③ 결핵　④ 발진티푸스

> **TIP**　바이러스 : 홍역, 디프테리아, 인플루엔자
> 세균 : 세균성 이질, 장티푸스, 파라티푸스, 결핵균

08 수인성 감염병의 역학적인 유행 특성이 아닌 것은?

① 환자 발생이 폭발적이다.
② 잠복기가 짧고 치명률이 높다.
③ 성별과 나이에 거의 상관없이 발생한다.
④ 급수 지역과 발병 지역이 거의 일치한다.

> **TIP**　수인성 감염병 : 치명률이 낮다.

구분	세균성 식중독	소화기계 전염병 (경구 감염병)
균	식중독균에 오염된 식품섭취로 발병	감염병균에 오염된 식품과 물을 섭취시, 또는 수질오염에 의한 경구 감염
균수	많은 양의 균이나 독소에 의해 발생	적은 양의 균으로도 발생
잠복기	짧다	식중독에 비해 길다
2차 감염	2차 감염이 없다	2차 감염이 있다
면역	면역성이 없다	면역성이 있다

정답　04 ④　05 ③　06 ③　07 ③　08 ②

09 물로 인해 전파 되는 수인성 감염병에 속하지 않는 것은?

① 장티푸스 ② 홍역 ③ 콜레라 ④ 파라티푸스

> **TIP** 홍역 : 바이러스

10 사람과 동물이 같은 병원체에 의하여 발생하는 질병은?

① 기생충성 질병 ② 세균성 식중독
③ 인수공통 감염병 ④ 법정 감염병

> **TIP** 인수공통 감염병 : 소(결핵), 광견병(개), 야토병(토끼), 브루셀라(소의 내장), 돈단독(돼지)

11 다음 중 감수성 지수(접촉 감염지수)가 가장 낮은 것은?

① 폴리오 ② 디프테리아 ③ 성홍열 ④ 홍역

> **TIP**
> – 감수성 지수 : 숙주에 침입한 병원체에 대항하여 감염이나 질병을 저지할 수 없는 상태
> 두창, 홍역(95%), 백일해(60~80%), 성홍열 (40%)
> – 폴리오 바이러스 : 환자의 분변이 경구 감염으로 전파. 발열, 두통.

12 다음 중 공중 보건상 감염병 관리가 가장 어려운 것은?

① 동물 병원소 ② 환자 ③ 건강 보균자 ④ 토양 및 물

> **TIP** 건강 보균자 : 무증상이며, 건강한 사람과 다름 없지만 병원체를 가지고 있는 자

13 장티푸스, 디프테리아처럼 수십년을 한 주기로 대 유행하는 현상은?

① 추세변화 ② 계절적인 변화 ③ 순환변화 ④ 불규칙 변화

> **TIP** 순환변화 : 2~3년 주기

14 다음 중 만성 감염병은?

① 장티푸스 ② 폴리오 ③ 결핵 ④ 백일해

> **TIP** 만성 감염병 : 결핵, 성병, 나병, 후천성 면역결핍증, B형 간염

정답 09 ② 10 ③ 11 ① 12 ③ 13 ① 14 ③

Chapter 3 위생·안전 관리

〈식중독〉

01 세균성 식중독과 병원성 소화기계 감염병을 비교한 것 중에서 틀린 것은 ?

	세균성 식중독	병원성 소화기계 감염병
①	식품은 원인 물질 축적체	식품은 병원균 운반체
②	2차 감염이 빈번함	2차 감염이 없음
③	식품위생법으로 관리	감염병 예방법으로 관리
④	비교적 짧은 잠복기	비교적 긴 잠복기

TIP 세균성 식중독은 2차 감염이 없고 병원성 소화기계 감염병은 2차 감염이 있다.

02 100℃에서 10분간 가열하여도 균에 의한 독소가 파괴되지 않아 식품을 섭취한 후 3시간 정도 만에 구토, 설사, 심한 복통 증상을 유발하는 미생물은?

① 노로바이러스 ② 황색포도상구균
③ 캠필로박터균 ④ 살모넬라균

TIP 캠필로박터 : 가금류나 가축에 보균 되어 식육을 오염시켜 일으키는 식중독

03 엔테로톡신이 원인이 되는 식중독은?

① 살모넬라 식중독 ② 장염 비브리오 식중독
③ 병원성 대장균 식중독 ④ 황색 포도상 구균 식중독

04 포도상 구균의 특징이 아닌 것은?

① 감염형 식중독에 속한다.
② 내열성 독소를 생성한다.
③ 손에 상처가 있을 경우 식품에 오염될 확률이 높다.
④ 황색 포도상구균은 열에 약하나 독소는 끓는물에서 30분간 사멸되지 않는다.

TIP 포도상구균 식중독은 독소성 식중독에 속한다.

05 황변미 중독은 14~15% 이상의 수분을 함유하는 저장미에서 발생하기 쉬운데 그 원인 미생물은?

① 곰팡이 ② 세균 ③ 효모 ④ 바이러스

TIP 황변미 중독 : 페니실리움 곰팡이

정답 01 ② 02 ② 03 ④ 04 ① 05 ①

06 황색 포도상 구균에 의한 식중독에 대한 설명중에서 잘못된 것은?

① 잠복기는 1~5시간 정도이다.
② 치사율이 높다.
③ 주요 증상은 구토, 설사, 복통 등이다.
④ 장독소(Enterotoxin)에 의한 독소형 식중독이다.

TIP 조리하는 사람의 손에 화농성균이 원인이 될 수도 있으며 치사율은 높지 않다.

07 세균성 식중독 중에서 감염형은?

① 보틀리누스 식중독　　② 살모넬라 식중독
③ 포도상구균 식중독　　④ 아플라 톡신 식중독

TIP 감염형 식중독 : 살모넬라, 장염 비브리오, 대장균, 웰치균
독소형 식중독 : 포도상구균(엔테로 톡신), 보틀리누스(뉴로 톡신)

08 여름철 따뜻한 바닷물에서 증식된 호염균에 의한 식중독은?

① 살모넬라 식중독　　② 캠필로박터 식중독
③ 황색 포도상구균 식중독　　④ 장염비브리오 식중독

TIP 캠필로박터 : 가금류나 가축에 보균 되어 식육을 오염시켜 일으키는 식중독

09 바실러스 세레우스(Bacillus cereus)에 대한 설명 중 잘못된 것은?

① 공기 감염　　② 장독소　　③ 구토　　④ 설사

TIP 바실러스 세레우스(Bacillus cereus) : 그람 양성균, 호기성균, 대형 간균이며, 강한 포자를 형성하여 식중독을 일으킨다.
증세 : 구토, 설사

10 자연적 식중독을 일으킬 수 있는 감자의 독소는?

① 엔테로 톡신　　② 사포닌　　③ 베네루핀　　④ 솔라닌

TIP 엔테로 톡신 : 포도상구균의 독소 / 사포닌 : 두류의 거품 성분
베네루핀 : 모시조개의 독소 / 삭시톡신 : 섭조개, 홍합의 독소 성분

11 오염된 곡물의 섭취를 통해 장애를 일으키는 곰팡이독의 종류가 아닌 것은?

① 황변미독　　② 맥각독　　③ 아플라톡신　　④ 베네루핀

TIP 베네루핀 : 모시조개의 독소 / 아플라톡신 : 땅콩, 된장의 곰팡이

정답　06 ②　07 ②　08 ④　09 ①　10 ④　11 ④

Chapter 3 위생·안전 관리

12 다음 식품 중에서 자연적으로 발생하는 유독 물질을 통해서 식중독을 일으킬 수 있는 식품과 가장 거리가 먼 것은?

① 땅콩   ② 쌀   ③ 표고버섯   ④ 두류

> **TIP** 땅콩 : 아플라톡신 / 쌀 : 페니실리움 곰팡이(황변미) / 독버섯 : 무스카린 / 두류 : 사포닌

13 집단 식중독 발생시 조치 사항으로 잘못된 것은?

① 원인식을 조사한다.
② 구토물 등의 원인균 검출에 필요하므로 버리지 않는다.
③ 해당기관에 즉시 신고한다.
④ 소화제를 복용시킨다.

> **TIP** 가검물 보존, 보건소 신고, 의사의 진단
> 보고 순서 : 지체 없이 의사 → 보건소장 → 시장, 군수 → 시, 도지사 → 보건 복지부 장관

14 식중독 예방과 가장 관련이 적은 것은?

① 식재료 및 기구의 청결   ② 기생충 구제
③ 식품의 적절한 저장 온도 관리   ④ 조리자의 위생관리

> **TIP** 기생충 : 다른 생물체의 몸 속에 기생하는 해충이므로, 식중독과는 다르다.

15 노로 바이러스 식중독의 예방 및 확산 방지 방법으로 잘못된 것은?

① 오염지역에서 채취한 어패류는 85℃ 이상에서 1분 이상 가열하여 섭취한다.
② 항 바이러스 백신을 접종한다.
③ 오염이 의심되는 지하수의 사용을 자제한다.
④ 가열 조리한 음식물을 맨손으로 만지지 않도록 한다.

> **TIP** 노로 바이러스 식중독
> ① 유행성 바이러스성, 비세균성 급성 위장염
> ② 증세 : 오심, 구토, 복통, 설사
> ③ 원인 식품 : 굴, 어패류의 생식, 지하수

16 베로 독소를 생산하며 용혈성 요독증과 신부전증을 발생하는 대장균은?

① 장관 독소원성 대장균   ② 장관 침투성 대장균
③ 장관 병원성 대장균   ④ 장관 출혈성 대장균

> **TIP** 베로 독소(Vero 독소) : 병원성 대장균 O-157이 생산하는 세포 변성 단백질 독소이며 피가 섞인 설사를 일으키고 혈압이 높아진다.

정답   12 ③   13 ④   14 ②   15 ②   16 ④

17 장마가 지난 후 저장되었던 쌀이 적홍색 또는 황색으로 착색되어 있었다. 이러한 현상의 설명으로 틀린 것은?

① 수분 함량이 15%이상 되는 조건에서 저장할 때 특히 문제가 된다.
② 기후 조건 때문에 동남아시아 지역에서 곡류 저장 시 특히 문제가 된다.
③ 저장 된 쌀에 곰팡이류가 오염되어 그 대사 산물에 의해 쌀이 황색으로 변한 것이다.
④ 황변미는 일시적인 현상이므로 위생적으로 무해하다.

> **TIP** 황변미중독 : 푸른곰팡이가 저장미에 번식하여 시트리닌(신장독), 시트리오비리딘(신경독), 아이슬랜디톡신(간장독) 등을 일으킨다.

18 곰팡이 중독증의 예방법으로 틀린 것은?

① 곡류 발효식품을 많이 섭취한다.
② 농수축산물의 수입시 검역을 철저히 행한다.
③ 식품 가공시 곰팡이가 피지 않은 원료를 사용한다.
④ 음식물은 습기가 차지 않고 서늘한 곳에 밀봉해서 보관한다.

> **TIP** 곡류는 곰팡이가 생기지 않도록 잘 보관해야 한다.

19 곰팡이 독소(Mycotoxin)에 대한 설명으로 틀린 것은?

① 곰팡이가 생산하는 2차 대사산물로 사람과 가축에 질병이나 이상 생리작용을 유발하는 물질이다.
② 온도 24-35℃, 수분7% 이상의 환경조건에서는 발생하지 않는다.
③ 곡류, 견과류와 곰팡이가 번식하기 쉬운 식품에서 주로 발생한다.
④ 아플라톡신(Aflatoxin)은 간암을 유발하는 곰팡이 독소이다.

> **TIP** 최적온도 : 30℃
> 수분 : 13~15%

20 식품의 위생과 관련된 곰팡이의 특징이 아닌 것은?

① 일반적으로 생육 속도가 세균에 비하여 빠르다.
② 대부분 생육에 산소를 요구하는 절대 호기성 미생물이다.
③ 곰팡이독을 생성하는 것도 있다.
④ 건조식품을 잘 변질시킨다.

> **TIP** 곰팡이는 일반적으로 생육 속도가 세균에 비하여 느리다.

정답 17 ④ 18 ① 19 ② 20 ①

Chapter ❸ 위생·안전 관리

21 황변미 중독은 14~15% 이상의 수분을 함유하는 저장미에서 발생하는 쉬운데 그 원인 미생물은?

① 곰팡이　　② 세균　　③ 효모　　④ 바이러스

> **TIP** 습도와 기온이 높은 환경에서 저장된 쌀에 기생하는 곰팡이에 오염되어 변질된 쌀은 그 외관이 황색으로 변해 있는데 이를 황변미라 하고 이에 의한 중독을 황변미 중독이라 한다.

4 식품위생법 관련 법규 및 규정

01 식품 등의 제조, 가공하는 영업자가 식품 등이 기준과 규격에 맞는지 자체적으로 검사하는 것을 일컫는 식품위생법상의 용어는?

① 제품검사　　② 자가품질검사　　③ 수거검사　　④ 정밀검사

02 식품공전 상, 찬 곳이라 함은 따로 규정이 없는 한 몇 도를 의미하는가?

① 0 ~ 5℃　　② -14 ~ -10℃　　③ -5 ~ 0℃　　④ 0~15℃

> **TIP** 식품공전 상, 찬곳이라 함은 따로 규정이 없는 0~15℃를 말한다.

03 식품 등의 표기기준에 명시된 표시사항이 아닌 것은?

① 업소명　　② 판매자 성명　　③ 성분명 및 함량　　④ 유통기한

> **TIP** "표시사항"이란 제품명, 식품의 유형, 업소명 및 소재지, 제조연월일, 유통기한 또는 품질유지기한, 내용량 및 내용량에 해당하는 열량, 원재료명, 성분명 및 함량, 영양성분 등 개별표시사항 및 표시기준에서 식품 등에 표시하도록 규정한 사항을 말한다.

04 식품 등의 기구 또는 용기·포장의 표시기준으로 틀린 것은?

① 재질
② 영업소 명칭 및 소재지
③ 소비자 안전을 위한 주의사항
④ 섭취량, 섭취방법 및 섭취 시 주의사항

05 식품 등의 표시기준을 수록한 공전을 작성, 보급하여야 하는 자는?

① 식품의약품안전처장　　② 보건소장
③ 시, 도지사　　④ 식품위생감시원

> **TIP** 식품첨가물의 기준 및 규격을 기록해 놓은 것을 공전이라 하고, 이는 식품의약품안전처장이 정한다.

정답　21 ①　　01 ②　02 ④　03 ②　04 ④　05 ①

06 식품위생법상 조리사를 두어야 하는 영업장은?

① 유흥주점　② 단란주점　③ 일반레스토랑　④ 복어조리음식점

> **TIP** 식품위생법 상 조리사를 두어야 하는 영업장은 식품접객업 중 복어를 조리·판매하는 영업장이다.

07 식품위생법상 허위표시, 과대광고, 비방광고 및 과대포장의 범위에 해당하지 않는 것은?

① 허가·신고 또는 보고한 사항이나 수입신고한 사항과 다른 내용의 표시·광고
② 제조방법에 관하여 연구하거나 발견한 사실로서 식품학·영양학 등의 분야에서 공인된 사항의 표시
③ 제품의 원재료 또는 성분과 다른 내용의 표시·광고
④ 제조연월일 또는 유통기한을 표시함에 있어서 사실과 다른 내용의 표시·광고

> **TIP** 제조방법에 관하여 연구하거나 발견한 사실에 대한 식품학·영양학 등의 문헌을 인용하여 문헌의 내용을 정확히 표시하고, 연구자의 성명, 문헌명, 발표 연월일을 명시하는 표시·광고는 허위표시 및 과대광고에 해당되지 않는다.

08 식품위생법상 무상수거 대상 식품에 해당하지 않는 것은?

① 도, 소매업소에서 판매하는 식품 등을 시험 검사용으로 수거 할때
② 수입식품등을 검사할 목적으로 수거할 때
③ 식품 등을 검사할 목적으로 수거 할때
④ 유통중인 식품중에 부정, 불량식품조사를 위해 수거 할 때

> **TIP** 유상수거 식품
> ① 식품 등의 기준 및 규격 제정, 개정 을 위한 참고용으로 수거할 때
> ② 도, 소매업소에서 판매하는 식품 등을 시험 검사용으로 수거할 때

02. 작업 환경 위생관리

〈HACCP〉

01 생식품류의 재배, 사육 단계에서 발생할 수 있는 1차 오염은?

① 처리장에서의 오염　② 자연 환경에서의 오염
③ 제조 과정에서의 오염　④ 유통 과정에서의 오염

---

06 ④　07 ②　08 ①　　01 ②

Chapter ❸ 위생 · 안전 관리

02 식품의 원료관리, 제조, 가공, 조리 및 유통의 모든 과정에서 위해한 물질이 식품에 혼입되거나 오염되는 것을 방지하기 위해 각 공정을 중심적으로 관리하는 기준을 무엇이라 하는가?

① SSOP(위생표준 운영기준) ② GMP(우수제조 기준)
③ SOP(표준 운영 기준) ④ HACCP(식품위해요소 중점관리 기준)

> **TIP** HACCP(해썹 ; 식품위해요소 중점관리기준) : 식품의약품안전처장이 고시

03 다음 중 HACCP에 대한 설명 중에서 잘못된 것은?

① 식품 위생의 수준을 향상시킬 수 있다.
② 원료로부터 유통의 전 과정에 대한 관리이다.
③ 종합적인 위생관리 체계이다.
④ 사후 처리의 완벽을 추구한다.

> **TIP** HACCP(위해요소 중점관리제도) :
> 원료의 생산에서부터 최종 제품의 생산과 저장 및 유통의 전과정, 최종 제품의 위생안전 확보에 필요한 관리점을 설정하고, 적절히 관리함으로써 식품위생의 안전성을 확보라는 예방적 차원에서의 식품 위생 관리 방식이다.

04 다음 중에서 위해분석(HA : Hazard Analysis)에 해당되지 않는 것은?

① 생물학적 요인 ② 화학적 요인 ③ 물리적 요인 ④ 과학적 요인

> **TIP** 위해분석(HA : Hazard Analysis) :
> 원재료의 제조 공정에서 발생 가능한 생물학적, 화학적, 물리적 위해요소를 분석하는 것

05 위해요소의 예방, 제거 및 감소를 위해 업정한 관리가 요구되는 단계를 무엇이라 하는가?

① GMP ② HA ③ CCP ④ HACCP

> **TIP** CCP(Critical Control Point) 중요 관리 지점 :
> 위해요소의 예방, 제거 및 감소를 위해 업정한 관리가 요구되는 단계

06 HACCP에 대한 설명으로 틀린 것은?

① 어떤 위해를 미리 예측하여 그 위해요인을 사전에 파악하는 것이다.
② 위해 방지를 위한 사전 예방적 식품안전관리체계를 말한다.
③ 미국, 일본, 유럽연합, 국제기구(Codex, WHO) 등에서도 모든 식품에 HACCP을 적용할 것을 권장하고 있다.
④ HACCP 절차의 마지막 단계는 위해요소 분석이다.

> **TIP** HACCP 절차의 첫번째 단계가 위해요소 분석이다.

정답 02 ④ 03 ④ 04 ④ 05 ③ 06 ④

07 다음 중 위해요소중점관리기준(HACCP)을 수행하는 단계에 있어서 가장 먼저 실시하는 것은?

① 중점관리점 규명
② 관리기준의 설정
③ 기록유지방법의 설정
④ 식품의 위해요소를 분석

> **TIP** 식품의 원료관리, 제조, 가공 및 유통의 전과정에서 유해한 물질이 당해 식품에 혼입, 오염되는 것을 방지하기 위한 각 과정을 관리하는 기준

08 급식산업에 있어서 위해요소관리(HACCP)에 의한 중요 관리점(CCP)에 해당하지 않는 것은?

① 교차오염 방지
② 권장된 온도에서의 냉각
③ 생물학적 위해요소 분석
④ 권장된 온도에서의 조리와 재가열

> **TIP** HACCP : 위해분석 HA / 중요관리점 CCP로 구성
> HA : 혹시라도 식품에 위해 가능성이 있는 요소를 찾아내어 분석하는 것
> CCP : 해당 위해 요소의 방지, 제거, 안전성을 확보하기 위해 관리하는 것(위생 안전 보장)

09 HACCP 실시 단계 7원칙에 해당되지 않는 것은?

① 위해요소 분석
② HACCP 팀 구성
③ 한계 기준 설정
④ 기록유지 및 문서 관리

> **TIP** HACCP 실시 단계 7원칙 :
> ① 위해요소 분석
> ② 중요관리점 설정
> ③ 허용한계 설정
> ④ 모니터링 방법의 결정
> ⑤ 검증 방법의 설정
> ⑥ 시정 조치의 결정
> ⑦ 기록 유지 및 문서 관리

10 HACCP 인증 단체급식업소(집단급식소, 식품접객업소, 도시락류 포함)에서 조리한 식품은 소독된 보존식 전용 용기 또는 멸균 비닐봉지에 매회 1인분 분량을 담아 몇 ℃ 이하에서 얼마 이상의 시간동안 보관하여야 하는가?

① 4℃ 이하, 48시간 이상
② 0℃ 이하, 100시간 이상
③ -10℃ 이하, 200시간 이상
④ -18℃ 이하, 144시간 이상

> **TIP** 집단급식소를 설치·운영하는 자는 조리·제공한 식품의 매회 1인분 분량을 섭씨 영하 18도 이하로 144시간 이상 보관해야 한다.

정답 07 ④ 08 ③ 09 ② 10 ④

Chapter ❸ 위생·안전 관리

03. 안전 관리

01 위험도 경감의 원칙에 대한 설명 중에서 잘못된 것은?

① 사고 발생 예방과 피해 심각도의 억제하기 위하여, 위험도 경감도를 검토해야 한다.
② 사람이 하는 일이므로 시스템은 필요 없고, 위험 발생하지 않게 항상 주의한다.
③ 사람, 절차, 장비의 시스템 구성요소를 고려한다.
④ 위험 요인을 제거하고 위험 발생과 사고 피해의 경감을 염두에 둔다.

02 어떤 작용을 한 쪽에서 다른 쪽으로 전달하는 물체나 그 수단의 뜻으로, 현장에서 출동하여 화재 구조, 구급작업의 현장 정보, 현장 작업 방법, 현장 작업 시 그 당시의 상황이나 환경 등을 무엇이라 하는가?

① 인간(man)　　② 기계(machine)
③ 매체(media)　　④ 관리(management)

03 화재예방을 위한 조치로 적합하지 않은 것은?

① 인화성 물질이나 화학 물질은 한군데 모아서 문을 잠그어 보관하여 아무도 손을 못 대게 한다.
② 소화전함, 소화기 비치 및 관리 점검한다.
③ 출입구 및 복도, 통로에 적재물 비치 여부 점검하여 비상통로 확보한다.
④ 비상 조명등 예비 전원 작동 상태 점검, 자동 확산 소화용구, 스프링 쿨러 설치의 적합성 점검한다.

04 위생적이고 안전한 식품 제조를 위해 적합한 기기, 기구 및 용기가 아닌 것은?

① 스테인리스 스틸 냄비
② 산성 식품에 사용하는 구리를 함유한 그릇
③ 소독과 살균이 가능한 내수성 재질의 작업대
④ 흡수성이 없는 단단한 단풍나무 재목의 도마

> **TIP** 구리, 동, 철 그릇은 산성 식품을 사용하면 색이 변한다.

정답 01 ②　02 ③　03 ①　04 ②

05 화학물질의 취급 시 유의사항으로 틀린 것은?

① 작업장 내에 물질 안전 보건자료를 비치한다.
② 고무장갑 등 보호복장을 착용하도록 한다.
③ 틀 이외의 물질과 섞어서 사용한다.
④ 액체 상태인 물질을 덜어 쓸 경우 펌프기능이 있는 호스를 사용한다.

06 떡 제조 시 작업자의 복장에 대한 설명으로 틀린 것은?

① 지나친 화장을 피하고 인조 속눈썹을 부착하지 않는다.
② 반지나 귀걸이 등 장신구를 착용하지 않는다.
③ 작업 변경 시마다 위생장갑을 교체할 필요는 없다.
④ 마스크를 착용하도록 한다.

07 작업장의 장비에 대한 안전관리 방법으로 잘못된 것은?

① 모든 작업장의 조명은 100룩스 이상을 유지 하도록 신경 써야 한다
② 사용후에는 반드시 전원 스위치를 완전 차단해 두어야 한다
③ 젖은 손으로 장비의 스위치를 조작 하지 않는다
④ 장비를 작동시 작업대 바닥면이 흔들리면 안되므로 수평이 유지 되도록 하고 고정 상태를 수시로 체크 한다

> **TIP** 작업장에서의 업무 내용에 따라 조명은 다르다.
> 보통 200 룩스 이상이며 정교한 작업(검수, 성형, 포장 등) 시에는 300룩스 이상이어야 한다.

08 떡을 제조 하기 전에 전처리 단계에서 안전관리 하는 방법 중에서 올바른 것은?

① 전처리 후 해야 할 작업에 대해 미리 인지하고 있다가, 전처리 후 바로 본 작업할 수 있게 업무 계획한다.
② 전처리 후 제품 생산시 까지 시간이 남으면 바닥 물청소 후, 바로 본 작업을 시작하도록 한다.
③ 원, 부재료를 기계에 넣을 때에는 누름봉을 사용하여야 하며, 급할 때에는 장갑낀 손으로 넣도록 한다.
④ 고온의 스팀, 뜨거운 열판으로 인한 화재가 우려되므로, 가열기구 사용 시에는 다른 작업 하던 것을 중단하고 가열기구 옆에 지켜서 있어야 한다.

정답 05 ③ 06 ③ 07 ① 08 ①

Chapter ❸ 위생·안전 관리

09 산업 재해 중 사망 또는 재해 정도가 심하거나 다수의 재해자가 발생한 경우로서 노동부 령으로 정하는 재해를 무엇이라 하는가?

① 안전 재해   ② 천재 지변
③ 중대 재해   ④ 보건 재해

10 화학 물질의 취급시 유의 사항으로 틀린 것은?

① 작업장 내에 물질 안전 보건 자료를 비치한다.
② 고무장갑 등 보호 복장을 착용하도록 한다.
③ 물 이외의 물질과 섞어서 사용한다.
④ 액체 상태인 물질은 덜어 쓸 경우 펌프 기능이 있는 호스를 사용한다.

11 화재를 사전에 예방하기 위한 방법으로 바르지 않은 것은?

① 전기를 사용하는 지역에서는 접선이나 물의 접촉을 금지하도록 한다.
② 화재 발생요소가 있는 기계 근처에는 가지 않도록 한다.
③ 지속적으로 화재 예방 교육을 실시한다.
④ 화재 위험성이 있는 화기나 서리 주변은 정기적으로 점검한다.

12 전기 안전에 관한 설명 중에서 잘못된 것은?

① 물 묻은 손으로 전기기구를 만지지 않도록 한다.
② 플러그를 콘센트에서 뺄 경우에는 줄을 잡아 당기지 말고 콘센트에 손을 잡고 빼도록 한다.
③ 1개의 콘센트에 여러 개의 선을 연결하면 과열 우려가 있다.
④ 전열기 내부 청소 시 물이 많이 들어가지 않게 스프레이로 물을 뿌려 닦아 낸다.

정답 09 ③ 10 ③ 11 ② 12 ④

Chapter ❹ 우리나라 떡의 역사 및 문화

01. 떡의 역사

01 떡을 뜻하는 한자가 아닌 것은?

① 병이(餠餌)　② 자(餈)　③ 고(糕)　④ 편(編)

02 떡과 관련된 내용을 담고 있는 조선시대에 출간된 서적이 아닌 것은?

① 도문대작　② 음식디미방　③ 임원십육지　④ 이조궁정요리통고

> **TIP** 이조궁정요리통고 : 한희순 상궁, 1957년 출간.

03 떡의 어원에 대한 설명으로 틀린 것은?

① 차륜병은 수리취 절편에 수레바퀴 모양의 문양을 내어 붙여진 이름이다.
② 석탄병은 '맛이 삼키기 안타깝다'는 뜻에서 붙여진 이름이다.
③ 약편은 멥쌀가루에 계피, 천궁, 생강 등 약재를 넣어 붙여진 이름이다.
④ 첨세병은 떡국을 먹음으로써 나이를 하나 더하게 된다는 뜻으로 붙여진 이름이다.

04 삼국시대 이전에 떡을 만드는 데 필요한 당시의 유물이 아닌 것은?

① 갈판　② 안반　③ 시루　④ 갈돌

> **TIP** 안반은 조선시대의 가정에는 상비되어 있는데 안반은 흰떡이나 인절미 등을 치는데 쓰이는 받침대이다.

05 중국의 고문헌으로 한대(漢代) 이전의 문서인 주례(周禮)와 한대의 문서인 『방언(方言)』을 살펴보면 3세기 한나라 말에 밀이 도입되어 사용이 일반화 되었는데 그 전에 사용된 주요한 곡물이 아닌 것은?

① 쌀　② 기장, 조　③ 콩　④ 보리

> **TIP** 보리는 4~5세기경대 고대 중국으로부터 한국에 전파되었다.

06 떡이란 호칭이 처음 나타난 문헌은?

① 규합총서　② 조선무쌍 신식요리제법　③ 삼국시기　④ 규곤시의 방

> **TIP** 규합총서는 조선 순조 9년(1809) 빙허각 이씨가 편찬한 부녀자의 생활지침서로서 일상생활에서 지켜야 할 범절을 비롯하여 어육조리법, 장초법, 염색술 등을 한글로 적었는데 처음으로 떡이란 호칭을 썼다.

정답 01 ④　02 ④　03 ③　04 ②　05 ④　06 ①

Chapter 4 우리나라 떡의 역사 및 문화

07 우리나라의 떡은 언제부터 먹었을까?
① 고구려 시대 ② 신라시대
③ 조선시대 ④ 삼국(고구려, 신라, 백제)이 정립되기 이전

08 이수광의 『지봉유설(1613)』에 『송사(宋史)』를 인용하여 기록하기를 "고려에서는 상사일(上巳日; 음력 3월 3일)에 청애병(靑艾餠)을 으뜸가는 음식으로 삼았다"라고 했는데 청애병은 무슨 떡인가?
① 가래떡 ② 상화병 ③ 쑥 떡 ④ 차전병

> **TIP** 청애병은 쑥으로 만든 떡을 말하며 이바지나 답례떡으로 쓰인다.

09 제호탕에 들어가지 않는 재료는?
① 계피 ② 사향 ③ 오매 ④ 백단

> **TIP** 제호탕에는 오매, 백단, 사향, 축사가 재료이다.

10 떡이 일반에 이르기까지 널리 보급되었던 시대는 언제인가?
① 청동기시대 ② 삼국시대 ③ 고려시대 ④ 일제 시대

> **TIP** 고려시대는 세시행사와 제사음식으로서가 아니라 하나의 별식으로 떡이 한층 더 발전하였다.

11 한글로 '떡'이라고 기록한 문헌의 이름은?
① 동국세시기 ② 규합총서 ③ 성호사설 ④ 수운잡방

> **TIP** 규합총서 : 1809. 빙허각 이씨가 엮은 가정살림에 관한 내용의 책.

12 시루에 찐 다음 절구나 안반 등에서 쳐서 만든 흰떡, 절편, 개피떡, 인절미, 단자류 등을 무엇이라 하는가?
① 증병(甑餅) ② 도병(搗餅) ③ 유전병(油煎餅) ④ 지지는 떡

> **TIP** 증병은 찌는 떡이고, 유전병은 기름에 지지는 떡이며, 삶는 떡은 끓는 물에 넣고 익혀내는 떡이다.

13 『동국세시기』에서는 가래떡을 백병(백병)이라 적고 조선조의 서울 풍속을 적은 『열왕세시기』에서는 엽전 모양으로 잘게 썰어 넣은 뒤 식구대로 한 그릇씩 먹으니 이것을 무엇이라 부르는가?
① 제호탕 ② 떡국 ③ 완자탕 ④ 어알탕

14 약식의 유래를 기록하고 있으며 이를 통해 신라시대부터 약식을 먹어왔음을 알 수 있는 문헌은?
① 목은집 ② 도문대작 ③ 삼국사기 ④ 삼국유사

정답 07 ④ 08 ③ 09 ① 10 ③ 11 ② 12 ② 13 ② 14 ④

15 약식의 유래와 관계가 없는 것은?

① 백결선생　　② 사금갑　　③ 까마귀　　④ 소지왕

> **TIP** 　**백결선생** : 떡방아 소리를 거문고로 소리내며 방아타령으로 가난의 서러움을 위로함
> 　　　　　**사금갑** : 정월대보름의 기원 전설 (거문고를 넣어 둔 상자)

16 다음은 떡의 어원에 관한 설명이다. 옳은 내용을 모두 선택한 것은?

> 가) 곤떡은 '색과 모양이 곱다' 하여 처음에는 고운 떡으로 불리었다.
> 나) 구름떡은 썬 모양이 구름 모양과 같다 하여 붙여진 이름이다.
> 다) 오쟁이떡은 떡의 모양을 가운데 구멍을 내고 만들어 붙여진 이름이다.
> 라) 빙떡은 떡을 차갑게 식혀 만들어 붙여진 이름이다.
> 마) 해장떡은 '해장국과 함께 먹었다' 하여 붙여진 이름이다.

① 가, 나, 마　　② 가, 나, 다　　③ 나, 다, 라　　④ 다, 라, 마

17 서속떡의 이름과 관련된 곡물은?

① 조와 기장　　② 콩과 보리　　③ 귀리와 메밀　　④ 율무와 팥

> **TIP** 　**서속떡** : 서속 가루(黍粟: 조 와 기장)에 밤 대추를 버무려 찌는떡

18 음식디미방에 기록된 석이편법에 사용한 고물로 옳은 것은?

① 잣고물　　② 녹두고물　　③ 붉은 팥고물　　④ 깨고물

> **TIP** 　**석이편법** : 쌀가루와 찹쌀가루 약간의 소금, 물만 들어가고 설탕은 안들어간 것
> 　　　　　**석이편** : 쌀가루, 석이버섯 다진 것, 섞어서 맨위에 잣 가루 뿌려준 떡

19 다음의 고려시대 떡 종류 설명이 잘못된 것은?

① 율고 : 찹쌀가루를 삶아 으깬 밤을 넣어 버무린 후 잣을 고명으로 얹어 찐 떡으로 중양절의 절식, 밤떡 또는 밤가루 설기라고도 부른다.
② 상애병 : 쑥을 넣어 만든 떡
③ 수단 : 떡수단, 흰떡수단/멥쌀가루로 작게 만든 흰 떡을 꿀물에 띄워 마시는 음료
④ 시고 : 찹쌀과 곶감가루를 버무려 찌고 고물로는 호두가루를 묻힌 경단 모양의 떡

> **TIP** 　**상애병** : 상외떡, 상에떡, 상화병/ 부풀려 찌는 떡
> 　　　　　**청애병** : 쑥을 넣어 만든 떡

15 ①　16 ①　17 ①　18 ①　19 ②　**정답**

Chapter ❹ 우리나라 떡의 역사 및 문화

20 도행병에 대한 설명중에서 잘못된 것은?

① 복숭아와 살구로 만드는 떡을 말한다.
② 삼국사기에 도행병이 설명되어 있다.
③ 멥쌀가루 찹쌀가루를 복숭아 살구 즙에 각각 많이 묻혀 버무려 주머니에 넣어 상하지 않게 둔다.
④ 가을이나 겨울에 이것을 다시 가루로 만들어 사탕가루나 꿀에 버무려 대추, 밤, 잣, 후추, 계피 등 속으로 고명하여 메가루를 시루에 안쳐 찐다.

> **TIP** 규합총서 : 도행병은 복숭아, 살구 무르익은 것을 씨없이 체에 거른다 라고 되어있다. (도병, 행병, 도행병)

21 상화에 대한 설명으로 틀린 것은?

① 귀한 밀가루 대신 쌀가루를 사용하여 증편으로 변하였다.
② 고려시대 후기 일본의 영향을 받아 만들어졌다.
③ 밀가루를 막걸리로 발효시켜 소를 넣어 만들었다.
④ 고려가요 쌍화점에서 쌍화점은 상화가게란 뜻이다.

> **TIP** 불교 문화의 영향

22 떡의 의미와 종류의 연결이 틀린 것은?

① 기원 : 붉은 팥단자, 백설기
② 나눔 : 이사 및 개업 떡
③ 부귀 : 보리개떡, 메밀떡
④ 미학과 풍류 : 진달래 화전, 국화전

23 다음 설명에서 말하는 떡은?

> 햇밤 익은 것, 풋대추 썰고, 좋은 침감 껍질 벗겨 저미고 풋청대콩과 가루에 섞어 꿀을 버무려 햇녹두 거피하고 부려 찌라. 출처 : [규합총서]

① 토란병 ② 승검초 단자 ③ 신과병 ④ 백설고

24 떡의 명칭과 재료의 연결이 틀린 것은?

① 상실병-도토리
② 서여향병-더덕
③ 남방감저병-고구마
④ 청애병-쑥

> **TIP** 서여향병 : 마를 쪄서 꿀에 담갔다가 찹쌀가루를 입혀 기름에 지져낸 후 잣고물을 묻힌 떡

정답 20 ② 21 ② 22 ③ 23 ③ 24 ②

02. 떡 문화

1 시·절식으로서의 떡

01 단오(5월 5일) 6월의 시절식이 아닌 것은?

① 수리취 절편 ② 단오병 ③ 느티떡(유엽병) ④ 앵두편

> **TIP** 느티떡 (유엽병) : 사월 초파일

02 유두(6월 5일), 삼복 6월의 시절식이 아닌 것은?

① 상화병 ② 제호탕 ③ 구절판 ④ 계삼탕

> **TIP** 제호탕 : 단오
> 유두 : 수단, 보리수단, 상화병, 구절판, 계삼탕, 건단, 유두면

03 칠석(7월 7일) 7월의 시절식이 아닌 것은?

① 밀전병 ② 유두면 ③ 증편 ④ 개피떡

> **TIP** 유두면 : 유두
> 칠석 : 주악, 밀설기, 증편, 밀전병, 밀국수

04 중화절(2월 1일) 2월의 시절음식은?

① 노비 송편 ② 팥죽 ③ 오곡밥 ④ 약식

> **TIP** 중화절(노비일, 머슴날) : 콩 볶아 먹기, 노비 송편, 삭일 송편

05 삼짇날(3월 3일) 3월의 시절음식이 아닌 것은?

① 화면 ② 콩볶이 ③ 책면 ④ 수면

> **TIP** 삼짇날 : 두견화전, 진달래 화채, 개피떡
> 콩 볶이 : 중화절
> 책면 : 강릉 지방에서 여름에 오미자물(꿀물)에 녹말국수를 넣은 화채
> 수면 : 메밀가루, 녹말가루, 밀가루, 콩가루, 소금을 반죽하여 국수를 만들어 삶은 후 꿀물, 잣가루를 뿌린 것

06 초파일(4월 8일) 4월의 시절식이 아닌 것은?

① 쑥편 ② 녹두편 ③ 느티떡 ④ 화전

> **TIP** 사월 초파일 : 파강회, 증편, 어채
> 화전 : 삼짇날

정답 01 ③ 02 ② 03 ② 04 ① 05 ② 06 ④

Chapter ❹ 우리나라 떡의 역사 및 문화

07 시식은 춘하추동 계절에 따라 나는 식품으로 만드는 음식을 말하며 절식은 다달이 있는 명절에 차려 먹는 음식을 말하는데 조선시대 세시풍속에 관한 문헌이 아닌 것은?

① 경도잡지　　② 동국세시기　　③ 삼국사기　　④ 열왕세시기

> **TIP** 삼국사기 : 삼국 및 통일 신라시대

08 설날(1월 1일), 대보름(1월 15일) 1월의 시절식이 아닌 것은?

① 떡국　　② 전유어　　③ 오곡밥　　④ 창면

> **TIP** 설날 : 가래떡, 인절미
> 창면 : 꿩 이나 닭고기 육수 및 고기를 고명으로 얹은 국수(밀가루)

09 음력정월 대보름에 오곡반(五穀飯)의 곡식은?

① 찹쌀, 기장, 찰수수, 붉은팥, 검정콩　　② 찹쌀, 차조, 수수, 팥, 강낭콩
③ 멥쌀, 기장, 수수, 팥, 찰보리　　④ 멥쌀, 기장, 수수, 팥, 차조

10 추석(8월 15일) 8월의 시절식이 아닌 것은?

① 오곡밥　　② 송편　　③ 조란, 율란　　④ 토란탕

11 중구(9월 9일) 9월의 시절식이 아닌 것은?

① 국화전　　② 유자화채　　③ 증편　　④ 밤단자

> **TIP** 중구 : 국화전, 국화주, 유자화채, 밤단자

12 무오일(상마일) 10월의 시절식이 아닌 것은?

① 고사떡　　② 국화전　　③ 애탕　　④ 연포탕

> **TIP** 10월(상달) : 시루떡, 고사떡

13 동지 11월의 시절식이 아닌 것은?

① 팥죽　　② 신선로　　③ 냉면　　④ 골동면

> **TIP** 동지 : 팥죽, 전약, 냉면, 수정과, 동치미, 장김치, 골동면

14 섣달그믐(12월 30일) 12월의 시절식이 아닌 것은?

① 보리수단　　② 골동반　　③ 장김치　　④ 수정과

> **TIP** 섣달 그믐 : 비빔밥, 골동반 / 유두 : 보리수단

정답　07 ③　08 ④　09 ①　10 ①　11 ③　12 ②　13 ②　14 ①

15 절식으로 먹는 떡의 연결로 바르지 않은 것은?

① 2월 초하룻날 – 노비송편　　② 정월 대보름 – 약식
③ 4월 초파일 – 느티떡　　　　④ 9월9일 중구절 – 증편

TIP 9월 9일 중구절 : 국화전 / 증편 : 사월 초파일

16 까마귀에게 보은한다는 의미가 담긴 정월 보름에 먹는 떡류는?

① 차륜병(수리취떡)　② 백설기　③ 송편　④ 약식

TIP 차륜병은 5월 단오에, 떡국은 정월 초하루에, 송편은 8월 추석의 절기 떡이다.

17 6월 유두에 먹었던 떡으로 풍년을 축원하는 의미를 갖는 떡은?

① 약식　② 느티떡(유엽병)　③ 떡수단　④ 흰가래떡

TIP 느티떡은 4월 초파일에, 약식은 정월보름에, 흰가래떡은 새해 첫날 먹는 시절떡이다.

18 섣달 그믐에 집에 남아있는 재료들을 모두 넣어서 따뜻하게 해 먹는 떡은?

① 모듬백이　② 만경떡　③ 잡과편　④ 온시루떡

TIP 만경떡 : 찹쌀가루에 설탕, 소금을 섞어 삶은 콩, 팥, 밤, 대추를 넣고 버무려 찐 떡(경상도 잔치떡).

19 중화절(노비일)에 큼직하게 만들어 종들에게 나이 수대로 나눠 주었던 떡은?

① 노비송편　② 떡국떡　③ 절편　④ 대추단자

TIP 노비송편은 음력 2월 1일 중화절(노비일)에 집에서 일하는 사람들에게 1년 농사를 잘 부탁한다는 격려가 들어 있다.

20 단오의 절식으로 맞는 떡은?

① 차륜병(수리취떡)　② 꽃산병　③ 백설기　④ 증편

TIP 꽃산병 : 떡 위에 꽃을 얹은 것처럼 모양이 예쁘다는 충청도 향토떡.

21 집집마다 시루떡을 만들어 고사를 지냈던 가을의 절기를 무엇이라 하는가?

① 중양절　② 납월　③ 10월 상달　④ 추석

TIP 납월 : 음력 섣달
중양절 : 음력 9월 9일

정답 15 ④　16 ④　17 ③　18 ④　19 ①　20 ①　21 ③

Chapter ④ 우리나라 떡의 역사 및 문화

22 중양절에 대한 설명으로 틀린 것은?

① 추석에 햇곡식으로 제사를 올리지 못한 집안에서 뒤늦게 천신을 하였다.
② 밤떡과 국화전을 만들어 먹었다.
③ 시인과 묵객들은 야외로 나가 시를 읊거나 풍국놀이를 하였다.
④ 잡과병과 밀단고를 만들어 먹었다.

> **TIP** 중양절 : 음력 9월 9일
> 밀단고 : 동국세시기에 소개(경단). 초겨울의 시식(10월).

23 음력 3월 3일에 먹는 시절 떡은?

① 수리취 절편   ② 약식   ③ 느티떡   ④ 진달래 화전

24 삼짇날의 절기 떡이 아닌 것은?

① 진달래 화전   ② 향애단   ③ 쑥떡   ④ 유엽병

> **TIP** 향애단, 청애병 : 쑥떡
> 유엽병 : 느티떡 (사월 초파일)

25 삼복 중에 먹는 절기 떡으로 틀린 것은?

① 증편   ② 주악   ③ 팥경단   ④ 깨찰편

> **TIP** 팥경단은 삼복 더위에 변질될 우려가 많다.

26 절기와 절식 떡의 연결이 틀린 것은?

① 정월 대보름 – 약식
② 삼짇날 – 진달래 화전
③ 단오 – 차륜병
④ 추석 – 삭일송편

> **TIP** 삭일송편 : 머슴의 나이만큼 나눠 주는 노비 송편
> 2월 초하루 : 삭일

27 시절과 시절떡의 연결로 틀린 것은?

① 10월 상달 : 붉은팥 시루떡
② 정조다례 : 가래떡
③ 3월 삼짇날 : 진달래 화전
④ 5월 단오 : 상화병

> **TIP** 정조다례 : 설날에 조상에게 올리는 제사
> 상화병 : 유두날 만들어 먹는 밀가루떡. 서리가 내려 앉은 것처럼 하얗다는 뜻.

정답   22 ④   23 ④   24 ④   25 ③   26 ④   27 ④

2 통과의례와 떡

01 통과의례란 사람이 태어나서 죽을 때까지 필연적으로 거치게 되는 몇 차례의 중요한 의례를 말하는데 다음에서 통과의례가 아닌 것은?

① 성년례   ② 책례   ③ 혼례   ④ 빈례

> **TIP** 빈례는 외국에서 온 사신을 접대하는 국가의례

02 백일의 떡이 아닌 것은?

① 인절미   ② 백설기   ③ 붉은 찰수수경단   ④ 오색송편

03 성년례(成年禮)에 하는 떡은?

① 가래떡   ② 약식   ③ 주악   ④ 우메기

04 혼례(婚禮)시의 떡은?

① 쇠머리 찰편   ② 원소병   ③ 봉치떡   ④ 두텁떡

05 한 인간이 출생으로 시작되는 통과의례 중 차리는 상차림이 아닌 것은?

① 삼신상   ② 백일상   ③ 회갑연   ④ 사찬상

> **TIP** 사찬상 : 임금이 내려준 음식상

06 아이가 태어나 첫 돌을 맞았을 때 돌상차림에 오르지 않는 떡은?

① 백설기   ② 오색송편   ③ 차수수 경단   ④ 잡과병

07 통과의례 상차림 중 혼례에서 함을 받을 때 만들어 사용했던 떡은?

① 백설기   ② 송편   ③ 봉치떡   ④ 꿀편

08 통과의례에 따라 먹었던 떡의 짝으로 맞지 않는 것은?

① 삼칠일 : 백설기   ② 제례 : 붉은 찰시루떡, 차수수경단
③ 혼례 : 붉은 찰 시루떡   ④ 성년례 : 약식

> **TIP** 제례 : 제사에는 거피녹두 시루떡을 많이 올린다.
> 책례(책씻이, 책거리) : 학생이 책 한 권을 다 뗀 후에 선생님과 동료들에게 음식을 대접하는 일.(송편, 국수, 경단, 떡국 등)

정답 01 ④   02 ①   03 ②   04 ③   05 ④   06 ④   07 ③   08 ②

Chapter 4 우리나라 떡의 역사 및 문화

09 통과의례 중 삼칠일에 차리는 떡의 의미로 맞는 것은?

① 백설기 : 깨끗하게 아이와 산모를 속세로부터 구별하고 산신의 보호 아래에 둔다.
② 오색송편 : 다섯가지 복을 받고 화려하게 살아라.
③ 봉치떡 : 충효사상을 명심하며 살아라
④ 인절미 : 책임과 의무를 다하며 살아라.

10 봉치떡에 대한 설명으로 틀린 것은?

① 납폐 의례 절차 중에 차려지는 대표적인 혼례음식으로 함떡이라고도 한다.
② 떡을 두 켜로 올리는 것은 부부 한 쌍을 상징하는 것이다.
③ 밤과 대추는 재물이 풍성하기를 기원하는 뜻이 담겨 있다.
④ 찹쌀가루를 쓰는 것은 부부의 금실이 찰떡처럼 화목하게 되라는 뜻이다.

TIP 밤과 대추는 아들, 딸 많이 낳아 잘 키우라는 뜻이 담겨 있다.

11 돌상에 차리는 떡의 종류와 의미로 잘못된 것은?

① 인절미 – 학문적 성장을 촉구하는 뜻을 담고 있다.
② 수수팥 경단 – 아이의 생애에 있어 액을 미리 막아준다는 의미를 담고 있다.
③ 오색송편 – 우주만물과 조화를 이루며 살아가라는 의미를 담고 있다.
④ 백설기 – 신성함과 정결함을 뜻하며, 순진무구하게 자라라는 기원이 담겨 있다.

12 돌상에 올리는 떡이 아닌 것은?

① 화전   ② 오색송편   ③ 수수팥 경단   ④ 백설기

13 봉채떡에 관한 설명으로 틀린 것은?

① 멥쌀가루로 만든다.   ② 신부집에서 만드는 떡이다.
③ 2단으로 켜를 만든다.   ④ 시루에 찌는 떡이다.

TIP 봉채떡(봉치떡) : 시루에 붉은팥 고물, 찹쌀가루 두켜 안치고 대추, 밤을 둥글게 돌려 놓은 떡

14 혼례의식 중 납폐일에 신랑집에서 신부집으로 함을 보낼 때 사용되는 떡은?

① 은절병   ② 봉치떡   ③ 석탄병   ④ 대추약편

정답 09 ①   10 ②   11 ①   12 ①   13 ①   14 ②

15 고임떡에 웃기로 얹는 떡이 아닌 것은?

① 꿀설기   ② 단자   ③ 주악   ④ 화전

> **TIP** 제사나 행사 때 떡을 고일 때 맨 위에 웃기로 얹는 떡은 작게 빚은 떡을 올린다.

16 다음 중 웃기떡으로 쓰이지 않는 떡은?

① 각색 단자   ② 각색 주악   ③ 각색편   ④ 산승

> **TIP** 산승 : 가루를 익반죽하여 꿀을 넣고 동글납작하게 지지는 떡

17 다음 중 돌상에 올라가는 떡이 아닌 것은?

① 백설기   ② 붉은 팥수수 경단   ③ 무지개떡   ④ 증편

> **TIP** 돌상에 올리는 떡 : 백설기, 붉은 팥수수 경단, 오색송편, 무지개떡, 인절미

18 책례에 대한 설명 중에서 해당사항이 없는 것은?

① 글방에서 학생이 책 한 권을 다 공부하고 난 뒤, 선생과 동료들에게 한턱 내는 일.
② 오색송편을 빚어서 나누었다.
③ 봉치떡이라고도 한다.
④ 책거리 라는 말을 쓰기도 한다.

> **TIP** 책례 : 책거리, 책씻이 라고도 한다.

19 찹쌀을 사용하여 만든 떡으로 맞는 것은?

① 봉치떡   ② 절편   ③ 색떡   ④ 석탄병

> **TIP** 절편, 색떡, 석탄병 : 멥쌀가루로 만든다.
> 봉치떡에 찹쌀가루를 쓰는 것은 부부의 금실이 찰떡처럼 화목하게 되라는 뜻이 있다.

정답 15 ①   16 ③   17 ④   18 ③   19 ①

Chapter 4 우리나라 떡의 역사 및 문화

3 향토떡

01 경상도 병과류가 아닌 것은?

① 무설기 ② 감단자 ③ 잣구리 ④ 쑥굴레

> **TIP** 무설기는 황해도 병과류이다.

02 전라도 병과류가 아닌 것은?

① 호박고지 시루떡 ② 수리취떡
③ 복령떡 ④ 찰부꾸미

> **TIP** 찰부꾸미는 평안도 병과류이다.
> 복령 : 소나무에 기생하는 균체

03 강원도 병과류가 아닌 것은?

① 녹말 송편 ② 메밀총떡
③ 차노치 ④ 도토리송편

> **TIP** 차노치는 경상도 병과류. 찹쌀가루에 지치로 분홍색 물을 들인 뒤 익반죽하여 큼직하게 기름에 지진 떡

04 충청도 병과류가 아닌 것은?

① 증편 ② 인절미 ③ 호박송편 ④ 빙떡

> **TIP** 빙떡은 제주도 병과류이다.

05 향토떡의 명칭이 잘못 연결된 것은?

① 여주-여주산병 ② 강릉-두텁떡
③ 제주-오메기떡 ④ 평양-놋티떡

> **TIP** 두텁떡은 왕의 탄신일에 올렸던 떡
> 강릉 향토음식으로서의 떡은 감자경단, 감자녹말송편, 감자시루떡, 뭉생이 떡이 있다.

06 서울 병과류가 아닌 것은?

① 각색떡 ② 느티떡 ③ 상추떡 ④ 우메기떡

> **TIP** 우메기떡은 제주도 병과류이다.

정답 01 ① 02 ④ 03 ③ 04 ④ 05 ② 06 ④

07 경기도 병과류가 아닌 것은?

① 여주산병　② 개성주악　③ 모시떡　④ 색떡

> **TIP** 모시떡 : 전라도 / 색떡 : 여러 가지 색으로 물을 들여 만든 떡(색병)

08 제주도 병과류가 아닌 것은?

① 빙떡　② 잡과편　③ 오메기떡　④ 차좁쌀편

> **TIP** 잡과편은 황해도 병과류이다.

09 황해도 병과류가 아닌 것은?

① 수수무살이　② 장떡　③ 상애떡　④ 큰 송편

> **TIP** 상애떡은 제주도 병과류이다.

10 평안도 병과류가 아닌 것은?

① 송기 개피떡　② 놋티떡　③ 뽕떡　④ 수리취 인절미

> **TIP** 수리취 인절미는 황해도 병과류이다.

11 함경도 병과류가 아닌 것은?

① 골미떡　② 꼬장떡　③ 오그랑떡　④ 언감자송편

> **TIP** 골미떡은 평안도 병과류이다.

12 각 지역의 떡의 특징으로 적절하지 않은 것은?

① 강원도 – 산과 바다가 공존하는 지역으로 재료도 다양하여 떡의 종류가 많다.
② 서울·경기도 – 떡의 종류가 많고 모양도 멋을 부려 화려하다.
③ 전라도 – 곡식이 가장 많이 생산되어 음식 못지않게 떡도 사치스럽고 맛이 각별하다.
④ 제주도 – 쌀과 곡식이 많이 생산되어 다양한 떡을 만들었다.

> **TIP** 제주도는 쌀이 많이 생산되지 않고, 잡곡이 많아 잡곡떡이 많다.

13 황해도 지역의 향토떡으로 맞는 것은?

① 닭알 범벅　② 감자 경단　③ 은행 단자　④ 감고지떡

> **TIP** 감고지떡은 전라도 지역, 은행단자는 서울 지역, 감자경단은 강원도 지역의 향토떡이다.

정답 07 ③　08 ②　09 ③　10 ④　11 ①　12 ④　13 ①

Chapter 4 우리나라 떡의 역사 및 문화

14 충청도의 향토떡이 아닌 것은?

① 꽃산병　② 총떡　③ 호박떡　④ 쇠머리떡

> **TIP** 총떡은 메밀로 전병을 부쳐 만드는 강원도 향토떡이다.

15 제주도 향토떡이 아닌 것은?

① 오메기떡　② 꽃송편　③ 빼대기(감제떡)　④ 도돔떡

> **TIP** 꽃송편 : 전라도 향토떡

16 쌀보다 잡곡이 흔해서 잡곡을 이용한 떡이 많은 지역은 어디인가?

① 서울　② 경상도　③ 제주도　④ 경기도

17 "인절미"라는 이름을 처음 사용한 지역은?

① 공주　② 부산　③ 영월　④ 대구

> **TIP** "인절미"란 이름은 인조가 이괄의 난을 피해 1624년에 피난 갔을 때 근처 임씨 댁에서 콩고물에 무친 떡을 진상하였다. "임씨"와 맛이 "절미"로다 하여 임절미로 불리다가 발음하기 편한 "인절미"로 바뀌었다.

18 각 지역과 향토떡의 연결로 틀린 것은?

① 경기도 – 여주산병, 색떡
② 경상도 – 모싯잎 송편, 만경떡
③ 제주도 – 오메기떡, 빙떡
④ 평안도 – 감자떡, 수리취떡

> **TIP** 감자떡, 수리취떡 : 강원도

19 개성경단과 상관없는 것은?

① 동국세시기 : 쑥을 찧어 찹쌀가루를 섞어 만든 떡이라고 되어 있다.
② 붉은 팥을 삶아 앙금을 내어 햇볕에 말려서 묻힌다.
③ 팥앙금을 말릴 때 설탕을 많이 넣는다.
④ 경아가루 고물을 묻혀 만든 경단이다.

> **TIP** 경아가루 : 붉은 팥을 삶아 앙금을 내어 햇볕에 말린 것을 말하며, 말릴 때 참기름을 고루 비벼서 서너번 되풀이 한다.

정답　14 ②　15 ②　16 ③　17 ①　18 ④　19 ③

떡제조기능사 필기 모의고사 1회

01 두류에 대한 설명으로 옳은 것은?

① 대두의 사포닌은 설사를 유발할수 있다.
② 팥은 비타민 E가 풍부하다.
③ 동부는 단백질 함량이 높고 탄수화물 함량이 낮다.
④ 땅콩에 함유된 지방성분 중 약 80%가 혈관에 좋은 포화지방이다.

02 채소의 구분과 종류의 연결이 틀린 것은?

① 엽채류 – 양배추
② 경채류 – 브로컬리
③ 근채류 – 당근
④ 과채류 – 피망

03 떡에 사용되는 재료에 대한 설명으로 틀린 것은?

① 지치는 기름에 넣고 끓여 색을 우려낸다.
② 오미자는 뜨거운 물에 담가 색과 맛을 우려낸다.
③ 치자는 씻어 반으로 갈라 따뜻한 물에 담가 우려낸다.
④ 대추고는 대추를 물에 푹 삶아 체에 걸러 잼처럼 졸인다.

04 떡에 부재료를 넣는 이유로 틀린 것은?

① 소화율을 상승시킨다.
② 쌀의 산성을 중화시킨다.
③ 쌀의 호화를 촉진시킨다.
④ 비타민 등 영양소를 보충한다.

05 결핍증상으로 빈혈을 일으키는 무기질로 옳게 연결된 것은?

① 인, 염소
② 철분, 구리
③ 염소, 마그네슘
④ 나트륨, 코발트

06 단백질에 대한 설명으로 틀린 것은?

① 체조직, 효소, 호르몬의 구성 성분이다.
② 체액과 혈액의 중성을 유지시킨다.
③ 체내에서 가수 분해되어 아미노산으로 흡수된다.
④ 탄소(C), 수소(H), 산소(O)의 3원소로 구성된다.

07 다음 중 유기용매에 녹는 비타민은?

① 비타민 A ② 비타민 B
③ 비타민 C ④ 리보 플라빈

08 호화를 촉진시키는 요인으로 틀린 것은?

① 온도 ② 염류
③ pH   ④ 압력

09 팥을 삶는 방법으로 옳은 것은?

① 반나절 정도 불린 뒤 삶는다.
② 찬물에서부터 10분 정도 삶아 낸다.
③ 끓는 물에 설탕을 넣고 10분 정도 삶아 낸다.
④ 물이 끓으면 삶은 첫 물은 버리고 두번째 물부터 30분 정도 삶는다.

10 쑥의 전처리 방법으로 틀린 것은?

① 줄기 부분을 제거한 뒤 끓는 물에 데친다.
② 데친 쑥을 물과 함께 넣어 냉동 보관하면 오래 보관이 가능하다.
③ 소분하여 냉동 보관한 뒤 필요시 꺼내사용한다.
④ 쑥설기를 할 때는 데치지 않고 사용한다.

11 고물 제조 방법으로 옳은 것은?

① 흑임자 고물은 검은깨를 씻어 분쇄기에 간 뒤 번철에 고슬고슬하게 볶는다.
② 거피팥 고물은 끓는 물에 무르게 삶아 어레미에 내려 사용한다.
③ 노란콩 고물은 노란콩을 씻어 볶아 식힌 후 분쇄기에 갈아 고운체에 내려 사용한다.
④ 팥 고물은 팥을 씻어 불린 후 물에 15분 정도 삶은 후 절구에 찧어 만든다.

12 떡에 대한 설명으로 옳은 것은?

① 무지개떡은 색편이라고도 불리며 일반적으로 제사상에 올리는 떡이다.
② 절편을 얇게 밀어 소를 넣고 반달 모양으로 접은 것이 바람떡이다.
③ 증편은 찹쌀가루에 막걸리를 넣고 반죽하여 발효시킨 떡이다.
④ 깨찰편은 치는 떡에 속한다

13 흰떡이나 인절미 등을 칠 때 사용하는 도구로 옳은 것은?

① 안반, 떡살　② 이남박, 시루
③ 안반, 떡메　④ 절구, 맷돌

14 두텁떡을 만들 때 거피팥 고물 제조 시 사용하지 않는 조리도구는?

① 어레미　② 시루
③ 떡메　④ 냄비

15 떡에 대한 설명으로 틀린 것은?

① 찌기 – 떼기 – 떠기 – 떡으로 변했다.
② 많은 사람에게 베푼다'는 떡에서 유래되었다.
③ 중국에서 전래되어 우리나라에 토착화되었다.
④ 각종 제례 및 농경의례, 토속 신앙을 배경으로 사용되었다.

16 멥쌀을 이용하여 만든 떡이 아닌 것은?

① 절편　② 송편
③ 인절미　④ 가래떡

17 멥쌀가루에 햇과일을 섞어 녹두고물을 올려 찐 떡은?

① 신과병　② 꼬장떡
③ 느티떡　④ 개피떡

18 치는 떡으로 옳은 것은?

① 인절미　② 찰시루떡
③ 송편　④ 노티떡

19 송편을 제조할 때 반죽 방법에 대한 내용으로 틀린 것은?

① 물의 온도가 낮을수록 반죽이 매끄럽고 부드럽다.
② 반죽을 많이 치댈수록 감촉이 좋다.
③ 익반죽을 하면 전분이 일부 호화되어 잘 뭉쳐진다.
④ 반죽을 오래 지대면 부드러워진다.

20 약밥의 제조 방법으로 틀린 것은?

① 찹쌀은 5시간 이상 불린 후 1시간 정도 찐다.
② 찐 밥이 식은 후 양념을 해야 잘 된다.
③ 양념을 할 때는 주걱으로 자르듯이 섞으며, 얼룩지지 않게 고루 섞어준다.
④ 양념한 찰밥은 상온에 두었다가 찌면 흡수가 잘 된다.

21 붉은 찰수수 경단에 대한 설명으로 옳은 것은?

① 부모에게 효도하라는 뜻이 있다
② 조화로운 미래를 기원하는 의미이다.
③ 성년례 전까지 생일 때 마다 해주는 풍습이 있다.
④ 자손이 번성하고 오래 살기를 바라는 마음을 담았다.

22 찹쌀을 멥쌀보다 거칠게 빻는 이유는 무엇 때문인가?

① 아밀로펙틴 ② 글루테닌
③ 선분   ④ 아밀로오스

23 떡가루와 고물로 켜를 올려 모양을 만들어 찌는 떡으로 옳은 것은?

① 백설기, 잡과병 ② 혼돈병, 두텁떡
③ 화전, 약식   ④ 증편, 경단

24 가래떡에 대한 설명으로 틀린 것은?

① 치는 떡에 해당한다.
② 흰떡이라고도 불린다.
③ 찹쌀가루를 김이 오른 찜기에 넣어 20분 정도 쪄서 사용한다.
④ 쪄낸 쌀가루를 압출성형기에 넣어 길게 절단한 떡이다.

25 웃기떡으로 틀린 것은?

① 각색병 ② 단자
③ 주악   ④ 화전

26 설기떡의 옆면이 익지 않은 이유로 틀린 것은?

① 충분히 찌지 않았다.
② 찜통의 옆면이 말라 있었다.
③ 쌀가루에 물의 양이 적었다.
④ 설탕을 넣지 않았다.

27 식품을 포장재에 넣어 100~120°C로 가열 처리하여 살균하는 포장방법은?

① 무균 포장 ② 냉동 포장
③ 밀봉 포장 ④ 레토르트 포장

28 떡의 포장 목적으로 틀린 것은?

① 먼지 등의 이물질 차단
② 외관을 아름답게 하여 상품성을 향상
③ 수분의 방출을 차단하여 노화 촉진
④ 취급 및 운반의 편리성 향상

29 간편하고 경제적이나 내수성, 내유성, 내습성 등이 약한 포장재는?
① 종이 ② 셀로판
③ 유리 ④ 알루미늄박

30 식품위생법에 명시된 목적으로 틀린 것은?
① 위생상의 위해를 방지
② 식품에 관한 올바른 정보 제공
③ 식품영양의 질적 향상 도모
④ 소비자의 권익 보호

31 보존제를 가장 잘 설명한 것은?
① 식품에 발생하는 해충을 사멸시키는 물질
② 식품의 변질 및 부패를 방지하고, 신선도를 보존하는 물질
③ 곰팡이의 발육을 억제시키는 물질
④ 식품 중에 부패 세균이나 전염병의 원인균을 사멸시키는 물질

TIP 보존료(방부제) : 미생물 번식을 억제시킨다.

32 식품등의 표시기준을 수록한 공전을 작성, 보급하는 자는?
① 식품의약품 안전처장
② 보건소장
③ 농림 축산 식품부 장관
④ 대통령

33 영업 신고를 해야 하는 업종이 아닌 것은?
① 위탁급식영업 및 제과점영업
② 식품 소분 · 판매업
③ 일반음식점영업
④ 유흥주점 영업

34 식품첨가물과 사용 식품의 연결이 옳은 것은?
① 안식향산 – 치즈, 버터
② 소르빈산 – 어육연제품
③ 데히드로초산 – 빵, 생과자
④ 프로피온산– 청량음료

35 통조림 식품의 통조림 관에서 유래될 수 있는 식중독 물질은?
① 불소 ② 주석
③ 납 ④ 구리

36 60°에서 30분간 가열하면 예방이 가능한 식중독은?
① 살모넬라 식중독
② 병원성 대장균 식중독
③ 장염비브리오 식중독
④ 테트로도톡신 식중독

37 떡류 포장의 표시 기준을 포함하여, 소비자의 알 권리를 보장하고 건전한 거래 질서를 확립함으로써 소비자 보호에 이바지함을 목적으로 하는 것은?
① 위해요소 중점관리기준
② 식품안전관리 인증기준
③ 식품안전기본법
④ 식품 등의 표시 · 광고에 관한 법률

38 숙주의 감수성지수(접촉감염지수)가 가장 높은 감염병은?
① 홍역 ② 디프테리아
③ 백일해 ④ 소아마비

39 감자 싹의 배당체 화합물인 독성물질은?

① 베네루핀　② 삭시토신
③ 솔라닌　④ 사포닌

40 병원체가 세균인 질병으로 옳은 것은?

① 장티푸스　② 홍역
③ 소아마비　④ 발진티푸스

41 조리 전 손 소독에 적합한 소독제로 옳은 것은?

① 석탄산　② 역성비누
③ 생석회　④ 차아염소산나트륨

42 HACCP의 7단계 수행 절차에 해당하지 않는 것은?

① 위해요소 분석
② HACCP 팀 구성
③ 중요관리점 확인
④ 모니터링 방법의 설정

43 동물과 관련된 감염병의 연결이 옳은 것은?

① 소 - 결핵　② 개 - 디프테리아
③ 쥐 - 공수병　④ 고양이 - 페스트

44 장출혈성 대장균에 대한 설명으로 틀린 것은?

① 일명 햄버거병이라고 불린다.
② 사람이 감염되면 설사, 혈변, 복통 등을 일으킨다.
③ 100℃ 이상에서 가열해도 사멸되지 않는다.
④ 베로톡신이라는 독소를 생성한다.

45 떡의 명칭과 재료의 연결이 틀린 것은?

① 청애병 - 쑥
② 상실병 - 도토리
③ 서여향병 - 더덕
④ 남방감저병 - 고구마

46 시루가 처음 발견된 시기는?

① 신석기　② 청동기
③ 고조선　④ 삼국시대

47 최초의 한글 조리서이자 여성이 쓴 조선시대 문헌은?

① 음식디미방　② 임원경제지
③ 동국세시기　④ 규합총서

48 다음의 기록이 담긴 문헌은?

① 도문대작　② 규합총서
③ 삼국사기　④ 삼국유사

49 절기와 절식 떡의 연결이 틀린 것은?

① 납일 - 골무떡
② 삼짇날 - 화전
③ 석가탄신일 - 느티떡
④ 중화절 - 오려송편

50 삼복날 먹는 절식으로의 떡은?

① 증편　② 쑥절편
③ 차륜병　④ 국화전

51 쌀가루에 무채, 단호박 고지를 섞어 붉은팥 고물의 시루떡을 쪄서 고사를 지낸 날은?

① 중양절　② 정월 대보름
③ 동지　④ 상달

52 느티떡, 장미화전을 만들어 먹은 명절은?
① 유두   ② 단오
③ 초파일   ④ 삼진날

53 중화절에 대한 내용으로 틀린 것은?
① 조선 정조 이후 임금이 농업에 힘쓰라는 뜻으로 신하들에게 나눠준 자를 중화척이라 한다.
② 농사철의 시작을 기념하는 1월의 명절이다.
③ 노비송편, 일송편을 빚어 노비들에게 나이 수대로 나누어 주었다.
④ 삭일, 노비일, 머슴날이라고도 한다.

54 제주도의 향토떡인 오메기떡의 주재료는?
① 차조   ② 수수
③ 보리   ④ 찹쌀

55 충청도 지역의 향토떡으로 옳은 것은?
① 잣구리, 모시잎 송편
② 색떡, 각색 경단
③ 감인절미, 감고지떡
④ 호박떡, 해장떡

56 지역별 향토떡의 연결이 틀린 것은?
① 평안도 – 오쟁이떡
② 충청도 – 쇠머리떡
③ 제주도 – 오메기떡
④ 서울, 경기 – 여주산병

57 통과의례와 떡의 연결이 틀린 것은?
① 삼칠일 – 백설기
② 제례 – 꿀편
③ 회갑 – 백편
④ 백일 – 무지개떡

58 봉치떡(함떡)의 재료와 의미의 연결이 틀린 것은?
① 찹쌀 : 부부가 화목하게 지내기를 기원
② 붉은팥고물 : 벽사의 의미
③ 대추 : 자손의 번창
④ 밤 : 풍요와 장수

59 황변미 중독에서 14~15% 이상의 수분을 함유하는 저장미에서 발생하기 쉬운데 그 원인 미생물은?
① 곰팡이   ② 세균
③ 효모   ④ 바이러스

60 '떡'이라는 호칭이 처음으로 나타난 문헌은?
① 조선무쌍 신식요리제법
② 삼국사기
③ 규합 총서
④ 음식디미방

떡제조기능사 필기 모의고사 1회 정답									
1	2	3	4	5	6	7	8	9	10
①	②	②	②	②	④	①	④	④	①
11	12	13	14	15	16	17	18	19	20
③	②	②	③	③	③	①	①	①	②
21	22	23	24	25	26	27	28	29	30
④	①	②	③	①	④	②	③	①	④
31	32	33	34	35	36	37	38	39	40
②	①	④	②	③	①	③	①	③	①
41	42	43	44	45	46	47	48	49	50
②	②	①	③	②	①	③	③	④	①
51	52	53	54	55	56	57	58	59	60
④	③	②	①	④	②	④	④	①	③

떡제조기능사 필기 모의고사 2회

01 옥수수에 대한 설명으로 틀린 것은?
① 단일 품종으로 저장성이 낮은 편이다.
② 세계에서 가장 소비량이 많은 작물이다.
③ 가루로 가공하여 섭취하면 소화율이 더욱 높아진다.
④ 옥수수의 씨눈에는 불포화지방산이 풍부하다.

02 떡 제조에 적합하지 않은 쌀의 종류는?
① 단립종   ② 멥쌀
③ 인디카형   ④ 자포니카형

03 해송자라고 불리며 비타민 B, 철분이 풍부한 고물용 부재료는 무엇인가?
① 잣   ② 깨
③ 땅콩   ④ 호두

04 감미료에 대한 설명으로 틀린 것은?
① 설탕은 감미도의 기준 물질이다.
② 꿀은 설탕보다 과당의 함량이 낮다.
③ 올리고당은 대장에서 유해 세균의 증식을 억제한다.
④ 조청은 전분을 맥아로 당화시킨 것이다.

05 서여향병의 주재료는?
① 단호박   ② 마
③ 더덕   ④ 인삼

06 송자, 백자, 실백이라고 불리며 떡의 고명으로 사용하는 재료는?
① 잣   ② 밤
③ 석이   ④ 대추

07 조에 대한 설명으로 옳은 것은?
① 옥수수, 쌀 다음으로 소비가 많은 곡물이다.
② 곡류 중 알의 크기가 가장 크다.
③ 메조는 노란색, 차조는 녹색이다.
④ 탄닌(Tannin)을 함유하고 있어 소화율이 낮다.

08 멥쌀가루에 요오드 용액을 떨어뜨리면 변하는 색으로 옳은 것은?
① 청자색   ② 녹갈색
③ 적자색   ④ 황색

09 쌀의 수침 시 수분 흡수율에 큰 영향을 주는 요인이 아닌 것은?
① 쌀의 당질 함유량
② 쌀의 저장 기간
③ 수침 시 물의 온도
④ 쌀의 품종

10 좁쌀에 대한 설명으로 틀린 것은?

① 오메기떡을 만드는 데 주로 이용된다.
② 저장성이 약한 곡물이다.
③ 메조와 차조로 구분된다.
④ '서속'이라고도 불린다.

11 비타민과 그 결핍증상의 연결로 틀린 것은?

① 비타민 B_1 – 각기병, 신경염
② 비타민 B_2 – 구각염, 설염
③ 비타민 C – 괴혈병
④ 비타민 A – 악성빈혈, 신경증상

12 지방(지질)에 대한 설명으로 옳은 것은?

① 필수지방산은 신체 성장 및 생리과정에 반드시 필요하다.
② 포화지방산은 옥수수, 두류 등의 지질에 많이 함유되어 있다.
③ 지용성 비타민의 체내 배출을 돕는다.
④ 지방산과 글리세롤로 구성되며, 물에 녹는 성질이 있다.

13 무기질에 대한 설명으로 틀린 것은?

① 체내 중요한 열량원이다.
② 인체의 약 4%를 차지한다.
③ 체내에서 합성되지 못하므로 반드시 식품으로 섭취해야 한다.
④ 생리적 작용의 촉매 역할을 한다.

14 필수지방산으로 틀린 것은?

① 팔미틴산 ② 아라키돈산
③ 리놀레산 ④ 리놀렌산

15 떡의 노화를 억제하기 위한 보관 방법으로 잘못된 것은?

① 설탕을 첨가한다.
② 유화제를 첨가한다.
③ 냉장고에 보관한다.
④ 60℃ 이상의 온장고에 보관한다.

16 떡을 만들 때 사용하는 도구에 대한 설명으로 잘못된 것은?

① 안반 : 쌀을 씻은 후 물이 잘 빠지게 담아두는 도구
② 떡살 : 떡에 문양을 찍을 때 사용하는 도구
③ 번철 : 기름에 지지는 떡을 만들 때 사용하는 철판
④ 맷돌 : 곡식을 껍질을 벗길 때 사용하는 도구

17 재료의 전처리 방법으로 옳은 것은?

① 서리태 – 물에 2~3번 헹군 후 바로 끓는 물에 15분 정도 삶는다.
② 치자 – 가볍게 씻은 후 치자 1개에 물1/2컵 정도를 넣어 사용한다.
③ 팥 – 물에 2시간 정도 불린 후 물에 30분 정도 삶는다.
④ 거피팥 – 물에 2시간 정도 불린 후 삶아 껍질째 사용한다.

18 녹두고물 제조 방법으로 틀린 것은?

① 녹두는 2시간 이상 물에 불리고 손으로 비벼 껍질을 완전히 제거한다.
② 녹두는 끓는 물에 푹 무르게 30분 정도 삶는다.

③ 찐 녹두에 소금을 넣어 절구로 쌓는다.
④ 굵은체에 내려 사용한다.

19 켜떡이 아닌 것은?
① 녹두 찰편　② 신과병
③ 두텁떡　④ 쑥 절편

20 제례에 고임떡 위에 장식으로 올린 떡의 명칭은?
① 웃기떡　② 상화
③ 각색병　④ 절편

21 도행병에서 '도행'이 의미하는 것은?
① 복숭아, 은행　② 복숭아, 살구
③ 대추, 은행　④ 감, 살구

22 다음 중 '치는 떡'의 표기로 옳은 것은?
① 증병　② 절병
③ 도병　④ 전병

23 삶는 떡의 표기로 옳은 것은?
① 증병　② 전병
③ 도병　④ 단자병

24 떡 조리 과정의 특징으로 틀린 것은?
① 찌는 떡은 멥쌀가루보다 찹쌀가루를 사용할 때 물을 더 보충하여야 한다.
② 편칭공정을 거치는 치는 떡은 시루에 찌는 떡보다 노화가 더디게 진행된다.
③ 쌀의 수침 시간이 증가할수록 쌀의 조직이 연화되어 습식제분을 할 때 전분입자가 미세화된다.
④ 쌀가루는 너무 고운 것보다 어느 정도 입자가 있어야 자체 수분 보유율이 있어 떡을 만들 때 호화도가 더 좋다.

25 설기떡이 아닌 것은?
① 석이병　② 색떡
③ 잡과병　④ 상추떡

26 송편을 제조할 때 반죽방법에 대한 내용으로 틀린 것은?
① 물의 온도가 낮을수록 반죽이 매끄럽고 부드럽다.
② 반죽을 많이 치댈수록 감촉이 좋다.
③ 익반죽을 하면 전분이 일부 호화되어 잘 풍쳐진다.
④ 반죽을 오래 지대면 부드러워진다.

27 백설기 제조 방법으로 틀린 것은?
① 멥쌀을 충분히 불린 후 소금을 넣어 2번 빻는다.
② 멥쌀가루에 물과 설탕을 넣고 잘 섞은 후 중간체에 내린다.
③ 찜기에 시루밑을 깔고 체에 내린 쌀가루를 고루 안친다.
④ 쌀가루를 안친 뒤 칼금을 깊이 넣어주면 찌고 난 뒤 떡이 잘 잘라진다.

28 붉은팥 시루떡에 대한 설명으로 틀린 것은?
① 적팥고물을 찹쌀가루에 켜켜이 올려 안친 떡이다.
② 11월 동지의 절식으로 마을과 집안의 풍요를 빌었다.

③ '귀신이 붉은색을 기피한다'는 속설이 있어 붉은팥 시루떡으로 고사를 지내기도 하였다.
④ 붉은팥을 삶을 때는 사포닌을 제거하기 위하여 끓어오르면 물을 따라 버리고 새 물을 넣고 무르게 삶아 낸다.

29 무시루떡에 대한 설명으로 틀린 것은?
① 음력 10월 상달에 만들어 먹은 떡이다.
② 무는 채 썰어 소금에 절인 후 쌀가루와 섞어준다.
③ 붉은 팥고물을 이용하여 켜를 주어 시루에 찐 떡이다.
④ 팥을 사용하는 이유는 붉은색이 액막이를 의미하기 때문이다.

30 다음 중에서 고물 재료를 미지근한 물에 담그어 불린 후, 소금과 흑설탕을 넣은 후 볶아 식힌 후 만든 것은?
① 서리태 고물 ② 붉은팥 고물
③ 거피팥 고물 ④ 녹두 고물

31 깨고물 제조 방법으로 틀린 것은?
① 깨는 이물질을 골라 내면서 씻어 준다.
② 씻은 후 수분을 뺀다.
③ 깨를 불린 후 껍질을 벗겨 낸다.
④ 같은 참깨에 소금, 설탕을 넣고 섞어 준다.

32 메밀을 이용하여 만든 떡이 아닌 것은?
① 빙떡 ② 겸절병
③ 총떡 ④ 빈자떡

33 약밥의 재료로 틀린 것은?
① 찹쌀 ② 밤
③ 간장 ④ 팥

34 포장·용기 표시사항에 대한 설명으로 틀린 것은?
① 품목보고번호 : 제조자가 관할 기관에 품목 제조를 보고할 때 부여되는 번호
② 소비기한 : 제품 제조일로부터 소비자에게 허용된 판매기간
③ 원재료명 : 식품첨가물의 처리·제조 등에 사용되는 물질로 최종 제품에 들어있는 것
④ 영양성분 : 과자·빵·캔디류에 한하여 표시

35 독성이 없어 인체에 무해하지만 습기에 약하고 열접착이 어려워 다른 포장재와 함께 사용하는 포장재는?
① 셀로판
② 폴리스틸렌(PS)
③ 폴리 에틸렌(PE)
④ 폴리 프로필렌(PP)

36 조선시대 문헌과 내용으로 틀린 것은?
① 도문대작 – 가장 오래된 식품 전문서로 떡류 19종이 기술되어 있다.
② 수문사설 – 오도증이라는 떡을 찌는 도구가 나온다.
③ 성호사설 – 가정 살림에 관한 내용의 책으로 석탄병의 내용이 나온다.
④ 임원경제지 – 경단 모양이라 찹쌀가루를 물로 반죽하여 도토리 알만하게 또는 밤만하게 둥글게 빚어 만든다.

37 전반적인 농업기술과 가공 기술이 발달하여 떡의 고급화와 전성기를 이룬 시대는?

① 삼국시대 ② 통일신라시대
③ 고려시대 ④ 조선시대

38 인조가 이괄의 난을 피해 내려왔을 때 떡을 먹으며 이름을 물었고 임 씨네 집에서 바친 떡이라고 하자 '그것 참 절미로구나'라고 하여 이름이 생겨나게 된 떡은?

① 석이병 ② 개피떡
③ 인절미 ④ 석탄병

39 절식 떡의 연결이 틀린 것은?

① 3월 삼짇날 – 진달래 화전
② 칠석 – 밀전병
③ 10월 상달 – 상화병
④ 섣달 그믐 – 골무떡

40 정월대보름의 절식으로 만들어 먹은 떡은?

① 약식 ② 쑥떡
③ 수단 ④ 전병

41 고려는 상사일에 청애병을 으뜸가는 음식으로 삼는다. 이것은 어린 쑥잎을 쌀가루에 섞어서 찐 떡이라는 의미에서 유추할 수 있는 풍습으로 알맞은 것은?

① 떡이 제향음식의 하나였다.
② 떡이 절식으로 자리 잡게 되었다.
③ 연말에 떡을 하는 풍속이 있었다.
④ 떡이 일반에게 널리 보급되었다.

42 떡의 어원에 대한 설명으로 틀린 것은?

① 해장떡 : '해장국과 함께 먹었다'하여 붙여진 이름이다.
② 곤떡 : '색과 모양이 곱다'하여 붙여진 이름이다.
③ 차륜병 : '떡을 차갑게 식혀 만들었다'하여 붙여진 이름이다.
④ 구름떡 : 썰어 놓은 모양이 '구름 모양과 같다'하여 붙여진 이름이다.

43 떡 어원의 변천으로 옳은 것은?

① 찌기 – 떠기 – 떼기 – 떡
② 떼기 – 치기 – 찌기 – 떡
③ 찌기 – 떼기 – 떠기 – 떡
④ 치기 – 찌기 – 떠기 – 떡

44 삼국시대 이전부터 떡을 만들어 먹었을 것으로 추정되는 이유로 틀린 것은?

① 쌀을 비롯한 잡곡, 콩류를 재배하였다.
② 갈돌, 돌확 등이 유물로 출토되었다.
③ 청동기시대 유적지에서 시루가 출토되었다.
④ 불을 사용한 흔적이 있다.

45 조선시대 문헌의 내용으로 틀린 것은?

① 규합총서 ② 수문사설
③ 목은집 ④ 성호사설

46 식품위생법 시행규칙에 따라 영업에 종사하지 못하는 질병으로 틀린 것은?

① 콜레라 ② 장티푸스
③ 홍역 ④ 피부병

47 손의 상처와 같은 화농성 질환자로 인해 발생할 수 있는 식중독은?

① 살모넬라균
② 장염비브리오
③ 황색포도상구균
④ 클로스트리디움 보툴리눔균

48 HACCP의 수행 단계 중 가장 먼저 실시하는 것은?

① 중점관리점 결정
② 위해요소 분석
③ 검증절차의 설정
④ 개선조치 방법 설정

49 HACCP 인증 단체급식업소(집단급식소, 식품접객업소, 도시락류 포함)에서 조리한 식품은 소독된 보존식 전용 용기 또는 멸균 비닐봉지에 매회 몇 인분 분량을 담아 몇 ℃ 이하에서 얼마 이상의 시간 동안 보관해야 하는가?

① 1인분, 4℃ 이하, 100시간 이상
② 1인분, -18℃ 이하, 144시간 이상
③ 2인분, 0℃ 이하, 144시간 이상
④ 2인분, -18℃ 이하, 200시간 이상

50 미나마타병의 원인이 되는 식중독 물질은?

① 수은　　② 카드뮴
③ 아연　　④ 구리

51 해동역사에서 중국인이 칭송한 떡은?

① 율고　　② 수단
③ 전병　　④ 상화

52 고려시대 최초의 떡집인 쌍화점에서 판매한 떡은?

① 상화병　　② 수단
③ 쑥떡　　④ 밤 설기

> **TIP** 쌍화점 : 최초의 떡집
> 상화 : 밀가루를 부풀려 채소로 소, 팥소를 넣고 찐 증편류

53 중화절의 시절 음식은?

① 팥죽　　② 오곡밥
③ 노비 송편　　④ 화전

54 통과의례와 떡에 대한 설명으로 옳은 것은?

① 삼칠일에는 오색송편을 준비하여 우주 만물과의 조화를 기원하였다.
② 백일에는 백설기를 준비하여 무병장수를 기원하였다.
③ 돌에는 갖가지 편류의 떡을 준비하여 조화로운 미래를 기원하였다.
④ 책례에는 속이 꽉 찬 송편만을 만들어 학문적 성과를 기원하였다.

55 뱃사람들이 아침에 일 나가기 전에 뜨끈한 해장국과 함께 먹었다는 떡으로 팥고물을 입힌 인절미와 같은 떡이라고 전해지는 향토떡과 지역이 바르게 짝 지어진 것은?

① 해장떡- 강원도
② 해장떡- 충청도
③ 고치떡 - 경상도
④ 오메기떡 - 황해도

56 각 지역과 향토떡의 연결이 틀린 것은?

① 서울, 경기 – 두텁떡
② 충청도 – 해장떡
③ 제주도 – 빙떡
④ 함경도 – 감자떡

57 평안도 지역의 향토떡으로 틀린 것은?

① 언감자 송편   ② 조개송편
③ 찰부꾸미   ④ 송기떡

58 찹쌀가루를 쪄서 안반에 놓고 쳐 인절미처럼 만든 다음 팥소를 넣고 네모지게 빚어 콩가루를 묻혀 만든 떡이라고 전해지는 향토떡과 지역은?

① 오쟁이떡 – 황해도
② 곱장떡 – 함경도
③ 방울증편 – 강원도
④ 찰부꾸미 – 평안도

59 강원도 지역의 향토떡으로 틀린 것은?

① 메밀 전병   ② 감자시루떡
③ 고치떡   ④ 찰옥수수떡

60 곡식이 풍부하여 떡 종류가 많고, 감을 많이 사용하여 감시루떡, 감찰떡, 감단자, 감고지떡이 많은 지역은?

① 충청도   ② 경상도
③ 전라도   ④ 강원도

떡제조기능사 필기 모의고사 2회 정답									
1	2	3	4	5	6	7	8	9	10
①	③	①	②	②	①	③	①	①	②
11	12	13	14	15	16	17	18	19	20
④	①	①	①	③	①	②	②	④	①
21	22	23	24	25	26	27	28	29	30
②	③	④	①	③	①	②	②	②	①
31	32	33	34	35	36	37	38	39	40
③	④	④	②	①	②	④	③	③	①
41	42	43	44	45	46	47	48	49	50
②	③	③	④	③	③	③	②	②	①
51	52	53	54	55	56	57	58	59	60
①	①	③	②	②	④	①	①	③	②

떡제조기능사 필기 기출문제 1회

01 다음 중에서 다른 플라스틱과 증착(laminate)이 용이하여 식품 포장재로 사용하는 것은?
① P.E(Poly Ethylene)
② O.P.P(Oriented Propylene)
③ P.P(Poly Propylene)
④ 일반 형광종이

02 떡 포장할 때 기능으로 틀린 것은?
① 보존의 용이성 ② 정보성
③ 향미증진 ④ 안전성

03 서속떡의 이름과 관련된 곡물은?
① 기장과 조 ② 콩과 보리
③ 귀리와 메밀 ④ 율무와 팥

04 봉채떡에 관한 설명으로 틀린 것은?
① 멥쌀가루로 만든다.
② 신부집에서 만드는 떡이다.
③ 2단으로 켜를 만든다.
④ 시루에 찌는 떡이다

05 떡의 노화가 가장 빨리되는 보관상태는?
① 실온 보관
② 급속냉동실 보관
③ 전기보온 밥솥 보관
④ 냉장고 보관

06 여름철 따뜻한 바닷물에서 증식된 호염균에 의한 식중독은?
① 살모넬라 식중독
② 캠필로박터 식중독
③ 황색포도상구균 식중독
④ 장염비브리오 식중독

07 루틴의 함유량이 높아 혈관벽에 저항력을 높이는 효과가 있는 곡류는?
① 보리 ② 밀
③ 메밀 ④ 쌀

08 켜떡류가 아닌 것은?
① 녹두편 ② 잡과병
③ 팥시루떡 ④ 송피병

09 다음 도구 중 곡물을 찧거나 빻을 때 쓰는 도구로 틀린 것은?
① 절구 ② 맷돌
③ 조리 ④ 방아

10 혼례의식 중 납폐일에 신랑집에서 신부집으로 함을 보낼 때 사용되는 떡은?
① 은절병 ② 봉치떡
③ 석탄병 ④ 대추약편

11 고임떡에 웃기로 앉는 떡이 아닌 것은?
① 꿀설기　② 단자
③ 주악　④ 화전

12 음식디미방에 기록된 석이편법에 사용한 고물로 옳은 것은?
① 잣고물　② 녹두고물
③ 붉은 팥고물　④ 깨고물

13 쌀의 성분 중 함량이 가장 높은 것은?
① 탄수화물　② 단백질
③ 지방　④ 수분

14 식품변질의 직접적인 요인이 아닌 것은?
① 온도　② 압력
③ 산소　④ 효소

15 다음의 고려시대 떡 종류 설명이 잘못된 것은?
① 율고 : 찹쌀가루를 삶아 으깬 밤을 넣어 버무린 후 잣을 고명으로 얹어 찐 떡으로 중양절의 절식, 밤떡 또는 밤가루 설기라고도 부른다.
② 상애병 : 쑥을 넣어 만든 떡
③ 수단 : 떡수단, 흰떡수단/멥쌀가루로 작게 만든 흰 떡을 꿀물에 띄워 마시는 음료
④ 시고 : 찹쌀과 곶감가루를 버무려 찌고 고물로는 호두가루를 묻힌 경단 모양의 떡

16 황변미 중독은 14~15% 이상의 수분을 함유하는 저장미에서 발생하기 쉬운데 그 원인 미생물은?
① 곰팡이　② 세균
③ 효모　④ 바이러스

17 다음 중에서 켜떡이 아닌 것은?
① 색떡　② 각색떡
③ 시루떡　④ 찰편

18 돌상에 올리는 떡이 아닌것은?
① 두텁떡　② 오색송편
③ 수수팥 경단　④ 백설기

19 책례에 대한 설명 중에서 해당사항이 없는 것은?
① 글방에서 학생이 책 한권을 다 공부하고 난 뒤, 선생과 동료들에게 한턱 내는 일.
② 오색송편을 빚어서 나누었다.
③ 봉치떡 이라고도 한다.
④ 책거리 라는 말을 쓰기도 한다.

20 다음 중 전분의 호정화에 대한 설명이 아닌 것은?
① 전분에 물을 가하지 않고 높은 온도 (160℃~180℃)로 가열
② 효소나 산으로 가수분해 했을 때 전분이 가용성 전분을 거쳐 다양한 길이의 덱스트린으로 분해 되는 것.
③ 점성은 강해지고 단맛은 감소한다.
④ 누룽지, 뻥튀기, 미숫가루 등이 해당된다.

21 다음 중 비타민 B가 많고 철분이 풍부한 것은?
① 은행 ② 밤
③ 잣   ④ 육금

22 병원체가 바이러스인 감염병은?
① 발진티푸스 ② 회충
③ 뇌염   ④ 콜레라

23 다음 중 병원체가 세균인 질병은?
① 디프테리아 ② 홍역
③ 결핵   ④ 발진티프스

24 아래의 발색제 중에서 잘못 연결된 것은?
① 노란색 : 송화가루, 단호박가루, 울금, 치자
② 보라색 : 자색고구마, 백년초, 흑미
③ 붉은색 : 송기, 지초, 대추고
④ 갈색 : 코코아 가루, 커피, 계피, 감

25 다음 중 물이 함유하고 있는 유기물질과 폐수를 정수하는 과정에서 살균제로 사용되는 염소와 서로 반응하여 생성되는 발암성 물질은 무엇인가?
① 트리할로메탄 ② 메탄올
③ 트리메틸 아민 ④ 에틸 알코올

26 가래떡에 대한 설명으로 틀린 것은?
① 가래떡을 하루 정도 말려 동그랗게 썰면 떡국용 떡이 된다.
② 가래떡은 치는 떡의 일종으로 멥쌀가루를 사용한다.
③ 가래떡은 길게 밀어서 만든 떡으로 백국이라고도 한다.
④ 가래떡은 멥쌀, 소금, 물을 넣어서 만든다.

27 시절과 시절떡의 연결로 틀린 것은?
① 10월 상달 : 붉은팥 시루떡
② 정조다례 : 가래떡
③ 3월 삼짇날 : 진달래 화전
④ 5월 단오 : 상화병

28 찹쌀을 사용하여 만든 떡으로 맞는 것은?
① 봉치떡 ② 봉령떡
③ 색떡   ④ 석탄병

29 상화에 대한 설명으로 틀린 것은?
① 귀한 밀가루 대신 쌀가루를 사용하여 증편으로 변하였다
② 고려시대 후기 일본의 영향을 받아 만들어 졌다
③ 밀가루를 막걸리로 발효시켜 소를 넣어 만들었다
④ 고려가요 쌍화점에서 쌍화점은 상화가 계란 뜻이다

30 떡류 포장 시 제품표시 사항이 아닌 것은?
① 유통기한
② 영업소의 대표자명
③ 영업소 명칭 및 소재지
④ 제품명, 내용량 및 원재료명

31 생식품류의 재배, 사육 단계에서 발생할 수 있는 1차 오염은?

① 처리장에서의 오염
② 자연 환경에서의 오염
③ 제조 과정에서의 오염
④ 유통 과정에서의 오염

32 떡의 의미와 종류의 연결이 틀린 것은?

① 기원 : 붉은 팥단자, 백설기
② 나눔 : 이사 및 개업 떡
③ 부귀 : 보리개떡, 메밀떡
④ 미학과 풍류 : 진달래 화전, 국화전

33 노화에 대한 설명으로 맞는 것은?

① 아밀로펙틴 함량이 증가할수록 노화가 지연된다
② 0~4℃에서 떡의 노화가 지연된다
③ 찹쌀로 만든 떡보다 멥쌀로 만든 떡이 노화가 느리다
④ 쑥, 호박, 무 등의 부재료는 떡의 노화를 가속시킨다.

34 수분 차단성이 좋으며 소량 생산에도 포장 규격화가 용이한 포장재직은?

① 플라스틱 포장재(폴리에틸렌)
② 금속포장재
③ 종이포장재
④ 유리포장재

35 떡의 제조과정 설명 중 틀린 것은?

① 송편은 멥쌀가루를 익반죽해서 콩, 깨, 밤, 팥 등의 소를 넣고 빚어서 찐 떡이다.
② 찹쌀가루는 물을 조금만 넣어도 질어지므로 주의해야 한다.
③ 떡을 익반죽 할 때는 미지근한 물을 조금씩 부어가며 쌀가루에 골고루 가도록 섞는다.
④ 단자는 찹쌀가루를 삶거나 쪄서 익혀 꽈리가 일도록 쳐 고물을 묻힌다.

36 절기와 절식떡의 연결이 틀린 것은?

① 추석 : 삭일송편
② 삼짇날 : 진달래화전
③ 정월대보름 : 약식
④ 단오 : 차륜병

37 치는 떡을 만들 때 사용하는 도구가 아닌 것은?

① 떡판
② 떡메
③ 떡살
④ 동구리

38 팥을 삶을 때 첫 물을 버리는 이유는?

① 설사를 일으킬 수 있는 성분을 제거하기 위해
② 일정한 당도를 유지하기 위해
③ 색의 농도를 조절하기 위해
④ 비린 맛을 제거하여 풍미를 돋우기 위해

39 떡에 사용하는 재료의 전처리 설명이 틀린 것은?

① 쑥은 잎만 데쳐서 쓸만큼 싸서 냉동한다
② 대추고는 물을 넉넉히 넣고 푹 삶아 체에 내려 과육만 거른다
③ 오미사는 너운물에 우려 각종 색을 낼 때 사용한다.
④ 호박고지는 물에 불려 물기를 꼭 짜서 사용한다.

40 다음 떡의 종류 중 설기떡은?

① 무시루떡　② 유자단자
③ 송편　　　④ 잡과병

41 약식에 주로 사용하는 재료로 틀린 것은?

① 늙은 호박　② 참기름
③ 대추　　　④ 간장

42 제조과정과 떡 종류의 연결이 맞는 것은?

① 삶는 떡 : 팥고물 시루떡, 콩찰떡
② 지지는 떡 : 송편, 약밥
③ 치는 떡 : 인절미, 가래떡
④ 찌는 떡 : 경단, 주악

43 식품 포장재의 구비조건으로 틀린 것은?

① 맛의 변화를 억제할 수 있어야 한다.
② 가격과 상관없이 위생적이어야 한다.
③ 식품의 부패를 방지할 수 있어야 한다.
④ 내용물을 보호할 수 있어야 한다.

44 베로독소를 생산하며 용혈성 요독증과 신부전증을 발생하는 대장균은?

① 장관독소원성 대장균
② 장관침투성 대장균
③ 장관병원성 대장균
④ 장관출혈성 대장균

45 익반죽을 했을 때의 설명으로 맞는 것은?

① 찹쌀가루를 일부 호화시켜 점성이 생기면 반죽이 용이하다.
② 찹쌀가루의 아밀로오스 가지를 조밀하게 만들어 점성이 높아진다
③ 찹쌀가루의 글루텐을 수화시켜 반죽을 좋게한다.
④ 찹쌀가루의 효소를 불활성화하여 제조 적성을 높인다.

46 다음 설명에서 말하는 떡은?

> 햇밤 익은 것, 풋대추 썰고, 좋은 침감 껍질 벗겨 저미고 풋청대콩과 가루에 섞어 꿀을 버무려 햇녹두 거피하고 부려 찌라.
>
> 출처 : [규합총서]

① 토란병　　② 승검초 단자
③ 신과병　　④ 백설고

47 떡 포장 표시사항으로 틀린 것은?

① 식염 함량
② 포장 재질
③ 영업소 명칭 및 소재지
④ 유통기한

48 가래떡에 대한 설명으로 틀린 것은?

① 정월에 엽전 모양으로 썰어 떡국을 끓인다.
② 찹쌀가루를 쳐서 친 떡으로 도병이다.
③ 다른 말로 흰떡, 백병이라고도 한다.
④ 권모라고도 했다.

49 찌는 찰떡 중 나머지 셋과 성형 방법이 다른 것은?
① 구름떡 ② 쇠머리떡
③ 깨찰편 ④ 꿀찰떡

50 법랑용기, 도자기 유약 성분으로 사용되며 산성식품에 의해 이타이이타이병 등의 만성중독을 유발하는 유해물질은?
① 비소 ② 주석
③ 카드뮴 ④ 수은

51 치는 떡과 관련이 없는 것은?
① 가피병, 인병 ② 백자병, 강병
③ 마제병, 골무떡 ④ 떡수단, 재증병

52 고물 만드는 방법으로 틀린 것은?
① 거피 팥고물은 각종 편, 단자, 송편 소 등으로 쓰인다.
② 밤고물은 밤을 삶아 겉껍질과 속껍질을 벗긴 후 소금을 넣고 빻아 체에 내려 사용한다.
③ 녹두고물은 푸른 녹두를 맷돌에 타서 불려 삶아 사용한다.
④ 붉은 팥고물은 익힌 팥에 소금을 넣고 절구방망이로 빻아 사용한다.

53 인절미를 칠 때 사용되는 도구가 아닌 것은?
① 안반 ② 절구
③ 떡살 ④ 떡메

54 다음 중에서 체가 가장 고운 것?
① 어레미 ② 깁체
③ 고물체 ④ 도드미

55 웃기떡으로 쓰이지 않는 떡은?
① 각색단자 ② 각색주악
③ 각색편 ④ 산승

56 쇠머리 찰떡의 설명으로 맞는 것은?
① 쇠머리고기를 넣고 만든 음식이다.
② 모두배기 또는 모듬백이떡이라고 불린다.
③ 멥쌀가루 검정콩 등을 넣고 만든 떡이다.
④ 전라도에서 즐겨 먹는 떡이다.

57 떡의 명칭과 재료의 연결이 틀린 것은?
① 상실병-도토리
② 서여향병-더덕
③ 남방감저병-고구마
④ 청애병-쑥

58 바실러스 세레우스(Bacillus cereus)에 대한 설명 중 잘못된 것은?
① 공기 감염 ② 장독소
③ 구토 ④ 설사

59 다음 중에서 붉은 색을 나타내는 천연 착색료는 어떤 것인가?
① 치자 ② 지치
③ 송화 ④ 타르 색소

60 식물체 중에는 여러 원소가 함유 되어 있는데 다량원소와 미량원소로 나눈다. 다음 중 설명이 잘못된 것은?

① 다량원소는 작물의 필수 원소 가운데 특히 많은양을 요구하는 원소를 말한다.
② 미량원소에는 철(Fe), 망간(Mn), 붕소(B), 구리(Cu), 염소(Cl) 등이 속한다
③ 식물에 의한 요구량이 적은 원소를 미량원소라 한다
④ 탄소(C), 수소(H), 산소(O), 질소(N), 유황(S), 마그네슘(Mg), 칼슘(Ca), 칼륨(K) 등은 미량요소 에 속한다.

떡제조기능사 필기 기출문제 1회 정답

1	2	3	4	5	6	7	8	9	10
①	③	①	①	④	④	③	②	③	②
11	12	13	14	15	16	17	18	19	20
①	①	①	②	②	①	①	①	③	③
21	22	23	24	25	26	27	28	29	30
③	③	③	③	①	③	④	①	②	②
31	32	33	34	35	36	37	38	39	40
②	③	①	①	③	①	④	①	③	④
41	42	43	44	45	46	47	48	49	50
①	③	②	④	①	③	①	②	①	③
51	52	53	54	55	56	57	58	59	60
②	③	③	②	③	②	②	①	②	④

떡제조기능사 필기 기출문제 2회

01 치는 떡의 표기로 옳은 것은?
① 증병(甑餠)   ② 도병(搗餠)
③ 유병(油餠)   ④ 전병(煎餠)

02 떡의 영양학적 특성에 대한 설명으로 틀린 것은?
① 팥시루떡의 팥은 멥쌀에 부족한 비타민 D와 비타민 E를 보충한다.
② 무시루떡의 무에는 소화효소인 디아스타제가 들어있어 소화에 도움을 준다.
③ 쑥떡의 쑥은 무기질, 비타민, 비타민 C가 풍부하여 건강에 도움을 준다.
④ 콩가루인절미의 콩은 찹쌀에 부족한 단백질과 지질을 함유하여 영양상의 조화를 이룬다.

03 떡을 만드는 도구에 대한 설명으로 틀린 것은?
① 조리는 쌀을 빻아 쌀가루를 내릴 때 사용한다.
② 맷돌은 곡식을 가루로 만들거나 곡류를 타개는 기구이다.
③ 맷방석은 멍석보다는 작고 둥글며 곡식을 널 때 사용한다.
④ 어레미는 굵은 체를 말하며 지방에 따라 얼맹이, 얼레미 등으로 불린다.

04 떡을 만들 때 쌀 불리기에 대한 설명으로 틀린 것은?
① 쌀은 물의 온도가 높을수록 물을 빨리 흡수한다.
② 쌀의 수침 시간이 증가하면 호화개시 온도가 낮아진다.
③ 쌀의 수침 시간이 증가하면 조직이 연화되어 입자의 결합력이 증가한다.
④ 쌀의 수침 시간이 증가하면 수분함량이 많아져 호화가 잘 된다.

05 쌀의 수침 시 수분흡수율에 영향을 주는 요인으로 틀린 것은?
① 쌀의 품종
② 쌀의 저장기간
③ 수침 시 물의 온도
④ 쌀의 비타민 함량

06 불용성 섬유소의 종류로 옳은 것은?
① 검   ② 뮤실리지
③ 팩틴   ④ 셀룰로오스

07 찌는 떡이 아닌 것은?
① 느티떡   ② 혼돈병
③ 골무떡   ④ 신과병

08 떡 제조 시 사용하는 두류의 종류와 영양학적 특성으로 옳은 것은?

① 대두에 있는 사포닌은 설사의 치료제이다.
② 팥은 비타민 B_1이 많아 각기병 예방에 좋다.
③ 검은콩은 금속이온과 반응하면 색이 옅어진다.
④ 땅콩은 지질의 함량이 많으나 필수지방산은 부족하다.

09 인절미나 절편을 칠 때 사용하는 도구로 옳은 것은?

① 안반, 맷방석 ② 떡메, 쳇다리
③ 안반, 떡메   ④ 쳇다리, 이남박

10 두텁떡을 만드는 데 사용되지 않는 조리 도구는?

① 떡살 ② 체
③ 번철 ④ 시루

11 빚은 떡 제조 시 쌀가루 반죽에 대한 설명으로 틀린 것은?

① 송편 등의 떡 반죽은 많이 치댈수록 부드러우면서 입의 감촉이 좋다.
② 반죽을 치는 횟수가 많아지면 반죽 중에 작은 기포가 함유되어 부드러워진다.
③ 쌀가루를 익반죽하면 전분의 일부가 호화되어 점성이 생겨 반죽이 잘 뭉친다.
④ 반죽할 때 물의 온도가 낮을수록 치대는 반죽이 매끄럽고 부드러워진다.

12 병과에 쓰이는 도구 중 어레미에 대한 설명으로 옳은 것은?

① 고운 가루를 내릴 때 사용한다.
② 도드미보다 고운체이다.
③ 팥고물을 내릴 때 사용한다.
④ 약과용 밀가루를 내릴 때 사용한다.

13 다음 중에서 위해분석(HA : Hazard Analysis)에 해당되지 않는 것은?

① 생물학적 요인 ② 화학적 요인
③ 물리적 요인   ④ 과학적 요인

14 떡 조리과정의 특징으로 틀린 것은?

① 쌀의 수침시간이 증가할수록 쌀의 조직이 연화되어 습식제분을 할 때 전분 입자가 미세화된다.
② 쌀가루는 너무 고운 것보다 어느 정도 입자가 있어야 자체 수분 보유율이 있어 떡을 만들 때 호화도가 더 좋다.
③ 찌는 떡은 멥쌀가루보다 찹쌀가루를 사용할 때 물을 더 보충하여야 한다.
④ 펀칭공정을 거치는 치는 떡은 시루에 찌는 떡보다 노화가 더디게 진행된다.

15 법랑용기, 도자기 유약 성분으로 사용되며 산성식품에 의해 이타이이타이병 등의 만성 중독을 유발하는 유해물질은?

① 비소   ② 주석
③ 카드뮴 ④ 수은

16 도행병에 대한 설명중에서 잘못된 것은?

① 복숭아와 살구로 만드는 떡

② 삼국사기 에 도행병이 설명되어 있다.
③ 멥쌀가루 찹쌀가루를 복숭아 살구 즙에 각각 많이 묻혀 버무려 주머니에 넣어 상하지 않게 둔다.
④ 가을이나 겨울에 이것을 다시 가루로 만들어 사탕가루나 꿀에 버무려 대추, 밤, 잣, 후추, 계피 등 속으로 고명하여 메가루를 시루에 안쳐 찐다.

17 상화에 대한 설명으로 틀린 것은?

① 귀한 밀가루 대신 쌀가루를 사용하여 증편으로 변하였다
② 고려시대 후기 일본의 영향을 받아 만들어 졌다
③ 밀가루를 막걸리로 발효시켜 소를 넣어 만들었다
④ 고려가요 쌍화점에서 쌍화점은 상화가게란 뜻이다

18 약식의 양념(캐러멜 소스) 제조 과정에 대한 설명으로 틀린 것은?

① 설탕과 물을 넣어 끓인다.
② 끓일 때 젓지 않는다.
③ 설탕이 갈색으로 변하면 불을 끄고 물엿을 혼합한다.
④ 캐러멜소스는 130℃에서 갈색이 된다.

19 설기 제조에 대한 일반적인 과정으로 옳은 것은?

① 멥쌀은 깨끗하게 씻어 8 ~ 12시간 정도 불려서 사용한다.
② 쌀가루는 물기가 있는 상태에서 굵은 체

에 내린다.
③ 찜기에 준비된 재료를 올려 약한 불에서 바로 찐다.
④ 불을 끄고 20분 정도 뜸을 들인 후 그릇에 담는다.

20 치는 떡이 아닌 것은?

① 꽃절편   ② 인절미
③ 개피떡   ④ 쑥개떡

21 가래떡 제조과정의 순서로 옳은 것은?

① 쌀가루 만들기 – 안쳐 찌기 – 용도에 맞게 자르기 – 성형하기
② 쌀가루 만들기 – 소 만들어 넣기 – 안쳐 찌기 – 성형하기
③ 쌀가루 만들기 – 익반죽하기 – 성형하기 – 안쳐 찌기
④ 쌀가루 만들기 – 안쳐 찌기 – 성형하기 – 용도에 맞게 자르기

22 인절미를 뜻하는 단어로 틀린 것은?

① 인병   ② 은절병
③ 절병   ④ 인절병

23 전통음식에서 '약(藥)'자가 들어가는 음식의 의미로 틀린 것은?

① 꿀과 참기름 등을 많이 넣은 음식에 약(藥)자를 붙였다.
② 몸에 이로운 음식이라는 개념을 함께 지내고 있다.
③ 꿀을 넣은 과자와 밥을 각각 약과(藥果)와 약식(藥食)이라 하였다.

④ 한약재를 넣어 몸에 이롭게 만든 음식만을 의미한다.

24 멥쌀가루에 요오드 용액을 떨어뜨렸을 때 변화되는 색은?
① 변화가 없음   ② 녹색
③ 청자색   ④ 적갈색

25 전통적인 약밥을 만드는 과정에 대한 설명으로 틀린 것은?
① 간장과 양념이 한쪽에 치우쳐서 얼룩지지 않도록 골고루 버무린다.
② 불린 찹쌀에 부재료와 간장, 설탕, 참기름 등을 한꺼번에 넣고 쪄낸다.
③ 찹쌀을 불려서 1차로 찔 때 충분히 쪄야 간과 색이 잘 배인다.
④ 양념한 밥을 오래 중탕하여 진한 갈색이 나도록 한다.

26 백설기를 만드는 방법으로 틀린 것은?
① 멥쌀을 충분히 불려 물기를 빼고 소금을 넣어 곱게 빻는다.
② 쌀가루에 물을 주어 잘 비빈 후 중간체에 내려 설탕을 넣고 고루 섞는다.
③ 찜기에 시루밑을 깔고 체에 내린 쌀가루를 꾹꾹 눌러 안친다.
④ 물솥위에 찜기를 올리고 15 ~ 20분간 찐 후 약한 불에서 5분간 뜸을 들인다.

27 저온 저장이 미생물 생육 및 효소 활성에 미치는 영향에 관한 설명으로 틀린 것은?
① 일부의 효모는 −10℃에서도 생존 가능하다.
② 곰팡이 포자는 저온에 대한 저항성이 강하다.
③ 부분 냉동 상태보다는 완전 동결 상태하에서 효소 활성이 촉진되어 식품이 변질되기 쉽다.
④ 리스테리아균이나 슈도모나스균은 냉장 온도에서도 증식 가능하여 식품의 부패나 식중독을 유발한다.

28 찰떡류 제조에 대한 설명으로 옳은 것은?
① 불린 찹쌀을 여러 번 빻아 찹쌀가루를 곱게 준비한다.
② 쇠머리떡 제조 시 멥쌀가루를 소량 첨가할 경우 굳혀서 썰기에 좋다.
③ 찰떡은 메떡에 비해 찔 때 소요되는 시간이 짧다.
④ 팥은 1시간 정도 불려 설탕과 소금을 섞어 사용한다.

29 설기떡에 대한 설명으로 틀린 것은?
① 고물 없이 한 덩어리가 되도록 찌는 떡이다.
② 콩, 쑥, 밤, 대추, 과일 등 부재료가 들어가기도 한다.
③ 콩떡, 팥시루떡, 쑥떡, 호박떡, 무지개떡이 있다.
④ 무리병이라고도 한다.

30 개성경단과 상관없는 것은?
① 동국세시기 : 쑥을 찧어 찹쌀가루를 섞어 만든 떡이라고 되어 있다.

② 붉은 팥을 삶아 앙금을 내어 햇볕에 말려서 묻힌다.
③ 팥앙금을 말릴 때 설탕을 많이 넣는다.
④ 경아 가루 고물을 묻혀 만든 경단이다.

31 떡 반죽의 특징으로 틀린 것은?
① 많이 치댈수록 공기가 포함되어 부드러우면서 입 안에서의 감촉이 좋다.
② 많이 치댈수록 글루텐이 많이 형성되어 쫄깃해진다.
③ 익반죽할 때 물의 온도가 높으면 점성이 생겨 반죽이 용이하다.
④ 쑥이나 수리취 등을 섞어 반죽할 때 노화 속도가 지연된다.

32 재료의 계량에 대한 설명으로 틀린 것은?
① 액체 재료 부피계량은 투명한 재질로 만들어진 계량컵을 사용하는 것이 좋다.
② 계량단위 1큰술의 부피는 15ml 정도이다.
③ 저울을 사용할 때 편평한 곳에서 0점(zero point)을 맞춘 후 사용한다.
④ 고체지방 재료 부피계량은 계량컵에 잘게 잘라 담아 계량한다.

33 식품 등의 기구 또는 용기·포장의 표시 기준으로 틀린 것은?
① 재질
② 영업소 명칭 및 소재지
③ 소비자 안전을 위한 주의사항
④ 섭취량, 섭취방법 및 섭취 시 주의사항

34 자연적 식중독을 일으킬 수 있는 감자의 독소는?
① 엔테로 톡신
② 사포닌
③ 베네루핀
④ 솔라닌

35 인절미를 칠 때 사용되는 도구가 아닌 것은?
① 절구
② 안반
③ 떡메
④ 떡살

36 황색 포도상 구균에 의한 식중독에 대한 설명 중에서 잘못된 것은?
① 잠복기는 1~5시간 정도이다.
② 치사율이 높다.
③ 주요 증상은 구토, 설사, 복통 등이다.
④ 장독소(Enterotoxin)에 의한 독소형 식중독이다.

37 100℃에서 10분간 가열하여도 균에 의한 독소가 파괴되지 않아 식품을 섭취한 후 3시간 정도 만에 구토, 설사, 심한 복통 증상을 유발하는 미생물은?
① 노로바이러스
② 황색포도상구균
③ 캠필로박터균
④ 살모넬라균

38 위생적이고 안전한 식품 제조를 위해 적합한 기기, 기구 및 용기가 아닌 것은?
① 스테인리스스틸 냄비
② 산성 식품에 사용하는 구리를 함유한 그릇
③ 소독과 살균이 가능한 내구성 재질의 작업대
④ 흡수성이 없는 단단한 단풍나무 재목의 도마

39 화학물질의 취급 시 유의사항으로 틀린 것은?
① 작업장 내에 물질안전보건자료를 비치한다.
② 고무장갑 등 보호복장을 착용하도록 한다.
③ 물 이외의 물질과 섞어서 사용한다.
④ 액체 상태인 물질은 덜어 쓸 경우 펌프 기능이 있는 호스를 사용한다.

40 베로 독소를 생산하며 용혈성 요독증과 신부전증을 발생하는 대장균은?
① 장관독소원성 대장균
② 장관침투성 대장균
③ 장관병원성 대장균
④ 장관출혈성 대장균

41 물리적 살균·소독방법이 아닌 것은?
① 일광 소독
② 화염 멸균
③ 역성비누 소독
④ 자외선 살균

42 식품의 변질에 관계하는 세균의 발육을 억제하는 조건은?
① 중성의 pH
② 30~40℃의 온도
③ 10% 이하의 수분
④ 풍부한 영양소

43 다음과 같은 특성을 지닌 살균소독제는?

- 가용성이며 냄새가 없다.
- 자극성 및 부식성이 없다.
- 유기물이 존재하면 살균효과가 감소한다.
- 작업자의 손이나 용기 및 기구 소속에 주로 사용한다.

① 승홍
② 크레졸
③ 석탄산
④ 역성비누

44 수인성 감염병의 역학적인 유행 특성이 아닌 것은?
① 환자 발생이 폭발적이다.
② 잠복기가 짧고 치명률이 높다.
③ 성별과 나이에 거의 상관없이 발생한다.
④ 급수 지역과 발병 지역이 거의 일치한다.

45 식품의 변질에 의한 생성물로 틀린 것은?
① 과산화물
② 암모니아
③ 토코페롤
④ 황화수소

46 봉치떡에 대한 설명으로 틀린 것은?
① 납폐 의례 절차 중에 차려지는 대표적인 혼례 음식으로 함떡이라고도 한다.
② 떡을 두 켜로 올리는 것은 부부 한쌍을 상징하는 것이다.
③ 밤과 대추는 재물이 풍성하기는 기원하는 뜻이 담겨 있다.
④ 찹쌀가루를 쓰는 것은 부부의 금실이 찰떡처럼 화목하게 되라는 뜻이다.

47 다음은 떡의 어원에 관한 설명이다. 옳은 내용을 모두 선택한 것은?

> 가) 곤떡은 '색과 모양이 곱다' 하여 처음에는 고운 떡으로 불리었다.
> 나) 구름떡은 썬 모양이 구름 모양과 같다 하여 붙여진 이름이다.
> 다) 오쟁이떡은 떡의 모양을 가운데 구멍을 내고 만들어 붙여진 이름이다.
> 라) 빙떡은 떡을 차갑게 식혀 만들어 붙여진 이름이다.
> 마) 해장떡은 '해장국과 함께 먹었다' 하여 붙여진 이름이다.

① 가, 나, 마 ② 가, 나, 다
③ 나, 다, 라 ④ 다, 라, 마

48 절기와 절식 떡의 연결이 틀린 것은?

① 정월대보름 – 약식
② 삼짇날 – 진달래화전
③ 단오 – 차륜병
④ 추석 – 삭일송편

49 약식의 유래와 관계가 없는 것은?

① 백결선생 ② 금갑
③ 까마귀   ④ 소지왕

50 아이의 장수복록을 축원하는 의미로 돌상에 올리는 떡으로 틀린 것은?

① 두텁떡   ② 오색송편
③ 수수팥경단 ④ 백설기

51 삼복 중에 먹는 절기 떡으로 틀린 것은?

① 증편   ② 주악
③ 팥경단   ④ 깨찰편

52 사람이 태어나 죽을 때까지 필연적으로 거치게 되는 중요한 의례를 종합하여 무엇이라 하는가?

① 납일 의례 ② 성년 의례
③ 통과의례   ④ 책례

53 중양절에 대한 설명으로 틀린 것은?

① 추석에 햇곡식으로 제사를 올리지 못한 집안에서 뒤늦게 천신을 하였다.
② 밤떡과 국화전을 만들어 먹었다.
③ 시인과 묵객들은 야외로 나가 시를 읊거나 풍국놀이를 하였다.
④ 잡과병과 밀단고를 만들어 먹었다.

54 각 식품에 대한 설명 중 틀린 것은?

① 쌀은 라이신, 트레오닌 등의 필수 아미노산이 부족하다.
② 당근은 비타민 A의 급원이다.
③ 콩은 단백질의 급원이다.
④ 쌀은 알카리성 식품이다.

55 각 지역과 향토떡의 연결로 틀린 것은?

① 경기도 – 여주산병, 색떡
② 경상도 – 모싯잎송편, 만경떡
③ 제주도 – 오메기떡, 빙떡
④ 평안도 – 장떡, 수리취떡

56 약식의 유래를 기록하고 있으며 이를 통해 신라시대부터 약식을 먹어왔음을 알 수 있는 문헌은?

① 목은집　　② 도문대작
③ 삼국사기　④ 삼국유사

57 삼짇날의 절기 떡이 아닌 것은?

① 진달래화전　② 향애단
③ 쑥떡　　　　④ 유엽병

58 음력 3월 3일에 먹는 시절 떡은?

① 수리취절편　② 약식
③ 느티떡　　　④ 진달래화전

59 떡과 관련된 내용을 담고 있는 조선시대에 출간된 서적이 아닌 것은?

① 도문대작　　② 음식디미방
③ 임원십육지　④ 이조궁정요리통고

60 떡의 어원에 대한 설명으로 틀린 것은?

① 차륜병은 수리취절편에 수레바퀴 모양의 문양을 내어 붙여진 이름이다.
② 석탄병은 '맛이 삼키기 안타깝다'는 뜻에서 붙여진 이름이다.
③ 약편은 멥쌀가루에 계피, 천궁, 생강 당약재를 넣어 붙여진 이름이다.
④ 첨세병은 떡국을 먹음으로써 나이를 하나 더하게 된다는 뜻으로 붙여진 이름이다.

떡제조기능사 필기 기출문제 2회 정답									
1	2	3	4	5	6	7	8	9	10
②	①	①	③	④	④	③	②	③	①
11	12	13	14	15	16	17	18	19	20
④	③	④	③	③	②	②	④	①	④
21	22	23	24	25	26	27	28	29	30
④	③	④	③	②	③	②	②	③	③
31	32	33	34	35	36	37	38	39	40
②	④	④	④	④	②	②	②	③	④
41	42	43	44	45	46	47	48	49	50
③	③	④	②	③	③	①	④	①	①
51	52	53	54	55	56	57	58	59	60
③	③	④	④	④	④	④	④	④	③

Part 03

떡제조기능사 실기 품목

1. 콩설기떡, 부꾸미 ········ 198
2. 송편, 쇠머리떡 ········ 202
3. 무지개떡(삼색), 경단 ··· 206
4. 백편, 인절미 ············ 210
5. 흑임자시루떡, 개피떡 ··· 214
6. 흰팥시루떡, 대추단자 ··· 218

수험자 유의사항 (실기)

1) 항목별 배점은 [정리정돈 및 개인위생 14점], [콩설기떡 43점], [경단 43점]이며, 요구사항 외의 제조 방법 및 채점기준은 비공개입니다.
2) 시험시간은 재료 전처리 및 계량시간, 정리정돈 등 모든 작업과정이 포함된 시간입니다.
3) 위생복장도 채점 대상이며, 위생복장이 적합하지 않을 경우 감점처리 됩니다.
4) 모든 작업과정이 채점대상이므로, 전 과정 위생수칙을 준수합니다.
5) 의문 사항은 감독위원에게 손을 들어 문의하고 그 지시에 따릅니다.
6) 안전사고가 없도록 유의하며 제품의 위생과 수험자의 안전을 위하여 위생 및 안전기준에 적합하지 않을 경우, 득점상의 불이익이 발생하거나 아래 기준에 의거 실격처리 될 수 있습니다.
7) 다음 사항에 대해서는 채점 대상에서 제외하니 특히 유의하시기 바랍니다.
   가) 기권
      (1) 수험자 본인이 수험 도중 시험에 대한 포기 의사를 표시하는 경우
   나) 실격
      (1) 상품성이 없을 정도로 타거나 익지 않은 경우
      (2) 수량, 모양, 제조방법(찌기를 삶기로 하는 등)을 준수하지 않았을 경우
      (3) 지급된 재료 이외의 재료를 사용한 경우(해당 과제 외 다른 과제에 필요한 재료를 사용한 경우도 포함)
      (4) 시험 중 시설·장비의 조작 또는 재료의 취급이 미숙하여 위해를 일으킬 것으로 감독위원 전원이 합의하여 판단한 경우
   다) 미완성
      (1) 시험시간 내에 제품 제출대에 작품 모두를 제출하지 못한 경우

※ 수험자에게 공개문제가 사전에 공지되었으므로 수험자가 적합한 찌기를 지참하여야 하며, 전량 제조가 원칙입니다. 요구사항의 수량을 준수하여야 하며, 떡반죽(쌀가루 포함)이나 부재료를 지나치게 많이 남기거나 전량을 제출하지 않는 경우는 제품평가 전항목을 0점 처리합니다. 단, 찌기의 용량을 초과하여 반죽을 남기는 경우는 제외하며, 용량 초과로 떡반죽(쌀가루 포함) 및 부재료를 남기는 경우는 찌기에 반죽을 넣은 후 손을 들어 남은 떡반죽과 재료에 대해서 감독위원에게 확인을 받도록 합니다.

※ 종이컵, 호일, 랩, 종이호일, 1회용행주 등 일반적인 조리용 도구는 사용이 가능합니다. 자, 눈금칼, 몰드, 틀 등과 같이 기능 평가에 영향을 미치는 도구는 사용을 금합니다. 시험시간 안내는 감독위원의 지시 및 안내에 따르며, 개인용 타이머나 시계는 소리 및 진동에 의해 다른 수험자에게 피해가 가지 않도록 사용에 유의합니다. 시계를 손목에 착용하면 이물 및 교차오염이 발생할 수 있으므로, 착용 시 감점됨에 유의합니다.

※ 제조가 완료되면 그릇에 담아 작품 제출대에 제출하고 작업대 정리정돈을 합니다.

위생 세부 기준

순번	구분	세부 기준	채점기준
1	위생복 상의	• 전체 흰색, 기관 및 성명 등의 표식이 없을 것 • 팔꿈치가 덮이는 길이 이상의 7부·9부·긴소매(수험자 필요에 따라 흰색 팔토시 가능) • 상의 여밈은 위생복에 부착된 것이어야 하며 벨크로(일명 찍찍이), 단추 등의 크기, 색상, 모양, 재질은 제한하지 않음(단, 금속성 부착물·뱃지, 핀 등은 금지) • 팔꿈치 길이보다 짧은 소매는 작업 안전상 금지 • 부직포, 비닐 등 화재에 취약한 재질 금지	• 미착용,평상복(흰티 셔츠 등), 패션모자(흰털모자, 비니, 야구모자 등) → 실격 • 기준 부적합 → 위생 0점 – 식품가공용이 아닌 경우 (화재에 취약한 재질 및 실험복 형태의 영양사·실험용 가운은 위생 0점) – (일부)유색/표식이 가려지지 않은 경우 – 반바지·치마 등 – 위생모가 뚫려있어 머리카락이 보이거나, 수건 등으로 감싸 바느질 마감처리가 되어있지 않고 풀어지기 쉬워 일반 식품가공 작업용으로 부적합한 경우 등 – 위생복의 개인 표식(이름, 소속)은 테이프로 가릴 것 – 조리 도구에 이물질(예, 테이프) 부착 금지
2	위생복 하의 (앞치마)	• 「흰색 긴바지 위생복」 또는 「(색상 무관) 평상복 긴바지 + 흰색 앞치마」 – 흰색앞치마 착용 시, 앞치마 길이는 무릎 아래까지 덮이는 길이일 것 – 평상복 긴바지의 색상·재질은 제한이 없으나, 부직포·비닐 등 화재에 취약한 재질이 아닐 것 – 반바지·치마·폭넓은 바지' 등 안전과 작업에 방해가 되는 복장은 금지	
3	위생모	• 전체 흰색, 기관 및 성명 등의 표식이 없을 것 • 빈틈이 없고, 일반 식품가공 시 통용되는 위생모(크기 및 길이, 재질은 제한 없음) – 흰색 머릿수건(손수건)은 머리카락 및 이물에 의한 오염 방지를 위해 착용 금지	
4	마스크	• 침액 오염 방지용으로, 종류는 제한하지 않음 (단, 감염병 예방법에 따라 마스크 착용 의무화 기간에는 '투명 위생 플라스틱 입가리개'는 마스크 착용으로 인정하지 않음)	• 미착용 → 실격
5	위생화 (작업화)	• 색상 무관, 기관 및 성명 등의 표식 없을 것 • 조리화, 위생화, 작업화, 운동화 등 가능 (단, 발가락, 발등, 발뒤꿈치가 모두 덮일 것) • 미끄러짐 및 화상의 위험이 있는 슬리퍼류, 작업에 방해가 되는 굽이 높은 구두, 속 굽 있는 운동화 금지	• 기준 부적합 → 위생 0점
6	장신구	• 일체의 개인용 장신구 착용 금지 (단, 위생모 고정을 위한 머리핀은 허용) • 손목시계, 반지, 귀걸이, 목걸이, 팔찌 등 이물, 교차 오염 등의 식품위생 위해 장신구는 착용하지 않을 것	• 기준 부적합 → 위생 0점
7	두발	• 단정하고 청결할 것, 머리카락이 길 경우 흘러내리지 않도록 머리망을 착용하거나 묶을 것	• 기준 부적합 → 위생 0점
8	손 / 손톱	• 손에 상처가 없어야하나, 상처가 있을 경우 보이지 않도록 할 것(시험위원 확인 하에 추가 조치 가능) • 손톱은 길지 않고 청결하며 매니큐어, 인조손톱 등을 부착하지 않을 것	• 기준 부적합 → 위생 0점
9	위생관리	• 재료, 조리기구 등 조리에 사용되는 모든 것은 위생적으로 처리하여야 하며, 식품가공용으로 적합한 것일 것	• 기준 부적합 → 위생 0점
10	안전사고 발생 처리	• 칼 사용(손 빔) 등으로 안전사고 발생 시 응급조치를 하여야 하며, 응급조치에도 지혈이 되지 않을 경우 시험 진행 불가	–

※ 일반적인 개인위생, 식품위생, 작업장 위생, 안전관리를 준수하지 않을 경우 감점 처리 될 수 있습니다.

⟨떡 제조 장비⟩

 일반편절구

 쌀절단기

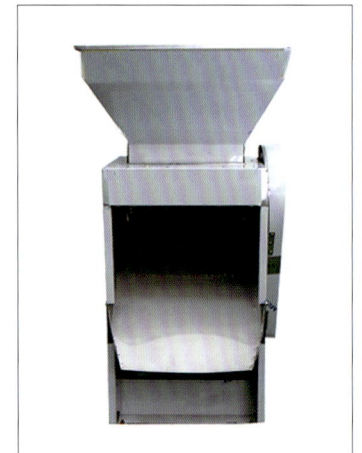 분쇄기

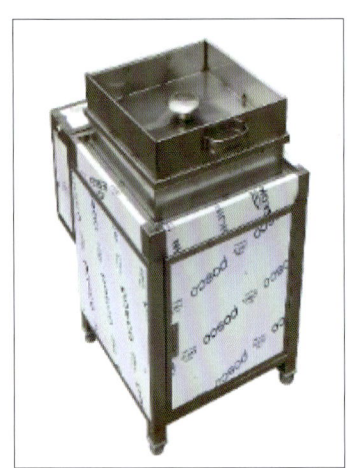 보일러

 성형기

 펀칭기

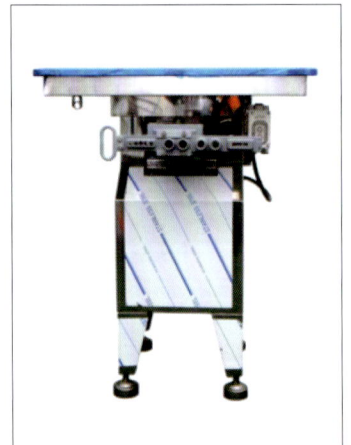 제병기

 교반기

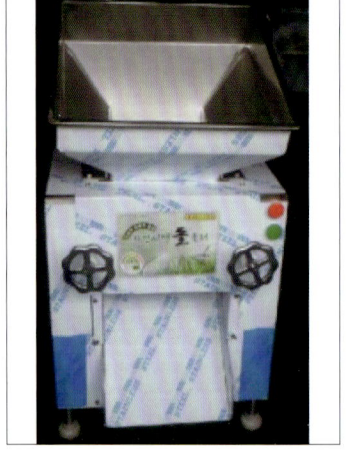 방아기계

〈떡 제조 소도구〉

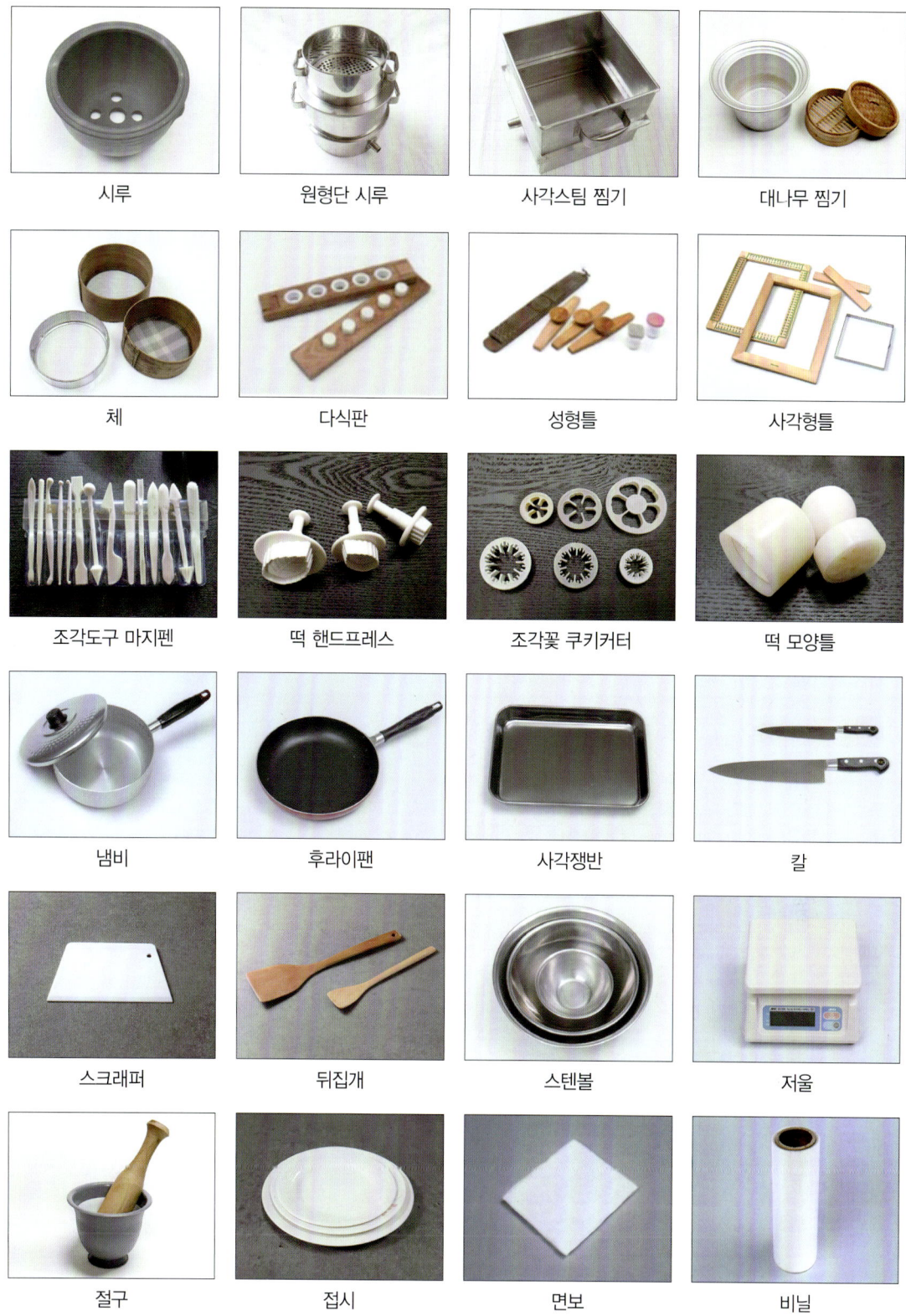

떡제조기능사 시험품목
1. 콩설기떡

시험시간 **2**시간

재료

재료명	비율 (%)	무게 (g)
멥쌀가루	100	700
설탕	10	70
소금	1	7
물	–	적정량
불린 서리태	–	160

요구사항

※ 지급된 재료 및 시설을 사용하여 아래 작품을 만들어 제출하시오.

◆ 콩설기떡을 만들어 제출하시오.

1) 떡 제조 시 물의 양은 적정량으로 혼합하여 제조하시오(단, 쌀가루는 물에 불려 소금간 하지 않고 2회 빻은 쌀가루이다.).
2) 불린 서리태를 삶거나 쪄서 사용하시오.
3) 서리태의 1/2 정도는 바닥에 골고루 펴 넣으시오.
4) 서리태의 나머지 1/2 정도는 멥쌀가루와 골고루 혼합하여 찜기에 안치시오.
5) 찜기에 안친 쌀가루반죽을 물솥에 얹어 찌시오.
6) 서리태를 바닥에 골고루 펴 넣은 면이 위로 오도록 그릇에 담고, 썰지 않은 상태로 전량 제출하시오.

지급재료 목록

재료명	규격	단위	수량	비고
멥쌀가루	멥쌀을 5시간 정도 불려 빻은 것	g	770	1인용
설탕	정백당	g	100	1인용
소금	정제염	g	10	1인용
서리태	하룻밤 불린 서리태 (겨울 10시간, 여름 6시간 이상)	g	170	1인용 (건서리태 80g 정도 기준)

만드는 법

1 서리태를 씻어 찬물에 넣고 삶는다.

2 쌀가루에 물과 소금을 넣어 골고루 비벼 섞어 수분을 준다.

3 살짝 쥐어 흔들어보아 깨지지 않는지 확인한 후 체에 내린다.

4 찜기에 삶은 서리태 1/2 정도를 보기 좋게 깔아준다.

5 쌀가루에 설탕과 남은 서리태를 넣고 가볍게 섞는다.

6 서리태 섞은 쌀가루를 찜기에 안친다.

7 담아놓은 쌀가루를 골고루 펼쳐준다.

8 찜통에 찜기를 올려 20분간 찐 후 5분간 뜸들인다.

9 서리태를 바닥에 골고루 펴 놓은 면이 위로 오도록 그릇에 담아 제출한다.

떡제조기능사 시험품목
1. 부꾸미

 시험시간 **2**시간

재료

재료명	비율 (%)	무게 (g)
찹쌀가루	100	200
백설탕	15	30
소금	1	2
물	–	적정량
팥앙금	–	100
대추	–	3 (개)
쑥갓	–	20
식용유	–	20ml

요구사항

※ 지급된 재료 및 시설을 사용하여 아래 작품을 만들어 제출하시오.

◆ 부꾸미를 만들어 제출하시오.

1) 떡 제조 시 물의 양을 적정량으로 혼합하여 반죽을 하시오
 (단, 쌀가루는 물에 불려 소금간 하지 않고 1회 빻은 찹쌀가루이다.).
2) 찹쌀가루는 익반죽하시오.
3) 떡반죽은 직경 6cm로 지져 팥앙금을 소로 넣어 반으로 접으시오(⌒).
4) 대추와 쑥갓을 고명으로 사용하고 설탕을 뿌린 접시에 부꾸미를 담으시오.
5) 부꾸미는 12개 이상으로 제조하여 전량 제출하시오.

지급재료 목록

재료명	규격	단위	수량	비고
찹쌀가루	찹쌀을 5시간 정도 불려 빻은 것	g	220	1인용
설탕	정백당	g	40	1인용
소금	정제염	g	10	1인용
팥앙금	고운 적팥앙금	g	110	1인용
대추	(중)마른 것	개	3	1인용
쑥갓		g	20	1인용
식용유		mL	20	1인용
세척제	500g	개	1	30인공용

만드는 법

1 찹쌀가루에 소금과 뜨거운 물을 넣어 너무 질지 않게 익반죽한다.

2 쑥갓은 물에 담가 놓는다.

3 대추는 돌려깎아 돌돌 말아 0.2cm 두께로 썰어 대추꽃을 만들고 쑥갓은 짧게 잎을 떼어 놓는다.

4 팥앙금은 8g 정도로 떼어 둥근 막대형으로 소를 만든다.

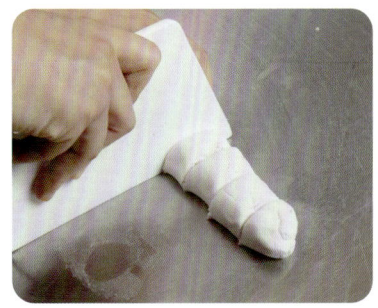

5 찹쌀 반죽을 3cm 정도의 두께로 길게 밀어 일정한 크기로 자른다.

6 직경 5.5cm 정도 크기로(익히면 커지므로) 동그랗고 납작하게 만들어 놓는다.

7 팬에 식용유를 두르고 반죽을 올려 지진다.

8 한쪽 면이 익으면 뒤집어서 소를 넣고 익은 반죽을 반으로 잘 접는다. 마무리로 양쪽을 잘 익혀 내고 대추와 쑥갓으로 장식한다.

9 접시에 설탕을 뿌리고 지진 부꾸미를 올려 설탕을 묻혀 제출한다.

떡제조기능사 시험품목
2. 송편

 시험시간 **2**시간

재료

재료명	비율 (%)	무게 (g)
멥쌀가루	100	200
소금	1	2
물	–	적정량
불린 서리태	–	70
참기름	–	적정량

요구사항

※ 지급된 재료 및 시설을 사용하여 아래 작품을 만들어 제출하시오.

◆ 송편을 만들어 제출하시오.

1) 떡 제조 시 물의 양은 적정량으로 혼합하여 제조하시오(단, 쌀가루는 물에 불려 소금간 하지 않고 2회 빻은 쌀가루이다.).
2) 불린 서리태는 삶아서 송편소로 사용하시오.
3) 떡반죽과 송편소는 4 : 1 ~ 3 : 1 정도의 비율로 제조하시오(송편소가 ¼ ~ ⅓ 정도 포함되어야 함).
4) 쌀가루는 익반죽하시오.
5) 송편은 완성된 상태가 길이 5cm, 높이 3cm 정도의 반달모양(⌒)이 되도록 오므려 집어 송편 모양을 만들고, 12개 이상으로 제조하여 전량 제출하시오.
6) 송편을 찜기에 쪄서 참기름을 발라 제출하시오.

지급재료 목록

재료명	규격	단위	수량	비고
멥쌀가루	멥쌀을 5시간 정도 불려 빻은 것	g	220	1인용
소금	정제염	g	5	1인용
서리태	하룻밤 불린 서리태 (겨울 10시간, 여름 6시간 이상)	g	80	1인용 (건서리태 40g 정도 기준)
참기름		mL	15	

만드는 법

1. 서리태를 씻어 찬물에 넣고 삶는다.

2. 쌀가루에 뜨거운 물과 소금을 넣어 익반죽한다.

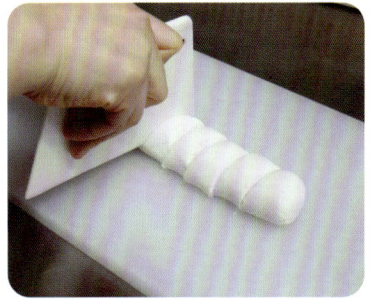

3. 반죽을 밀어 3cm 정도의 두께로 일정하게 만든 후 일정한 크기로 분할한다.

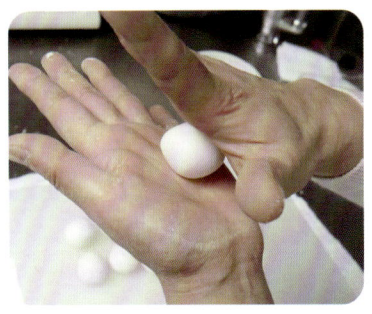

4. 잘라놓은 반죽을 동글 동글 하게 빚어 놓는다.

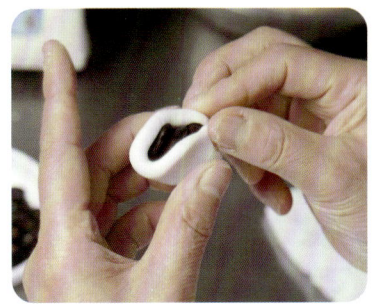

5. 반죽에 가운데를 파서 삶은 서리태를 넣어 길이 5cm, 높이 3cm의 반달 모양으로 성형한다.

6. 찜기에 넣어 찜통에 올려 20분간 찐 후 5분간 뜸들인다.

7. 찐 송편을 찬물에 담가 식힌다.

8. 체에 밭쳐 물기를 제거한 후 참기름을 바른다

9. 접시에 가지런히 담아 제출한다.

떡제조기능사 시험품목
2. 쇠머리떡

시험시간 2시간

❙재료

재료명	비율 (%)	무게 (g)
찹쌀가루	100	500
설탕	10	50
소금	1	5
물	–	적정량
불린 서리태	–	100
대추	–	5(개)
깐밤	–	5(개)
마른 호박고지	–	20
식용유	–	적정량

❙요구사항

※ 지급된 재료 및 시설을 사용하여 아래 작품을 만들어 제출하시오.

◆ 쇠머리떡을 만들어 제출하시오.

1) 떡 제조 시 물의 양은 적정량을 혼합하여 제조하시오
   (단, 쌀가루는 물에 불려 소금간 하지 않고 1회 빻은 찹쌀가루이다.).
2) 불린 서리태는 삶거나 쪄서 사용하고, 호박고지는 물에 불려서 사용하시오.
3) 밤, 대추, 호박고지는 적당한 크기로 잘라서 사용하시오.
4) 부재료를 쌀가루와 잘 섞어 혼합한 후 찜기에 안치시오.
5) 떡반죽을 넣은 찜기를 물솥에 얹어 찌시오.
6) 완성된 쇠머리떡은 15×15 cm 정도의 사각형 모양으로 만들어 자르지 말고 전량 제출하시오.
7) 찌는 찰떡류로 제조하며, 지나치게 물을 많이 넣어 치지 않도록 주의하여 제조하시오.

❙지급재료 목록

재료명	규격	단위	수량	비고
찹쌀가루	찹쌀을 5시간 정도 불려 빻은 것	g	550	1인용
설탕	정백당	g	60	1인용
서리태	하룻밤 불린 서리태 (겨울 10시간, 여름 6시간 이상)	g	110	1인용 (건서리태 60g 정도 기준)
대추		개	5	1인용
밤	겉껍질, 속껍질 제거한 밤	개	5	1인용
마른 호박고지	늙은 호박(또는 단호박)을 썰어서 말린 것	g	25	1인용
소금	정제염	g	7	1인용
식용유		mL	15	1인용
세척제	500g	개	1	30인 공용

만드는 법

1 서리태를 씻어 찬물에 넣고 삶는다.

2 호박고지를 물에 불려 3cm 정도로 자른다.

3 대추는 돌려깎기하여 5~6등분 하며, 밤도 5~6등분 한다.

4 찹쌀가루에 물과 소금을 넣어 골고루 섞어 수분을 준다.

5 찜통에 서리태, 호박고지, 대추, 밤 1/2을 깔아준다.

6 물을 준 찹쌀가루에 남은 서리태, 호박고지, 대추, 밤을 넣어 골고루 섞는다.

7 섞어 놓은 재료를 뭉쳐서 찜기에 안쳐 20~25분간 찐 후 5분간 뜸들인다.

8 떡을 15×15cm 정도의 크기로 성형한다(비닐, 스크래퍼 이용).

9 서리태 등 부재료를 바닥에 골고루 펴 넣은 면이 위로 오도록 그릇에 담아 제출한다.

떡제조기능사 시험품목
3. 무지개떡(삼색)

시험시간 **2**시간

재료

재료명	비율 (%)	무게 (g)
멥쌀가루	100	750
설탕	10	75
소금	1	8
물	–	적정량
치자	–	1(개)
쑥가루	–	3
대추	–	3(개)
잣	–	2

요구사항

※ 지급된 재료 및 시설을 사용하여 아래 작품을 만들어 제출하시오.

◆ 무지개떡(삼색)을 만들어 제출하시오.

1) 떡 제조 시 물의 양은 적정량으로 혼합하여 제조하시오(단, 쌀가루는 물에 불려 소금간 하지 않고 2회 빻은 멥쌀가루이다.).
2) 삼색의 구분이 뚜렷하고 두께가 같도록 떡을 안치고 8등분으로 칼금을 넣으시오.
3) 대추와 잣을 흰쌀가루에 고명으로 올려 찌시오.
   (잣은 반으로 쪼개어 비늘잣으로 만들어 사용하시오.)
4) 고명이 위로 올라오게 담아 전량 제출하시오.

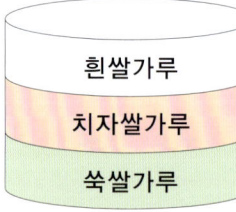
〈삼색 구분, 두께 균등〉

〈8등분 칼금〉

지급재료 목록

재료명	규격	단위	수량	비고
멥쌀가루	멥쌀을 5시간 정도 불려 빻은 것	g	800	1인용
설탕	정백당	g	100	1인용
소금	정제염	g	10	1인용
치자	말린 것	개	1	1인용
쑥가루	말려 빻은 것	g	3	1인용
대추	(중)마른 것	개	3	1인용
잣	약 20개 정도 (속껍질 벗긴 통잣)	g	2	1인용

만드는 법

1 치자는 조각내어 물에 담근다.

2 대추는 돌려깎기하여 돌돌 말아서 썰어 대추꽃을 만들고 잣은 반으로 잘라 비늘잣을 만든다.

3 쌀가루는 3등분하여 3가지 색을 내어 물과 소금을 넣어 골고루 비벼 수분을 준다.

4 3가지 각각의 쌀가루에 설탕을 넣어 섞어준다.

5 찜기에 색을 들인 쌀가루를 맨 아래 쑥쌀가루, 치자쌀가루, 흰쌀가루 순으로 삼색 구분이 뚜렷하고 두께가 일정하도록 수평으로 안친다.

6 윗면을 정리하고 쌀가루에 8등분하여 칼금을 낸다.

7 대추꽃과 비늘잣으로 고명을 올려준다.

8 찜기를 찜통에 올려 20~25분 정도 찐 후 5분간 뜸들인다.

9 고명이 위로 올라오게 그릇에 담아 제출한다.

떡제조기능사 시험품목
3. 경단

재료

재료명	비율 (%)	무게 (g)
찹쌀가루	100	200
소금	1	2
물	–	적정량
볶은 콩가루	–	50

요구사항

※ 지급된 재료 및 시설을 사용하여 아래 작품을 만들어 제출하시오.

◆ 경단을 만들어 제출하시오.

1) 떡 제조 시 물의 양을 적정량으로 혼합하여 반죽을 하시오(단, 쌀가루는 물에 불려 소금간 하지 않고 1회 빻은 쌀가루이다.).
2) 찹쌀가루는 익반죽하시오.
3) 반죽은 직경 2.5 ~ 3cm 정도의 일정한 크기로 20개 이상 만드시오.
4) 경단은 삶은 후 고물로 콩가루를 묻히시오.
5) 완성된 경단은 전량 제출하시오.

지급재료 목록

재료명	규격	단위	수량	비고
찹쌀가루	찹쌀을 5시간 정도 불려 빻은 것	g	220	1인용
소금	정제염	g	10	1인용
콩가루	볶은 콩가루	g	60	1인용 (방앗간 인절미용 구매)
세척제	500g	개	1	30인 공용

만드는 법

1 찹쌀가루에 뜨거운 물과 소금을 넣는다.

2 익반죽하여 한 덩어리로 뭉쳐 치댄다.

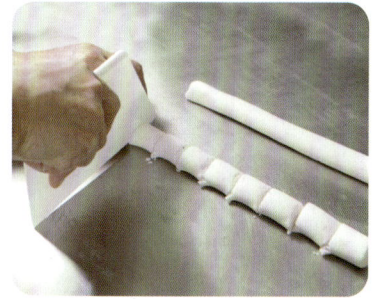

3 반죽을 직경 3cm 정도의 일정한 두께로 길게 밀어 놓고 일정한 크기로 자른다.

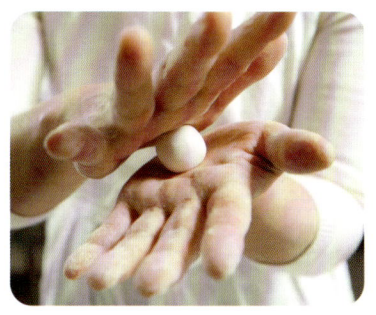

4 잘라놓은 반죽을 2.5~3cm 정도의 일정한 크기로 동그랗게 경단을 빚는다.

5 끓는 물에 소금, 빚은 경단을 넣어 동동 뜰 때까지 익힌다.

6 익힌 경단을 꺼내어 찬물에 담가 식힌다.

7 찬물에 헹구어낸 다음 체에 받쳐 물기를 제거한다.

8 스텐볼에 콩고물을 펼쳐 담고 경단을 넣어 굴려가며 고물을 고루 입힌다.

9 접시에 담아 마무리하여 제출한다.

떡제조기능사 시험품목
4. 백편

시험시간 2시간

재료

재료명	비율 (%)	무게 (g)
멥쌀가루	100	500
설탕	10	50
소금	1	5
물	–	적정량
깐밤	–	3(개)
대추	–	5(개)
잣	–	2

요구사항

※ 지급된 재료 및 시설을 사용하여 아래 작품을 만들어 제출하시오.

◆ 백편을 만들어 제출하시오.

1) 떡 제조 시 물의 양은 적정량으로 혼합하여 제조하시오(단, 쌀가루는 물에 불려 소금간 하지 않고 2회 빻은 멥쌀가루이다.).
2) 밤, 대추는 곱게 채썰어 사용하고 잣은 반으로 쪼개어 비늘잣으로 만들어 사용하시오.
3) 쌀가루를 찜기에 안치고 윗면에만 밤, 대추, 잣을 고물로 올려 찌시오.
4) 고물을 올린 면이 위로 오도록 그릇에 담고 썰지 않은 상태로 전량 제출하시오.

지급재료 목록

재료명	규격	단위	수량	비고
멥쌀가루	멥쌀을 5시간 정도 불려 빻은 것	g	550	1인용
설탕	정백당	g	60	1인용
소금	정제염	g	10	1인용
밤	겉껍질, 속껍질 벗긴 밤	개	3	1인용
대추	(중)마른 것	개	5	1인용
잣	약 20개 정도 (속껍질 벗긴 통잣)	g	2	1인용

만드는 법

1 쌀가루에 물과 소금을 넣어 골고루 비벼 섞어 수분을 준다.

2 체에 내려 살짝 쥐어 흔들어 보아 깨지지 않으면 다시 체에 내려준다.

3 수분을 준 쌀가루에 설탕을 넣어 섞어준다.

4 찜기에 쌀가루를 수평으로 안친다.

5 대추와 밤은 곱게 채 썬다.

6 잣은 반으로 잘라 비늘잣을 만든다.

7 수평으로 안친 쌀가루에 대추채, 밤채, 비늘잣을 올려준다.

8 찜기를 찜통에 올려 20분 정도 찐 후 5분간 뜸들인다.

9 고물을 올린 면이 위로 오도록 그릇에 담아 제출한다.

떡제조기능사 시험품목
4. 인절미

시험시간 **2**시간

재료

재료명	비율 (%)	무게 (g)
찹쌀가루	100	500
설탕	10	50
소금	1	5
물	–	적정량
볶은 콩가루	12	60
식용유	–	5
소금물용 소금	–	5

요구사항

※ 지급된 재료 및 시설을 사용하여 아래 작품을 만들어 제출하시오.

◆ 인절미를 만들어 제출하시오.

1) 떡 제조 시 물의 양을 적정량으로 혼합하여 제조 하시오(단, 쌀가루는 물에 불려 소금간 하지 않고 1회 빻은 찹쌀가루이다.).
2) 익힌 찹쌀반죽은 스테인리스볼과 절구공이(밀대)를 이용 하여 소금물을 묻혀 치시오.
3) 친 인절미는 기름 바른 비닐에 넣어 두께 2cm 이상으로 성형하여 식히시오.
4) 4×2×2 cm 크기로 인절미를 24개 이상 제조하여 콩가루를 고물로 묻혀 전량 제출하시오.

지급재료 목록

재료명	규격	단위	수량	비고
찹쌀가루	찹쌀을 5시간 정도 불려 빻은 것	g	550	1인용
설탕	정백당	g	60	1인용
소금	정제염	g	10	
콩가루	볶은 콩가루	g	70	1인용 (방앗간 인절미용 구매)
식용유		mL	15	비닐에 바르는 용도
세척제	500g	개	1	30인공용

만드는 법

1. 찹쌀가루에 물과 소금을 넣고 골고루 비벼 섞어 수분을 준다.

2. 체에 내린 가루에 설탕을 넣어 고루 섞어준다.

3. 찜기에 실리콘 또는 면보를 깔고 설탕을 골고루 뿌린다.

4. 찜기에 찹쌀가루를 가볍게 주먹 쥐어 뭉쳐서 안친다.

5. 찜통에 찜기를 올려 20분 정도 찐 후 5분간 뜸들인다.

6. 볼에 물을 바른 후 찐떡을 넣고 소금물을 묻혀가며 꽈리가 일도록 친다.

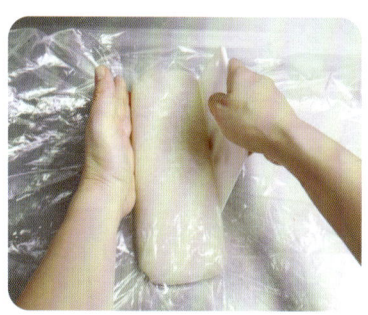

7. 치댄 찰떡을 넣고 식혀가며 성형한다.

8. 찰떡에 콩고물을 묻혀가며 4×2×2cm 크기로 자른다.

9. 떡을 접시에 보기 좋게 담아 제출한다.

떡제조기능사 시험품목
5. 흑임자시루떡

시험시간 **2**시간

재료

재료명	비율 (%)	무게 (g)
찹쌀가루	100	400
설탕	10	40
소금 (쌀가루반죽)	1	4
소금 (고물)	–	적정량
물	–	적정량
흑임자	27.5	110

요구사항

※ 지급된 재료 및 시설을 사용하여 아래 작품을 만들어 제출하시오.

◆ 흑임자시루떡을 만들어 제출하시오.

1) 떡 제조 시 물의 양은 적정량으로 혼합하여 제조하시오
   (단, 쌀가루는 물에 불려 소금간 하지 않고 1회 빻은 찹쌀가루이다.).
2) 흑임자는 씻어 일어 이물이 없게 하고 타지 않게 볶아 소금간하여 빻아서 고물로 사용하시오.
3) 찹쌀가루 위·아래에 흑임자 고물을 이용하여 찜기에 한켜로 안치시오.
4) 찜기에 안쳐 물솥에 얹어 찌시오.
5) 썰지 않은 상태로 전량 제출하시오.

지급재료 목록

재료명	규격	단위	수량	비고
찹쌀가루	찹쌀을 5시간 정도 불려 빻은 것	g	440	1인용
설탕	정백당	g	50	1인용
소금	정제염	g	10	1인용
흑임자	볶지 않은 상태	g	120	1인용

만드는 법

1 흑임자를 깨끗이 씻은 뒤 손잡이체로 일어 이물질을 제거한 다음 물기를 잘 뺀다.

2 마른 팬에 흑임자를 넣고 타지 않게 잘 볶아준다.

3 절구에 잘 볶아진 흑임자와 분량의 소금을 넣고 잘 빻아 흑임자고물을 만든다.

4 찹쌀가루에 소금과 물을 넣고 고루 섞어 수분을 잘 맞춘다.

5 체에 1회 내린다.

6 설탕을 넣고 잘 섞어준다.

7 찜기에 젖은 면보를 깔고 흑임자고물의 1/2, 찹쌀가루, 나머지 고물 순서로 안친다.

8 김오른 물솥에 얹어 20분 찐다.

9 잘 익은 떡은 두 번 뒤집어 완성 접시에 담아낸다.

떡제조기능사 시험품목
5. 개피떡(바람떡)

 시험시간 2시간

재료

재료명	비율 (%)	무게 (g)
멥쌀가루	100	300
소금	1	3
물	–	적정량
팥앙금	66	200
참기름	–	적정량
고체유	–	5
설탕	–	10 (찔 때 필요 시 사용)

요구사항

※ 지급된 재료 및 시설을 사용하여 아래 작품을 만들어 제출하시오.

◆ 개피떡(바람떡)을 만들어 제출하시오.

1) 떡 제조 시 물의 양을 적정량으로 혼합하여 반죽을 하시오
   (단, 쌀가루는 물에 불려 소금 간 하지 않고 2회 빻은 멥쌀가루이다.).
2) 익힌 멥쌀반죽은 치대어 떡반죽을 만들고 떡이 붙지 않게 고체유를 바르면서 제조하시오.
3) 떡반죽은 두께 4~5mm 정도로 밀어 팥앙금을 소로 넣어 원형틀(직경 5.5cm 정도)을 이용하여 반달 모양으로 찍어 모양을 만드시오(⌒).
4) 개피떡은 12개 이상으로 제조하여 참기름을 발라 제출하시오.

지급재료 목록

재료명	규격	단위	수량	비고
멥쌀가루	멥쌀을 5시간 정도 불려 빻은 것	g	330	1인용
소금	정제염	g	10	1인용
팥앙금	고운 적팥앙금	g	220	1인용
고체유(밀납)	마가린 대체 가능	g	7	1인용
설탕		g	15	1인용
참기름		g	10	1인용
세척제	500g	개	1	30인공용

만드는 법

1 멥쌀가루에 소금을 넣고 체에 1회 내린다.

2 쌀가루에 적정량의 물을 넣고 고루 잘 섞어준다.

3 찜기에 젖은 면보를 깔고 설탕을 조금 뿌린 후 쌀가루를 담고 김오른 물솥에 얹어 20분 찐다.

4 팥앙금을 15g씩 12개로 소분한다.

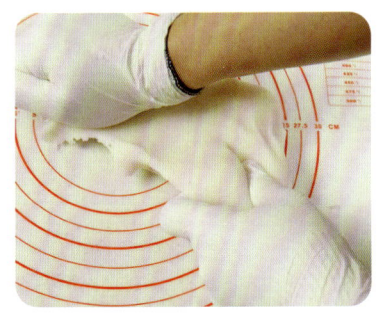

5 다 쪄진 떡은 붙지 않게 고체유를 발라가며 매끈하게 될 때까지 잘 치대어준다.

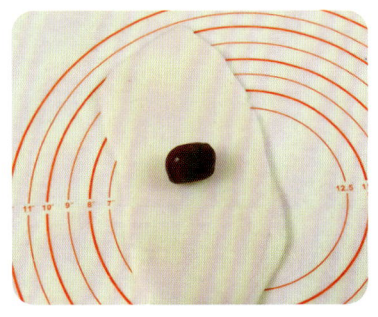

6 반죽을 4~5mm 정도로 밀어 편 다음 팥앙금을 반죽 위에 올린다.

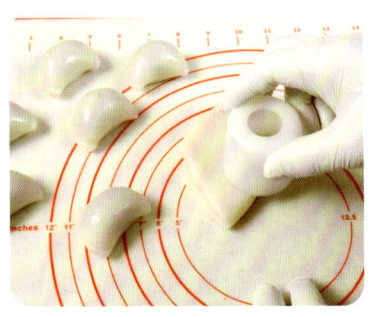

7 반죽을 반으로 접고 원형틀을 이용해 반달 모양으로 찍어낸다.

8 같은 방법으로 12개를 만들고 마르지 않도록 참기름을 바른다.

9 완성접시에 담아 낸다.

떡제조기능사 시험품목
6. 흰팥시루떡

시험시간 2시간

재료

재료명	비율 (%)	무게 (g)
멥쌀가루	100	500
설탕	10	50
소금 (쌀가루 반죽)	1	5
소금 (고물)	0.6	3 (적정량)
물	–	적정량
불린 흰팥 (동부)	–	320

요구사항

※ 지급된 재료 및 시설을 사용하여 아래 작품을 만들어 제출하시오.

◆ 흰팥시루떡을 만들어 제출하시오.

1) 떡 제조 시 물의 양은 적정량으로 혼합하여 제조하시오
   (단, 쌀가루는 물에 불려 소금간하지 않고 2회 빻은 멥쌀가루이다.).
2) 불린 흰팥(동부)은 거피하여 쪄서 소금간하고 빻아 체에 내려 고물로 사용하시오
   (중간체 또는 어레미 사용 가능).
3) 멥쌀가루 위·아래에 흰팥고물을 이용하여 찜기에 한켜로 안치시오.
4) 찜기에 안쳐 물솥에 얹어 찌시오.
5) 썰지 않은 상태로 전량 제출하시오.

지급재료 목록

재료명	규격	단위	수량	비고
멥쌀가루	멥쌀을 5시간 정도 불려 빻은 것	g	550	1인용
설탕	정백당	g	60	1인용
소금	정제염	g	10	1인용
거피팥 (동부)	하룻밤 불린 거피팥 (겨울 6시간, 여름 3시간 이상, 전날 불려 냉장 보관 후 지급)	g	350	1인용 (건거피팥(동부) 170g 정도 기준)

만드는 법

1 불린 흰팥을 깨끗이 씻어 껍질을 제거한 다음 물기를 뺀다.

2 찜기에 젖은 면보를 깔고 흰팥을 담은 후 김오른 물솥에 얹어 잘 익도록 찐다.

3 스텐레스볼에 익은 흰팥과 분량의 소금을 넣고 절구공이로 잘 빻아 흰팥고물을 만든다.

4 멥쌀가루에 소금과 물을 넣고 고루 섞어 수분을 잘 맞춘 다음 체에 2회 내린다.

5 쌀가루에 설탕을 넣고 잘 섞는다.

6 찜기에 흰팥고물의 반을 깔고 그 위에 쌀가루를 올려 고루 편다.

7 쌀가루 위에 나머지 고물을 올리고 고르게 한다.

8 김오른 물솥에 얹어 20분 찐다.

9 잘 익은 떡은 두 번 뒤집어 완성 접시에 담아낸다.

떡제조기능사 시험품목
6. 대추단자

시험시간 **2**시간

재료

재료명	비율 (%)	무게 (g)
찹쌀가루	100	200
소금	1	2
물	–	적정량
밤	–	6(개)
대추	–	80
꿀	–	20
식용유	–	10
설탕 (찔 때 필요 시 사용)	–	10
소금물용 소금	–	5

요구사항

※ 지급된 재료 및 시설을 사용하여 아래 작품을 만들어 제출하시오.

◆ **대추단자를 만들어 제출하시오.**

1) 떡 제조 시 물의 양을 적정량으로 혼합하여 반죽을 하시오
   (단, 쌀가루는 물에 불려 소금간 하지 않고 1회 빻은 찹쌀가루이다.).
2) 대추의 40% 정도는 떡 반죽용으로, 60% 정도는 고물용으로 사용하시오.
3) 떡 반죽용 대추는 다져서 쌀가루와 함께 익혀 쓰시오.
4) 고물용 대추, 밤은 곱게 채썰어 사용하시오. (단, 밤은 채 썰 때 전량 사용하지 않아도 됨)
5) 대추를 넣고 익힌 찹쌀반죽은 소금물을 묻혀 치시오.
6) 친 대추단자는 기름(식용유) 바른 비닐에 넣어 성형하여 식히시오.
7) 친 떡에 꿀을 바른 후 3×2.5×1.5 cm 크기로 잘라 밤채, 대추채 고물을 묻히시오.
8) 16개 이상 제조하여 전량 제출하시오.

지급재료 목록

재료명	규격	단위	수량	비고
찹쌀가루	찹쌀을 5시간 정도 불려 빻은 것	g	220	1인용
소금	정제염	g	5	1인용
밤	겉껍질, 속껍질 벗긴 밤	개	6	1인용
대추	(중)마른 것(크기 및 수분량에 따라 개수는 변경될 수 있음)	g	90 (20~30개 정도)	1인용
꿀		g	30	1인용
식용유		g	10	1인용
설탕		g	10	1인용
세척제	500g	개	1	30인공용

만드는 법

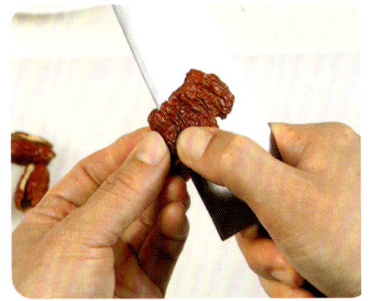

1 대추는 젖은 면보로 깨끗이 닦아 돌려깎기한 후 40% 정도는 다지고 나머지는 곱게 채를 썬다.

2 밤도 곱게 채 썰어 준비한다.

3 찹쌀가루에 소금과 물을 넣고 잘 섞어 수분을 맞춘다.

4 체에 1회 내린 후 다진 대추와 설탕을 넣고 고루 섞는다.

5 찜기에 젖은 면보를 깔고 설탕을 뿌린 후 쌀가루를 담고 김오른 물솥에 올려 20분 찐다.

6 다 쪄진 떡을 스텐레스볼에 담고 소금물을 묻혀가며 절구공이로 친다.

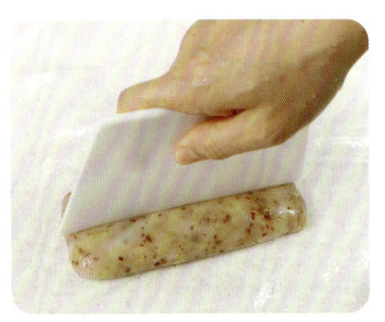

7 잘 쳐진 떡은 기름을 바른 비닐에 넣어 두께 1.5cm 정도로 성형한 후 꿀을 바르고 규격에 맞게 16개로 자른다.

8 떡에 밤채와 대추채를 고물로 묻힌다.

9 접시에 완성된 떡을 담아낸다.

강 란 기 /이학박사
- 숙명여자대학교 식품영양학과 졸업
- 숙명여자대학교 전통문화예술대학원
  전통식생활문화 전공·문화예술학 석사
- 호서대학교 대학원 식품학 박사
- 이태리 밀라노 롬바르디아 주립학교 졸업
- 이태리 I.P.C.A.학교 졸업
- 수원여대 식품과학부 겸임교수 역임
- 호서대·가천대·경기대·신한대·
  신안산대·동서울대 외래교수 역임
- 성남 향토음식 발굴 경연대회 추진위원장 역임
- 경기장애인 기능경기대회 심사장 역임
- 전국중고등부 관광음식 기능경기대회 대회장
- 현) (사)한국관광음식문화협회 이사장
- 현) 성남제과조리커피직업전문학교장
- 현) 성남요리학원장
- 현) 성남제과제빵학원장

이 순 란 /조리기능장
- 숙명여자대학교 전통문화예술대학원
- 전통식생활문화 졸업 문화예술학 석사
- 조리기능장
- 한식대가
- 궁중음식명인
- (주)녹선 조리기술자문
- 숙명여자대학교 한국음식교육연구원
- 전통음식팀장 역임

이 은 주
- 숙명여자대학교 식품영양학과 졸업
- 숙명여자대학교 전통문화예술대학원
- 전통식생활문화 졸업 문화예술학 석사
- 경희대학교 대학원 조리외식경영학과 박사 수료
- 숙명여자대학교 한국음식연구교육원 학예팀장 역임
- 국제호텔직업전문학교 교수 역임
- 한국미식관광협회 이사
- 이은푸드앤컬쳐 대표

NCS기반의
떡제조기능사 (필기+실기)

초 판 인 쇄 | 2023년 1월 2일
4 쇄 발 행 | 2025년 1월 2일

저　　　자 | 강란기, 이순란, 이은주
발 행 처 | 도서출판 유강
발 행 인 | 柳麟夏
감　　　수 | 강란기

주　　　소 | 경기도 성남시 중원구 상대원동 144-3 우림라이온스벨리 5차 B동 412호
전　　　화 | 010-5026-4204
총 무 과 | 031-750-0238
홈 페 이 지 | www.ukang.co.kr

디 자 인 | 옥별
사　　　진 | 황익상

ISBN 979-11-90591-33-1

정가 18,000원

잘못된 책은 교환해 드립니다.
저자와 협의하에 인지를 생략합니다.

본 책의 무단복제 행위는 저작권법에 의거 5년 이하의 징역 또는 8,000만원 이하의 벌금에 처하거나 이를 병과할 수 있습니다.